U0711429

城市轨道交通信号设备
检测与维护

主　编　米秀杰　　谭丽娜

副主编　赵晓风　　孙淑荣　　宫淑丽

参　编　张桂源　　南　洋　　韩玉辉

　　　　李　巍　　王冬梅

主　审　隋秀梅

北京理工大学出版社
BEIJING INSTITUTE OF TECHNOLOGY PRESS

内 容 简 介

本书根据我国城市轨道交通信号发展情况，系统地介绍了城市轨道交通主要信号设备的基本原理、构成及维修维护方法与手段。全书分为七个项目，包括城市轨道交通信号系统的认识、信号继电器的检测与维护、信号机的检测与维护、轨道电路的检测与维护、转辙机的检测与维护、联锁设备的检测与维护、车—地通信设备的检测与维护。

本书可作为高等职业院校城市轨道交通信号专业的教材或教学参考用书，也可作为城市轨道交通信号技术人员的培训教材。

图书在版编目（CIP）数据

城市轨道交通信号设备检测与维护/米秀杰，谭丽娜主编 . --北京：北京理工大学出版社，2016.8（2024.8 重印）
ISBN 978 - 7 - 5682 - 3042 - 1

Ⅰ. ①城… Ⅱ. ①米… ②谭… Ⅲ. ①城市铁路-交通信号-信号设备-维修②城市铁路-交通信号-信号设备-维修 Ⅳ. ①U239.5

中国版本图书馆 CIP 数据核字（2016）第 209236 号

责任编辑：李慧智　　文案编辑：孟祥雪
责任校对：周瑞红　　责任印制：李志强

出版发行／北京理工大学出版社有限责任公司
社　　址／北京市丰台区四合庄路 6 号
邮　　编／100070
电　　话／（010）68914026（教材售后服务热线）
　　　　　（010）68944437（课件资源服务热线）
网　　址／http://www.bitpress.com.cn

版 印 次／2024 年 8 月第 1 版第 4 次印刷
印　　刷／廊坊市印艺阁数字科技有限公司
开　　本／787 mm×1092 mm　1/16
印　　张／15.5
字　　数／364 千字
定　　价／45.00 元

前　言

PREFACE

随着我国城市化进程的加快，优先规划发展城市轨道交通，是保证城市经济、社会发展的重要战略措施。至 2014 年年末，我国 22 个城市轨道交通运营长度达 3 173 km。培养城市轨道交通领域的运营、维护和管理人才是当务之急。

城市轨道交通信号系统是保证城市轨道交通运行安全、提高运行效率的基础，也是城市轨道交通调度指挥和运营管理的中枢神经。信号系统具有专用性强、技术含量高的特点，其内容涵盖通信、计算机、智能控制等多个领域，对从业人员有较高的业务要求。

本教材主要针对城市轨道交通信号系统维修岗位的能力需求，按照认知规律和教学特点将信号设备检修与维护的内容归类为七个教学项目：城市轨道交通信号系统的认识、信号继电器的检测与维护、信号机的检测与维护、轨道电路的检测与维护、转辙机的检测与维护、联锁设备的检测与维护及车—地通信设备的检测与维护。

本书由城市轨道交通信号设备检测与维护编委会编写，具体分工为：长春职业技术学院米秀杰、谭丽娜任主编，米秀杰编写项目 1，谭丽娜编写项目 2；长春职业技术学院孙淑荣、长春市轨道交通集团有限公司赵晓风、长春市轨道交通集团有限公司宫淑丽任副主编，孙淑荣编写项目 3，赵晓风和宫淑丽编写项目 7；长春职业技术学院韩玉辉、王冬梅编写项目 4；长春职业技术学院张桂源、李巍编写项目 5；长春职业技术学院南洋编写项目 6。

本书在编写的过程中得到了长春市轨道交通集团有限公司的大力支持，并参考了大量相关资料，在此对参考文献中所列专著、教材的作者们表示诚挚的谢意。由于编者水平有限，书中难免有不妥之处，恳请读者批评指正。

编　者

目 录
· C O N T E N T S ·

目
录

项目 1

城市轨道交通信号系统的认识

项目概述

城市轨道交通信号系统被称为列车自动控制系统（Automatic Train Control System，ATC），包括列车自动防护系统（Automatic Train Protection System，ATP）、列车自动监控系统（Automatic Train Supervision System，ATS）及列车自动运行系统（Automatic Train Operation System，ATO）三个子系统。信号系统主要由车辆段信号系统和正线信号系统两部分组成，可以分为车载设备和地面设备，或者基础设备和联锁设备。

城市轨道交通信号系统主要的发展趋势有以下几个方面：

第一，基于无线通信的列车自动控制系统（CBTC）。

第二，全程无人 ATO 系统。

第三，集成的轨道交通综合控制系统。

通过本项目的学习，认识城市轨道交通车辆段信号系统、正线信号系统的组成，掌握车辆段信号系统与正线信号系统的区别和联系，了解车辆段信号系统、正线信号系统的布局，了解信号设备的维修模式及维修方式。

任务 1.1　认识城市轨道交通车辆段信号设备

☞ 学习目标

◆ 了解城市轨道交通信号系统的作用。

◆ 了解城市轨道交通信号系统的特点。

◆ 了解城市轨道交通信号系统的工作原理。

◆ 熟悉城市轨道交通信号设备的组成。

1.1.1　车辆段信号设备组成

1. 车辆段联锁设备

列车在车辆段或停车场运行的目的与正线不同。根据对列车实现控制技术的不同，城市轨道交通信号控制系统分为车辆段/停车场信号控制系统和正线列车自动控制系统。车辆段/停车场是列车存放及维修保养的场所，设有停车列检库线、检修库线、洗车线、试车线等，而停车场与车辆段的区别在于其没有车辆架修与大修的功能。相对于正线而言，车辆段线路的特点是道岔多、线路多，列车运行所经过的线路分支多，列车在车辆段/停车场内允许运行的最高速度为 25 km/h。因此，在车辆段/停车场范围内对列车运行的控制主要是实现列车路径的控制，即为了使列车按照正确的路径（进路）安全行驶，必须检查指定进路上无车占用、道岔位置正确、无敌对进路，防护进路的信号才能开放，为驾驶员传递正确的行车指令，控制列车驶入进路。车辆段/停车场采用独立的联锁系统。联锁系统是保证列车运行安全，实现进路、道岔、信号之间相对制约关系的系统，具有高可靠性、高安全性和可维护性。

车辆段联锁设备用以实现对车辆段的进路控制，并通过车辆段 ATS 分机与行车指挥中心交换信息。早期，车辆段联锁设备采用 6502 电气集中联锁，近年来多采用计算机联锁设备。城市轨道交通车辆段信号设备一般采用国产计算机联锁设备，试车线多采用与正线相同的进口列车自动控制 ATC 设备。

列车在车辆段/停车场内的作业主要有：出入段/停车场的列车作业、车辆段/停车场的调车作业及试车线的试车作业。车辆段/停车场内所有作业均由车辆段/停车场联锁系统控制。车辆段/停车场内的试车作业须在信号楼控制室与试车线控制室完成控制权的交接后才能进行。

先进的车辆段信号控制系统的特点是实现信号一体化，包括联锁系统、进路控制设备、接近通知、终端过走防护和车次号传输设备等。这些设备与局域网连接并通过光缆与调度中心相通，使列车的整备、维修和运行相互衔接成一个整体，保证城市轨道交通的高效性和经济性。

车辆段内试车线设置与正线相同的 ATP 轨道电路和 ATO 地面设备，用于对车载 ATO 设备进行静态、动态试验。

在车辆段内设有相应的日检/月检设备，用于对列车进行常规检测。

车辆段信号设备包括 ATS 分机、车辆段终端、联锁设备、维修终端、信号机、道岔转辙设备、轨道电路和电源设备，如图 1-1 所示。信号机、道岔转换设备及轨道电路属于信号终端设备，位于线路上，通过室内继电器接口与室内联锁设备连接。室内设备位于车辆段室内信号控制中心。

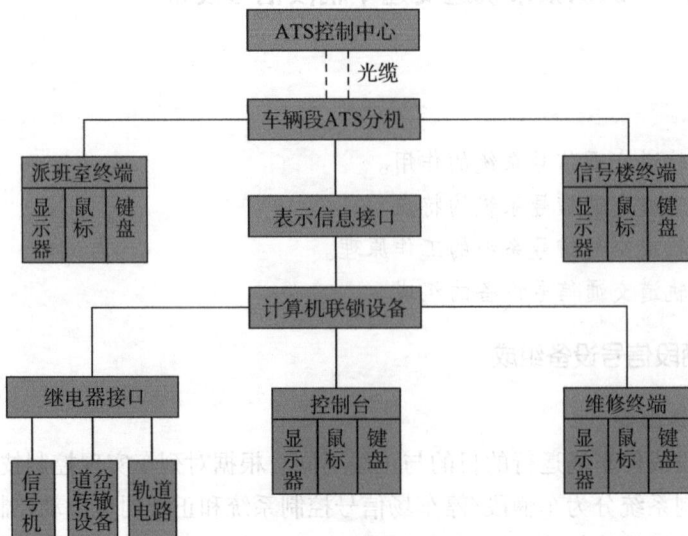

图 1-1 车辆段信号设备构成

（1）ATS 分机

车辆段的 ATS 分机用于采集车辆段内各个线路被列车占用的状态信息、调车信号机的显示状态以及道岔的基本情况信息，并且将相关信息通过光缆传输至 ATS 控制中心。

（2）车辆段终端

车辆段派班室和信号楼控制台室各设有一台终端设备与车辆段 ATS 分机相连。

（3）联锁设备

车辆段联锁设备用以实现车辆段的进路控制，并通过 ATS 分机与控制中心进行信息交换，联锁设备只受车辆段值班员的人工控制。

（4）维修终端

设备室内设有显示器、鼠标和键盘，可显示与控制室相同的内容，并且有用于维修和检测的有关信息，通过终端设备可以对相关信号设备进行自动或手动的测试，但是不能控制进路。

（5）信号机

信号机通常设置于列车运行方向的右侧。存车库线中间的尽头设置阻挡信号机，为红色单显示结构；在车辆段出入口处设有出段信号信机和入段信号机，为三显示结构，自上至下依次为黄色、绿色、红色；在库线中间设置调车信号机，为白色、蓝色双显示结构。

（6）道岔转辙设备

转辙机是重要的信号基础设备，能实现道岔的转换和锁闭，直接关系到行车安全，对于保证行车安全、提高运营效率起着非常重要的作用。常见的转辙机有 ZD6 型电动转辙机、ZD（J）9 型电动转辙机、S700K 型电动转辙机、ZYJ7 型电动转辙机。

（7）轨道电路

轨道电路是监督列车占用情况，传输行车信息的媒介，用于保证列车运行的安全性和可靠性，提高运输效率。停车场/车辆段多采用 50 Hz 相敏轨道电路，用来检查轨道的占用和空闲状态，不能传递车辆运行信息。

（8）电源设备

信号系统供电负荷等级为一级负荷，有两路独立电源供电，互为主备电源，具有自动切换功能，主备电源切换时，电源中断时间不大于 0.15 s。

车辆段/停车场信号设备设有专用电源屏供电。电源屏一般采用模块化结构；对有不间断供电和抗干扰要求的设备设有不间断（UPS）电源设备。UPS 电池采用免维护电池，其后备时间一般按 30 min 设计。

2. 试车线信号设备

试车线主要完成车辆性能测试和车载信号设备性能试验两大功能。车辆维修保养后，需要利用试车线进行列车运行相关数据的测试和验证；车载信号设备上线调试前，需要利用试车线进行动态试验以评估车辆的动态性能；车载信号设备维护维修后，也需要利用试车线进行性能测试和功能验证。

车辆段联锁设备能对其所辖试车线上的道岔、信号机实行集中控制。试车线道岔区段的占用/空闲、信号机开放/关闭能反映至信号楼控制室的操作显示工作站上。

室内及现场设备包括：测试工作站、试车工作站及控制台、与车辆段联锁系统接口、

ATP/ATO 室内设备、列车检测设备、车—地通信室内/外设备、电源设备（含 UPS 及蓄电池）、继电器接口、精确停车现场设备等。

为了能在有限长度的试车线上模拟列车在正线各种运行环境中的情境，试车线设定一典型速度曲线，并永久将数据储存在 ATP 轨旁单元中。

试车线实现的具体功能如下：

（1）驾驶模拟测试

①RM 模式（ATP 保护限速人工驾驶 25 km/h）。

②SM 模式（ATP 保护人工驾驶）。

③列车自动驾驶 ATO 模式。

④节能模式（巡航或惰行）。

（2）性能测试

①超速测试。

②保护区段测试。

③列车保护距离测试。

④紧急停车。

⑤双侧折返（包括无人自动折返测试 DTRO）。

⑥双侧车站定位停车和车门控制测试。

⑦轨道保温故障测试。

⑧硬件性能测试。

⑨车载显示测试。

⑩报警、登录和诊断测试。

⑪屏蔽门接口测试及与其他系统的接口测试。

1.1.2 车辆段信号设备布局

城市轨道交通车辆段停车线有尽端式和贯通式两种。尽端式通常只有一组进出段线路；贯通式有两组进出段线路。长春轻轨 3 号线湖光路车辆段线路如图 1-2 所示。

1. 车辆段设置

共设有 12 条停车线（包含 1 条洗车线，4 条检车线，2 条临修线等），1 个不落轮镟库，1 个调试库（静调线），1 个月修库，2 个联合检修库及 1 条试车线。

（1）信号机设置：停车线设置 48 组调车信号机（D1A～D12A，D1B～D12B，D1C～D12C，D1D～D12D），其中 AB 同侧布置，CD 同侧布置，方便车辆出入停车线。D1、D2、D3、D5、D6、D7、D9、D11、D13、D15、D29、D33、D35 为道岔防护调车信号机；D4、D8、D17、D19、D21、D23、D25、D27 为普通调车信号机。XJC 为下行方向进段信号机，SC 为上行方向出段信号机。SJC 为上行方向进段信号机，XC 为下行方向出段信号机。

（2）道岔设置：两组联动道岔 1/3、5/7，29 组单开道岔（9、11、13、…、43、45，2、4、…、20、22）采用 6 号道岔，采用 ZD6-D 型电动转辙机作为道岔转辙终端设备。

（3）轨道电路设置：湖光路车辆段采用 50 Hz 单轨条相敏轨道电路。试车线采用与正线相同的 FZL 数字轨道电路。

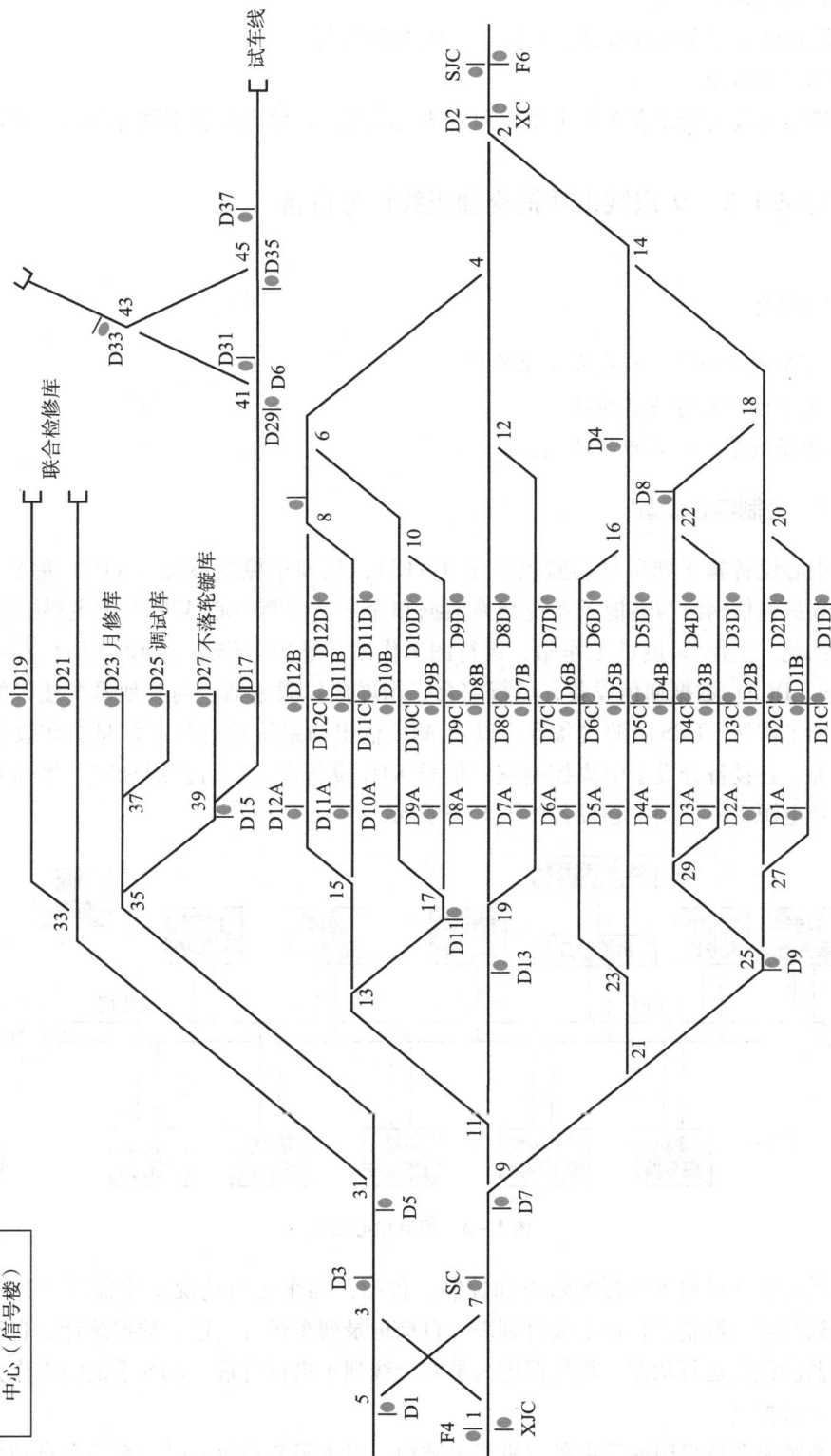

图 1-2　长春轻轨 3 号湖光路车辆段线路

2. ATC 转换区域设置

车辆段正线及试车线连接处，设置有 ATC 转换区域。

3. 出入库线设置

车辆段与正线之间设有 2 条出段线和 2 条入段线，方便列车从不同方向出入车辆段。

✸ 任务1.2　认识城市轨道交通正线信号设备

☞ **学习目标**

◆ 掌握控制中心设备组成及基本作用。

◆ 了解车站及轨旁设备组成。

◆ 熟悉正线信号设备布局情况。

1.2.1　控制中心设备

控制中心设备属于列车自动监控系统（ATS），是列车控制系统（ATC）的核心。ATS 系统通过数据通信网络与其他子系统交换数据和命令。控制中心 ATS 系统主要配置 ATS 中央计算机系统、主任/调度员工作站、运行图工作站、维护工作站、DCS（Data Communication System，DCS）数据通信设备，运行综合显示屏接口服务器、与其他系统接口的通信服务器、培训工作站、UPS 电源设备等，以及 ATC 输出与系统运行状态信息打印设备和运行综合显示屏。各设备分设于中央控制室、信号 ATC 设备室、运行图编辑室、培训室以及控制中心信号电源室。控制中心设备如图 1-3 所示。

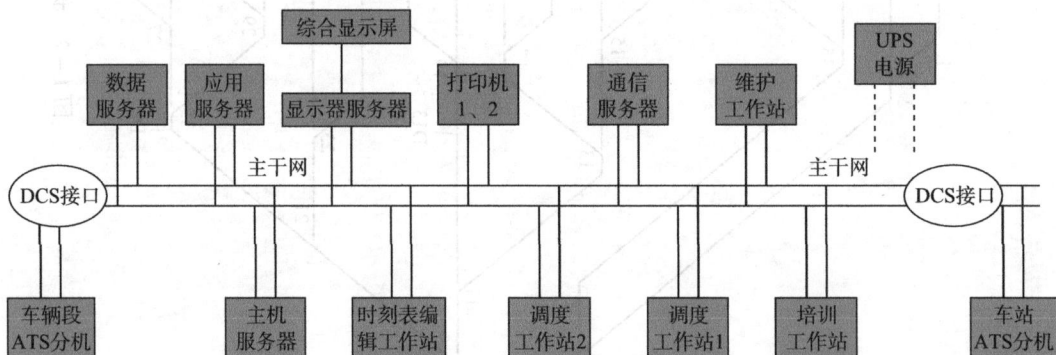

图 1-3　控制中心设备

ATS 系统实现对列车运行的监督和控制，包括：列车运行情况集中监视、自动排列进路、自动列车运行调整、自动生成时刻表、自动记录列车运行实迹、数据统计、自动生成报表、自动监测设备运行状态，辅助调度人员对全线列车进行管理。ATS 系统的工作方式为集中管理、分散控制。

ATS 系统服务器采用的是主备双机冗余结构。当主服务器故障时，系统会自动切换到备用服务器工作，切换过程对运营状况没有干扰。

控制中心配套有现代化、高性能、模块化的控制系统，是灵活的工作站结构。控制中心与各个车站联锁设备及车辆段联锁设备通过有线或无线通信网络进行信息传输。

1. 主机及工作站

（1）控制中心 ATS 系统主机

控制中心 ATS 系统主机采用双机热备的工作方式。两套系统硬件、软件配置相同，互为主、备关系。正常工作状态下，主机负责完成系统所有功能，备机处于备用状态。主机出现故障时，通过通信接口自动转换成备用状态并发出报警，原来的备机转换成主机。

（2）调度员工作站及调度主任工作站

调度员工作站配备 3~4 台大屏幕显示器。显示器用于行车调度指挥，是实际操作平台，使调度员能够在控制中心监视和控制联锁设备及列车的运行情况，可显示运行计划图和列车运行实迹图。通常一条线路设有两个调度员工作站，一个调度主任工作站。调度主任工作站是备用控制台，一般配备 1~2 台显示器，让调度主任掌握线路实际运营情况，组织生产和运输指挥，必要时可以替代其他两个工作站中的一个工作。

（3）综合显示屏

为了方便控制中心调度员与行车管理人员更加直观地观察到全线列车的运行状态及信号设备的使用状态，控制中心通常会将 ATS 系统信号转接到综合显示屏上。综合显示屏具有显示界面全、信息量大的特点。

大屏幕投影显示正线站场图。显示调度区段内的线路布置、站名、列车位置（轨道区段占用）和标示（表号、车次号和目的地等）、信号机显示、进路状态、站故障表示及列车运行信息，如进、出段提示等运行警告显示。

显示器除根据调度员的各种操作给出所需的各种显示外，还应多窗口局部显示各车站的详细站场情况（如道岔位置）及全线（含车辆段）缩略图、列车实时运行情况、所管辖范围的各种设备情况、操作及控制指令、详细的报警信息、运行图及列车调整信息、有关统计报告及系统运行状况的提示和告警、运行图的描绘等。所有统计报告及报表均应能打印输出，并可根据需要进行站场图形的局部放大和站场图形的连续移动显示。

（4）时刻表编辑工作站

时刻表编辑工作站一般配备 1~2 台显示器，主要完成以下工作：列车运行计划的编辑，根据线路调整情况，及时修正已经编辑好的运行计划。具有与其他组成模块的接口，允许调度工作站、维修工作站等调用详细的列车运行计划信息及列车运行图。

（5）培训工作站

培训工作站配有各种系统的编辑、装配、连接和系统构成工具及列车运行仿真软件，可以与调度员工作站显示相同的内容，有相同的控制功能，能仿真列车在线运行及各种异常情况，不参与实际的列车控制。培训工作站配备多显示器的计算机设备，可为调度所的各级行车指挥人员提供系统岗位技术培训。

（6）维护工作站

系统维护工作站一般配置 1 台大屏幕显示器，主要完成网络管理、设备运行状态监视、数据更新等维护功能，通过打印机可将相应信息打印出来并存档。

（7）打印机服务器

打印机服务器作为共享设备，执行各工作台的绘图和打印命令。

2. 控制中心机房设备

（1）数据库服务器

数据库服务器，双机热备配置，安装数据库管理系统 DBMS（DB2），主要功能是存储 DMIS/CTC 系统的基本图、日班计划、阶段计划、实迹运行图及其他各项数据等。

（2）应用服务器

应用服务器，双机热备配置，主要功能包括：列车阶段计划的生成、调整、冲突检测和调车作业计划的生成等，是调度中心系统的核心处理设备。应用服务器可以与数据库服务器合并。

（3）通信服务器

通信服务器，双机热备配置，主要功能是完成中心系统与车站系统的数据交换和通信隔离。

（4）DCS 数据接口机

接口机分为 TMIS 系统接口机、分界口系统接口机等，可实现与其他各相关系统间的数据交换和资源共享。

（5）局域网

局域网把本地和远程工作站、服务器的 PLC 连接在一起，允许各个成员间进行高速数据交换。

（6）UPS 电源

专用电源屏一般采用模块化结构，由防雷屏、转换屏、隐压屏和 UPS 电源组成。UPS 电源设备采用免维护电池，其后备时间一般为 30 min。

1.2.2 车站及轨旁设备

车站分为设备集中站和非设备集中站两种。

设备集中站设有车站 ATS 分机、车站联锁设备、ATP/ATO 系统地面设备、电源设备、维修终端、信号机、转辙机、列车检测设备、发车指示器、紧急停车（关闭）按钮、自动折返按钮等。设备集中站是 ATS 与 ATP 地面设备和 ATO 地面设备的接口，用于联锁系统和其他外围系统、采集车站设备信息、传送控制命令，使车站联锁设备能接收 ATS 系统的控制，以实现车站进路的自动控制，如图 1-4 所示。设备集中站为联锁设备取得所需数据，配有远程终端单元，采用模块化设计，扩展容易。设备集中站一般为有道岔车站，各设备分设于车站控制室、车站信号设备室、车站站台层及轨旁线路层。

1. 车站控制室设备

设备集中站车站控制室设置一台远程 ATS 工作站，用于采集车站设备的信息、传送中心的控制命令及存储由中心下载的时刻表，并实现车站进路自动控制的功能；在中央 ATS 授权后，设备集中站的 ATS 分机可实现对本地联锁区域的控制功能，即实现站控功能。

设备集中站的车站控制室还要设置正线联锁系统的本地控制工作站，提供列车运行的本地显示；中心和本地 ATS 发生故障时，可以通过本地控制工作站进行设置进路、扳动道岔等基本操作。

每站设置的综合控制盘上设有"扣车/终止扣车""跳停""紧急停车/取消紧停"等按钮及相应表示灯和蜂鸣器，以实现相关功能的本地控制。

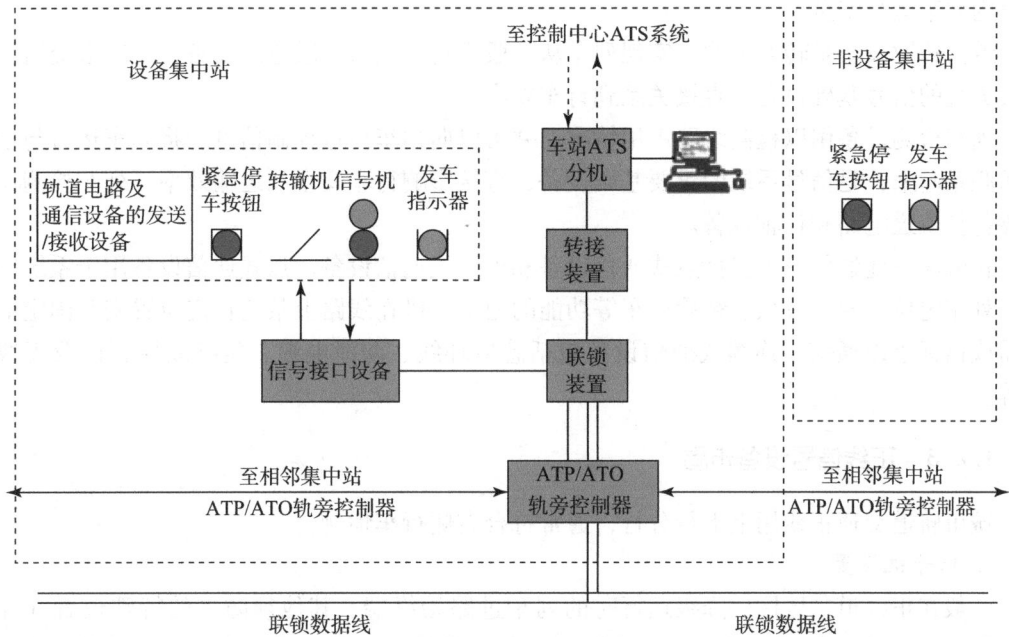

图 1 - 4　车站及轨旁设备示意图

2. 车站信号设备室

设备集中站室内主要设有联锁设备、ATP/ATO 室内设备、轨旁控制设备、列车检测室内设备、车—地通信室内设备、电源设备、接口设备、电缆柜/架、防雷设备等。

3. 车站站台层

车站站台层设有发车指示器、自动折返按钮（具有自动折返功能的车站设置）、紧急停车按钮等行车和旅客安全设备。

发车指示器一般设置于发车正方向站台端部，每侧站台 1 个，采用闪光或倒计时显示方式显示发车时刻。当列车在站台停车后，发车指示器按系统给定的站停时间倒计，闪光后点亮稳定灯光或倒计时牌显示为零时允许列车发车；倒计时牌显示正计时为发车晚点，并提供扣车、催发车等指示功能。

紧急停车按钮在每一车站站台上，分别按上、下行各设置两个或两个以上站台紧急停车按钮。车站站务员在有紧急情况下，按压此按钮可以使进入或驶出车站的列车紧急停车。联锁设备检查车站 IBP 盘上和站台紧急停车按钮的状态，一旦检测到按钮被按下，立即关闭相应的列车进路，同时，ATP 子系统通过车—地通信设备向列车发送相应的列车控制命令信息。

无人自动折返车站的列车运行正方向站台端部设置自动折返按钮箱，实现列车无人驾驶的自动折返。

其他非设备集中站信号设备室主要设有电缆柜/架、车站接口、电源设备、防雷设备等。

4. 轨旁线路层

轨旁线路层上设有信号机、转辙机、列车检测设备及车—地通信设备等。

信号机用于向司机发出信号显示，表示是否已为列车准备好相应的进路，以保证所防护

项目 1　城市轨道交通信号系统的认识

区段内列车运行安全。

道岔转辙设备是转换道岔，实现列车从一股道转换到另一股道的设备，是轨道交通线路中最关键的信号基础设备，直接关系到行车安全。

列车检测设备用以检测线路占用情况，并可以向列车传输控制信息，将列车运行与信号显示联系起来，是信号系统的重要基础设备，直接影响行车安全和运输效率。列车检测设备主要包括轨道电路和计轴设备。

轨旁车—地通信设备包括点式通信设备和连续式通信设备。点式通信设备用于系统初始化、列车定位、轮径校核、精确停车等功能的通信，可在线路上某些特定位置安装固定的应答器或信标予以通信。连续式通信设备包括感应环线、漏泄电缆、裂缝波导管以及无线电台等。

1.2.3　正线信号设备布局

城市轨道交通正线用上下行分行，通常符合右侧行车惯例。

1. 信号机设置

一般在正线道岔区段、降级运行时的列车进路始终端、其他须防护的特殊位置（如从车辆段进入正线 ATC 控制范围入口等处）以及为满足后备模式下间隔要求，需设置防护信号机。其余地点原则上不设置地面信号机。防护信号机通常为黄色、绿色、红色三显示结构，设置于线路运行方向的右侧。为减少维修工作量，提高设备的可靠性和可用性，正线信号机一般采用发光二极管 LED 铝合金信号机。

2. 道岔设置

为满足运营需要，正线中往往要加入辅助线，包括折返线、渡线、联络线、出入段线、停车线等，在这些位置往往需要加入道岔。城市轨道交通的正线上一般采用 7 号道岔或 9 号道岔。通常一组道岔需一台转辙机牵引。其锁闭方式可根据线路列车速度采用联动内锁闭或分动外锁闭形式。转辙机通常使用 ZD6 型电动转辙机、ZD（J）9 型电动转辙机、S700K 型电动转辙机及 ZYJ7 电动转辙机。

3. 轨道电路设置

正线轨道电路不仅用来监督列车占用情况，而且可传输行车信息。正线通常使用音频轨道电路。音频轨道电路一般采用数码调制方式，称为数字无绝缘轨道电路。调制信号为数字基带信号。国内城市轨道交通常用的数字轨道电路有德国西门子公司生产的 FTGS 数字轨道电路、美国 USSI 公司生产的 AF—904 型数字轨道电路、法国阿尔斯通的 DTC921 数字轨道电路及通号公司生产的 FZL 数字无绝缘轨道电路。

知识链接

1. 信号设备维修模式

信号设备的维修模式以预防性检修为主，故障纠正性维修为辅。

（1）预防性检修

预防性检修体制是目前国内外城市轨道交通信号系统普遍采用的一种按信号设备运行周期进行计划检修的检修体制。

预防性检修包括计划修和状态修。

1）计划检修

计划检修是根据设备的可靠性预先制定设备的检修周期、检修内容及技术标准，并按照相应的年度检修计划及月度检修计划来进行的维修作业。

2）状态检修

状态检修是指对设备采取连续监视或定期监测，当设备状态量或其变化量超过规定范围时，及时进行更换或在线维修的维修方法。状态修是一种以设备实际技术状态为基础的预防性维修制度。实行状态修的基本条件是该设备具备有效的自检、监测、报警、冗余等功能和手段，能够随时掌握该设备的工作状态及变化趋势，预防可能出现的故障。

预防性检修是提高系统可靠性和可用性的重要手段。预防性检修的定期检修不能影响列车的正常运营。中央及正线地面设备的维修在非运营时段内进行。

（2）故障纠正性检修

故障纠正性检修是根据信号设备的实际技术状况来确定检修时机的检修体制，不对设备规定固定的拆卸分解范围和检修期限，是在信号设备有故障时，对故障的设备、器材进行维修或更换的维修办法，其最重要的要求是尽快恢复系统的正常运行。根据维修监测终端及远程服务与诊断系统提高故障纠正修的准确性，缩短故障修复时间，提高维修效率。

故障检修体制是建立在先进实时的状态监控、完善的故障分析、配件的寿命管理规律以及信号设备运转性能稳定的基础上的一种体制。

在信号设备维修模式中，上述模式可以根据具体情况配合选用。计划检修和状态检修属于预防性的；故障检修则是非预防性的。对故障发生与工作时间有密切关系且无法监控的设备板块，宜采用定期检修方式；对故障发生能以参数或者标准进行状态检查的零部件，宜采用状态检修方式；对故障发生不危及安全，且通过连续监控可以在故障发生后进行检修的零部件，或者发生事故后的修理，宜采用故障检修方式。

2. 信号设备修程

信号设备的修程以预防性维修为原则，根据设备的可靠性来确定维修周期和维修内容的制度。

我国几个主要城市轨道交通信号设备的修程如下：

（1）北京地铁

北京地铁信号系统设备的修程可分为日巡视、月检、季检、半年检、年检、故障维修。

（2）上海地铁

上海地铁信号系统设备的修程可分为日检、周检、月检、季检、年检、故障维修。

（3）广州地铁

广州地铁信号系统设备的修程可分为日常保养、二级保养、小修、中修、大修、故障维修。

信号中修是为保证信号设备达到规定的工况，在大修周期中间对系统中部分薄弱环节进行统一的整治维修。

信号大修是指设备到了规定年限，对全套设备进行的大规模检修。一般大修伴随着比较多的器件、部件和设备的更换。

3. 信号设备维修方式

（1）自主维护

从降低维护成本、掌握核心技术及培养专业技术人员的角度出发，城市轨道交通信号设备的维修方式宜采用自主维护方式。

目前，全国轨道交通的建设势头迅猛，大量的轨道交通线路将在近几年集中投入运营，同时，以信号CBTC、计算机与网络为代表的新科技、新技术在城市轨道交通中大量应用，其特征是技术含量高、集成化程度高、对资源配置要求高，尤其对人才技术要求更高，自主维护所需的信号维护人员的缺乏成为近几年各地铁公司面临的一个突出问题。推行自主维护为主、委外维护为辅的维护模式，是探索精简高效的地铁维护模式的路径之一。

（2）委外维护

地铁公司可以根据运营需要，在维护技术条件或维护能力不能满足运营对维护任务要求的前提下，将维护任务委托给具有维护能力的单位（主要指设备专业维护单位、专业设备制造单位等）进行维护。

4. 维修工班设置

城市轨道交通信号设备维修管理机构一般设置在车辆段/停车场和控制中心，完成信号设备的日常养护和维修及管理。信号工班是负责信号设备维修工作的基本生产组织，根据线路长度、设备数量及维修值班点的设置进行工班的设置和工班人员的配置。

（1）工班设置

不同的城市地铁公司，信号系统设备维修组织机构及维修内容不同，一般情况下的设置如下。

1）正线工班

除ATS及车载设备外，正线上其他信号设备的维修（包括试车线），根据线路的实际状况可设置多个正线工班，分管各自的里程。一般正线工班在折返车站设24 h人员覆盖的值班点，并配备工具和备品备件，随时做好抢修准备，以确保地铁正常运营。正线工班根据维修计划或当日运营情况，在运营结束后，进行日常养护、检修与故障（运营期间处理难度大，可维持运营的故障）处理工作。

2）控制中心ATS工班

控制中心ATS工班负责全线ATS设备的养护与维修。对应不同的线路可设置各自分管的ATS工班。

3）车载设备测试工班

车载设备测试工班负责车载设备的维修和日常测试，车辆大修及架修时车载设备的装卸及动态测试。车载工班一般设置在停车库内，运营结束后，进行日常养护、检修与故障（运营期间处理难度大，可维持运营的故障）处理工作。车载工班也可根据需要在正线设置日检点，运营期间列车发生故障后，可跟车随检。

4）车辆段/停车场信号工班

车辆段/停车场信号工班负责车辆段/停车场内（包括试车线）信号设备的养护与维修。

5）综合检修工班

综合检修工班对能够更换下来的设备进行轮检和维修，如电源设备、继电器等国产设备的轮检和维修。

6）电子设备检修工班

电子设备检修工班负责全线 ATP、ATO、ATS 系统等进口设备的检测。一般进口 ATC 设备都返回原设备供应商处维修。

7）机械检修工班

机械检修工班负责转辙机（包括安装装置）、信号机等的轮检和维修。

8）DCS 工班

DCS 工班负责全线 DCS 设备的养护检修工作。DCS 工班可以单独设置，也可并入 ATS 工班。

（2）工班性质

工班按照各维护检修的设备、器材对运营的影响，又可分为信号现场工班和设备集中检修工班。

1）信号现场工班

信号现场工班负责在线运营设备的日常养护、检修与故障处理工作。地铁由于运行间隔短、行车密度大，因此室外设备的巡检与维修以及故障的处理，都会安排在夜间的非运营时间进行（室内故障需及时处理）。信号现场工班按轮班制实行昼夜值班。一般的做法是将设备全部包保到人，检修和巡视均由包保者完成，并在一个检修周期内对该设备的安全和故障负责。

由于线路上各专业的设备都有，信号设备的巡检与检修就会与其他专业设备发生联系，例如，设备检修完成后要进行试验，需运营部门的配合；又如，有些设备的检修需使用检修车（如供电专业接触网的检修），就会对在线路上作业的人员造成危险。因此，室外设备的巡检与检修工作的组织必须按照标准化流程进行，以确保检修工作的顺利完成及检修人员的人身安全。

2）集中检修工班

集中检修工班主要负责室内外设备（如继电器、转辙机及各种电子板件等）的集中检修工作，将按计划轮修的设备、器材更换下来后送往专门检修场所进行检修。集中检修工班对运营没有影响，不实行昼夜值班制度，而是实行设备检修质量包保责任制。

设备维护及维修需要仪器仪表和专用工具。

各信号工班均设置工班长 1 人，负责组织完成本工班所辖设备的养护与检修任务、工班各项日常事务的管理工作及落实本工班人员的培训、考核等相关工作。

5. 信号班组工作制度

将信号现有人员分成 3 个班组，分班后设备分工、检修组织、值班、故障抢修、交接班等工作安排如下。

（1）设备分工

将线路信号设备分段，分别由不同班组负责。每个班的设备也分到人头，做到件件设备有人管、人人肩上担设备。

（2）检修组织

班组成员在班长领导下，按照《信号设备巡视检查计划表（年/月表)》有计划、有步骤地进行设备检修、测试。检修工作具体内容见相关信号设备巡检表。每日检修工作结束后，巡检人员填写相关巡检记录表及《工作日志》，并做好故障分析记录。每月月初报送段长检查，段长发现漏表或执表不认真时，有权对责任班长提出批评或处罚。段长每月组织各班班长和技术人员对各班设备进行抽样检查，检查出问题后除发整改通知书外，还会对存在的严重问题扣分（扣分标准另行规定），逐步做到与奖金挂钩。

（3）值班及故障抢修

信号段值班室为保证及时赶赴故障现场，每班需准备"故障抢修包"。

周一至周五8点到17点，1名日勤值班员负责监视CTC维修工作站信号设备使用情况或接听故障报修电话，发现故障或接到故障报修电话及时通知故障设备分管责任班长。班长接到通知后立即组织本班人员赶赴现场进行抢修。当故障复杂难度大，需其他组织援助时，由段长组织人力统一指挥。

周一至周五17点至次日8点10分及周六8点到下周一8点10分各班各抽2名员工，共6人，三班倒轮流值班，并填写值班日志。周六、周日早8点至17点各班班长轮流值班。每班倒班人员定期轮换。周六、周日正常执表。

（4）设备更换记录

检修人员更换设备或设备部件后，应在被更换下的设备或设备部件上贴上标签，注明更换时间、地点等。技术人员依据更换记录做好设备台账。

（5）故障分析会

在段长带领下，技术人员应定期组织信号班组召开设备故障分析会。目标一：让所有信号人员了解信号设备整体工作状况；目标二：对复杂故障进行分析，并总结经验教训；目标三：对疑难故障进行技术攻关。

6. 信号段交接班制度

（1）交接班时间

交接班时间：周一至周五每天8：10。

（2）交接班地点

交接班地点：信号控制中心办公室。

（3）参加人员和分工

1）技术人员、班长、值班人员、接班人员、日勤人员（段长不定期抽查）。

2）技术人员组织交接班，各班班长安排当日工作内容。

3）周六、周日当班人员进行交接班，技术人员在下周一组织总结。

（4）交班内容

1）工作交接。

工作交接时按故障报修记录及值班日志逐条交接，要求故障报修记录和值班日志字迹工整，内容翔实，班长需亲自检查并签字确认，当日未完成任务应说明原因；工具、仪表、备品及资料的数量不正确时要说明原因，落实到人，段长随机抽查。

2）环境卫生交接。

值班人员在交班前，将机房的地面彻底清洁，保证微机桌上无杂物，机器摆放整齐，无明显灰尘；寝室洁净，床上用品摆放整齐；办公室整洁，无杂物。

3）当班未完成的工作要说明原因并提出处理意见。

7. 设备故障统计通报制度

（1）设备故障登记

信号段应严格执行设备故障登记制度，无论是外界妨害故障、材质故障，还是自身维修不良故障，只要反映到设备上的都要登记，并将故障发生时分、修复时分、故障现象、处理经过，按《设备故障登记簿》上的内容进行登记。

维修班长负责设备故障登记和初步分析工作。

（2）设备故障统计分析

每月对事故、障碍进行统计；每季度进行一次统计并于上年同期进行对比；每年进行全年统计，并与上年对比。统计时主要统计故障件数、故障延时及故障率。

技术人员负责设备故障统计和故障详细分析工作。

（3）设备故障通报

每月对上月的安全生产情况、设备故障件数、性质、经过、原因、存在的问题进行通报，并对有关故障的责任者进行通报，使大家吸取教训。同时对在安全生产中工作积极，解决设备隐患、处理故障的有功人员进行通报表扬。

段长负责设备故障通报。

项目小结

通过本项目的学习，学生基本了解车辆段/停车场、正线线路布置情况，掌握信号联锁设备、基础设备分布，掌握车辆段信号系统与正线信号系统的区别和联系，了解信号设备的维修模式及维修方式。

技能训练

实验 1　认识车辆段/停车场信号设备

1. 实验目的

（1）了解车辆段/停车场内线路组成及布局。

（2）认识车辆段/停车场内的信号联锁设备（连锁计算机、接口设备、维修终端、电源设备、继电器组合及组合架、防雷设备）、信号终端设备（信号机、转辙机、轨道电路），并初步了解各个设备的功能。

（3）认识信号平面布置图上各设备的图形符号。

2. 实验设备

实验设备：车辆段/停车场信号设备、图片或信号平面布置图、车辆段/停车场沙盘实验室。

3. 实训内容与步骤

（1）观察车辆段/停车场内线路特点，了解各线路的名称和作用。

（2）认识车辆段/停车场内各种信号机，观察其设置位置、灯光配列，熟悉名称。

（3）认识车辆段/停车场内的道岔转辙设备，观察转辙机设置的位置及与道岔的关系，能够区别单开道岔和联动道岔。

（4）观察比较轨道电路的设备，观察钢轨绝缘处轨缝连接部件。

（5）观察信号楼控制室内设备及信号设备室内的信号设备，了解联锁概念及意义。

（6）认识转换轨处的信号设备，观察停车与信号机之间的位置关系。

项目 1　城市轨道交通信号系统的认识

4. 注意事项

（1）分组观察，听从指挥，以认知为主。

（2）避免接触带电设备，注意操作安全。

<h2 style="text-align:center">实验 2　认识正线信号设备</h2>

1. 实验目的

（1）了解正线的线路布局及特点。

（2）认识控制中心信号设备、车站信号设备及线路信号设备，并初步了解每一部分的功能，建立正线联锁概念。

（3）认识信号平面布置图上各设备的图形符号。

2. 实验设备

实验设备：正线信号设备、正线沙盘实验室、图片或信号平面布置图。

3. 实训内容与步骤

（1）认识控制中心的信号设备，观察综合显示屏的显示内容，尤其是对列车追踪的显示法，并比较与调度员工作站显示内容的异同。

（2）认识车站的信号设备，观察发车指示牌的显示与列车发车的关系；找到站台上紧急车的位置；观察乘客向导牌上的内容。

（3）观察列车的停站位置、车门与屏蔽门/安全门的开关情况。

（4）认识正线道岔转换设备、防护信号机结构。

（5）认识无缝钢轨与有缝钢轨的区别。

4. 注意事项

（1）分组观察，听从指挥，以认知为主。

（2）避免接触带电设备，注意操作安全。

思考与练习

1. 控制中心有哪些信号设备？简述其功能。

2. 车辆段有哪些信号设备？简述其功能。

3. 试车线的功能是什么？一般设置在什么地方？其信号设备的装置要求是什么？

4. 简述你所在城市地铁公司信号设备的修程。

项目 2
信号继电器的检测与维护

项目概述

继电器是一种电子控制器件，通常应用于自动控制电路和远程控制系统中，用于接通和断开电路、发布控制命令、反映设备状态、进行逻辑计算及构成自动控制和远程控制电路。它实际上是用较小的电流去控制较大电流的一种"自动开关"，在电路中起着自动调节、安全保护和转换电路等作用。

城市轨道交通信号系统也广泛使用继电器，称为信号继电器（在信号系统中，简称继电器）。信号继电器是继电式电气联锁（6502 继电联锁）的核心部件，在计算联锁系统中，作为系统主机与信号机、轨道电路、转辙机等信号终端设备的接口部件。继电器动作的可靠性直接影响信号系统的可靠性和安全性。

通过本项目的学习，学生可以掌握各种信号继电器的工作原理及结构特征，熟悉相关信号继电器的拆装、测试方法，会利用继电器制作简单的信号控制电路。

任务 2.1 认识信号继电器

学习目标

◆ 掌握 JWXC—1700 继电器的工作原理及特性。
◆ 掌握偏极继电器、有极继电器、整流继电器的工作原理。
◆ 能区分各种信号继电器的插座接点及编号。
◆ 掌握交流二元继电器的结构及工作原理。

2.1.1 信号继电器概述

1. 继电器的基本原理

继电器是一种电磁开关，能以较小的电信号控制执行电路中的大功率设备，实现自动控制和远程控制。

继电器主要由电磁系统和接点系统两部分构成，其中电磁系统由线圈、铁芯、轭铁和可动的衔铁组成，是继电器的感知机构，用来感知和接收输入量。接点系统由动接点和静接点组成，是继电器的执行机构，实现对其他设备的控制。

继电器的工作原理及继电特性如图 2 – 1 所示，当开关闭合，线圈中通入一定大小的电流后，在衔铁和铁芯之间产生一定数量的磁通，该磁通经铁芯、衔铁、轭铁形成闭合磁路，铁芯对衔铁产生吸引力。吸引力的大小决定于通过继电器线圈中电流 I_x 的大小。当电流 I_x 由 0 增大到一定值 I_{x2} 时，吸引力增大到克服衔铁向铁芯运动的阻力，衔铁被吸向铁芯。衔铁上的动接点随之动作，与前接点接通，接点回路中的电流 I_y 从 0 增大到 I_{y2}。若 I_x 继续增大，则 I_y 保持。线圈中电流 I_x 减小，吸引力随之减小，当电流减小到 I_{x1} 时，吸引力不足以克服衔铁重力，衔铁靠重力作用落下，动接点与后接点接通，I_y 减小到 0，并保持不变。所以继电器具有"故障—安全"性能，即使系统任何部分发生故障，输出都处于安全状态。

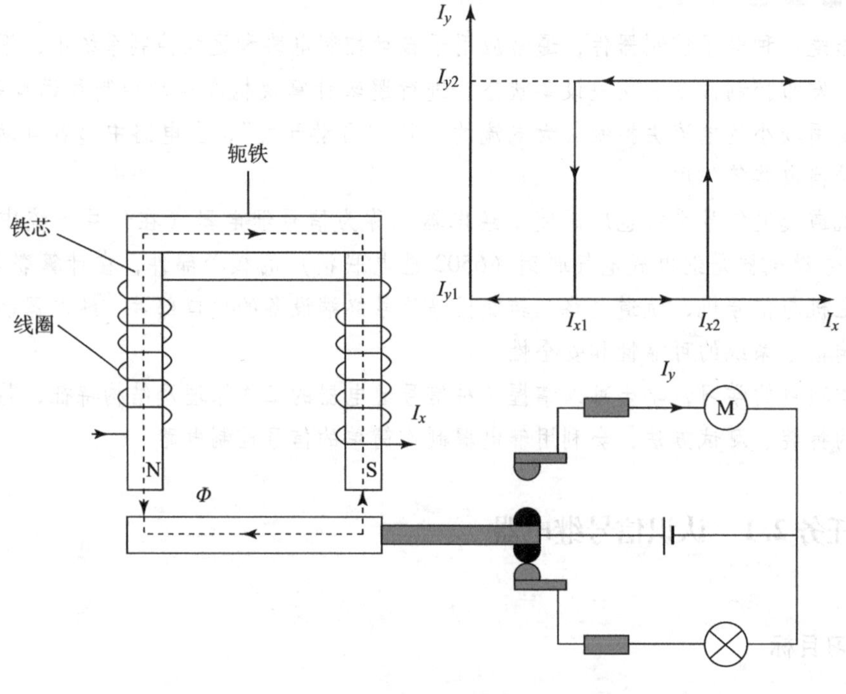

图 2 – 1 继电器的工作原理及继电特性

2. 信号继电器的作用

继电器具有继电特性，能以较小的电信号来控制执行电路中的大功率对象，能实现对多个控制对象的控制，为自动控制和远程控制创造了便利的条件。因此，继电器广泛应用于国民经济各部门的生产过程控制和国防系统的自动化远程控制，也广泛应用于城市轨道交通及铁路信号系统中。

随着电子技术的迅速发展，电子元件尤其是计算机以其速度快、体积小、容量大、功能强等技术优势，在相当大的程度上逐渐取代了继电器构成自动控制系统和远程控制系统，使技术水准大大提高。但与电子元件相比，继电器仍存在一定优势，它们的特性比较见表 2 – 1。通过比较可以看出，继电器仍然具有广阔的应用空间，并将长期存在。

表 2-1　继电器与电子元件特性比较

序号	比较内容	继电器	微电子器件
1	速度	慢	快
2	体积	大	小
3	容量	小	大
4	功能	弱	强
5	自身功耗	大	小
6	闭合阻抗	小	大
7	断开阻抗	大（∞）	小
8	防雷击	强	弱
9	自保	能	不能
10	噪声	无	有
11	温度影响	无	有
12	用于有放射的地方	能	不能
13	控制回路	多个	1 个
14	驱动能力	大	小
15	故障—安全	有	无

　　信号继电器在以继电技术构成的系统（如 6502 电气集中联锁）中起着核心作用。在以电子元件和微机构成的计算机联锁系统中，继电器作为接口部件使用，将主系统与信号机、轨道电路、转辙机等执行部件结合起来。由于继电器的性能特点，其在城市轨道交通及铁路信号系统控制领域仍将起到重要的作用。

　　3. 信号继电器的分类

　　（1）按动作原理分类

　　按动作原理不同继电器分为电磁继电器、感应继电器、热力继电器和固态继电器。

　　①电磁继电器是通过线圈产生的磁场来实现动作的继电器。信号设备中多使用这类继电器，如 JWXC - 1700 信号继电器。

　　②感应继电器是利用电流通过线圈产生的交变磁场与其翼板中的另一交变磁场感应的电流相互作用，使翼板转动，带动接点动作的继电器，例如相敏轨道电路所使用的交流二元继电器。

　　③热力继电器，利用膨胀系数不同的双金属片加热后单向弯曲的物理特性使接点动作。

　　④固态继电器，是一种无触点电子开关，由分立元件、模固定电阻网络和芯片采用混合工艺组装而成，实现输入电路与输出电路的电隔离和信号耦合，由固态器件实现负载的通断切换功能，内部无任何可动部件。

　　（2）按动作电流分类

　　按动作电流方式不同，继电器分为直流继电器、交流继电器和整流继电器。

　　①直流继电器由直流电源供电，按照电流的极性不同，可分为无极、偏极和有极继电器。直流继电器都为电磁继电器。

　　②交流继电器由交流电源供电。例如，信号机点灯电路中用于监督信号机是否灭灯的灯丝继电器，用于信号机主、副灯丝转换的灯丝转换继电器、交流二元继电器等。

③整流继电器用于交流电路中，通过整流部件将交流电转换为直流电。

（3）按动作速度分类

按动作速度不同，继电器分为快速动作继电器、正常动作继电器以及缓动继电器。

①快速动作继电器，衔铁动作时间小于 0.1 s。

②正常动作继电器，衔铁动作时间为 0.1 ~ 0.3 s。大部分信号继电器属于此类。

③缓动继电器，衔铁动作时间大于 0.3 s，包括缓吸和缓放两种，例如时间继电器主要取其缓放特征。

（4）按继电器输入量的物理性质分类

继电器按输入量的物理性质可分为电流继电器、电压继电器、功率继电器、频率继电器和非电量继电器。

非电量继电器的吸起和落下反映非电量（温度、压力、速度等）的变化。

（5）按继电器执行部件的构造原理分类

按继电器执行部件的构造原理（有无接点）可将继电器分为有接点继电器和无接点继电器，例如铁磁无接点继电器和半导体无接点继电器。

（6）按继电器接点结构分类

继电器按接点结构的不同可分为普通接点继电器和加强接点继电器。

①普通接点继电器，开断功率较小，能满足一般信号电路的要求。多数信号继电器为普通接点继电器。

②加强接点继电器，具有开断功率较大的通路能力，以满足电压较高、电流较大的信号电路的要求。

（7）按工作可靠度分类

按工作可靠度不同，继电器分为安全型继电器和非安全型继电器。

①安全型继电器，依靠自身结构满足系统的要求，主要依靠重力作用释放衔铁。

②非安全型继电器，断电后依靠弹力保证继电器落下，又称为弹力式继电器。

2.1.2 安全型继电器

20 世纪 50 年代初，我国采用的是不同类型的座式继电器。

20 世纪 50 年代末到 60 年代初采用的是大插入型继电器，这些继电器存在体积大、笨重、结构复杂、有色金属消耗多、施工维修困难等缺点，已经退出了历史舞台。

20 世纪 60 年中期，我国技术人员自主设计了体积较小的 AX 系列安全型继电器。它与座式继电器和大插入式继电器相比，具有结构新颖、重量轻、体积小、安全性高、性能稳定的特点，能满足信号电路对继电器提出的各种要求。AX 系列安全型继电器是我国城市轨道交通信号继电器的主要定型产品。

AX 系列安全型继电器的结构有以下特点：

①前接点采用熔点高、不会因熔化使前接点粘连的导电及导热性良好的材料。

②增加衔铁重量，采用"重力恒定"原理，在线圈断电时强制前接点断开。

③采用剩磁极小的电工纯铁构成磁路系统。在衔铁和极靴之间设有一定厚度的非铁性止片，当衔铁吸起时仍有一定的气隙，防止剩磁吸力吸住衔铁。

④衔铁不会因机械故障卡滞在吸起状态。

AX系列安全型继电器的安装方式分为插入式和非插入式两种。插入式继电器带有透明防护罩，安装在酚醛塑料制成的胶木底座上，与插座配合使用。非插入式继电器常用于有防尘外壳的组匣中。

常见的AX系列安全型继电器有无极（包括无极、无极缓放、无极加强点、无极加强点缓放）、整流、有极（包括有极、有极加强）、偏极4种。

AX系列安全型继电器的型号表示方法如下：

AX系列安全型继电器用汉语拼音字母和数字表示，字母表示继电器种类，数字表示线圈的电阻值（单位为Ω）。例如，JWJXC—H80/0.06，具体含义如下：

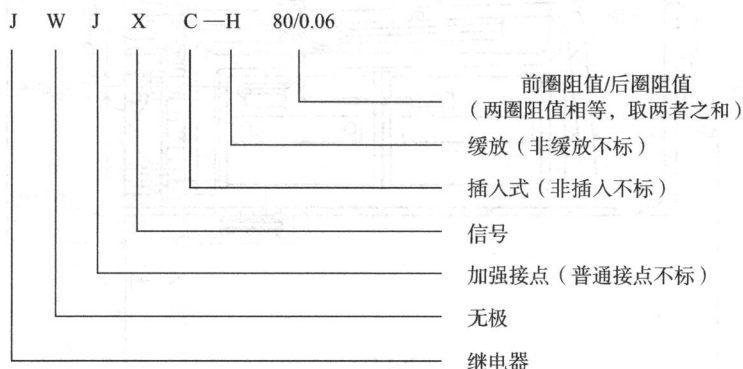

J　W　J　X　C—H　80/0.06

前圈阻值/后圈阻值
（两圈阻值相等，取两者之和）
缓放（非缓放不标）
插入式（非插入不标）
信号
加强接点（普通接点不标）
无极
继电器

继电器的文字符号含义见表2-2。

表2-2　继电器的文字符号含义

代号	含义		代号	含义	
	安全型	其他类型		安全型	其他类型
A		安全	R		二元
B		半导体	S		时间、灯丝、双门
C	插入	插入、传输、差动	T		通用、弹力
D		单门、动态	W	无极	
H	缓放	缓放	X	信号	信号、小型
J	继电器、加强点	继电器、加强点、交流	Y	有极	
P	偏极		Z	整流	整流、转换

1. 直流无极继电器

安全型继电器是24 V系列的重力式、弹力式直流无极继电器，有很多种类，特性和线圈电阻值各不相同，在信号电路中有不同的作用。其典型结构为无极继电器，其他各类型继电器由无极继电器派生。现就JXJC—1700型直流无极继电器的结构和工作原理做以说明。

（1）结构

JXJC—1700型直流无极继电器的结构如图2-2所示。

无极继电器由直流电磁系统和接点系统两部分组成。

直流电磁系统主要由线圈、铁芯、衔铁、轭铁等组成。线圈分为前圈和后圈，可根据电

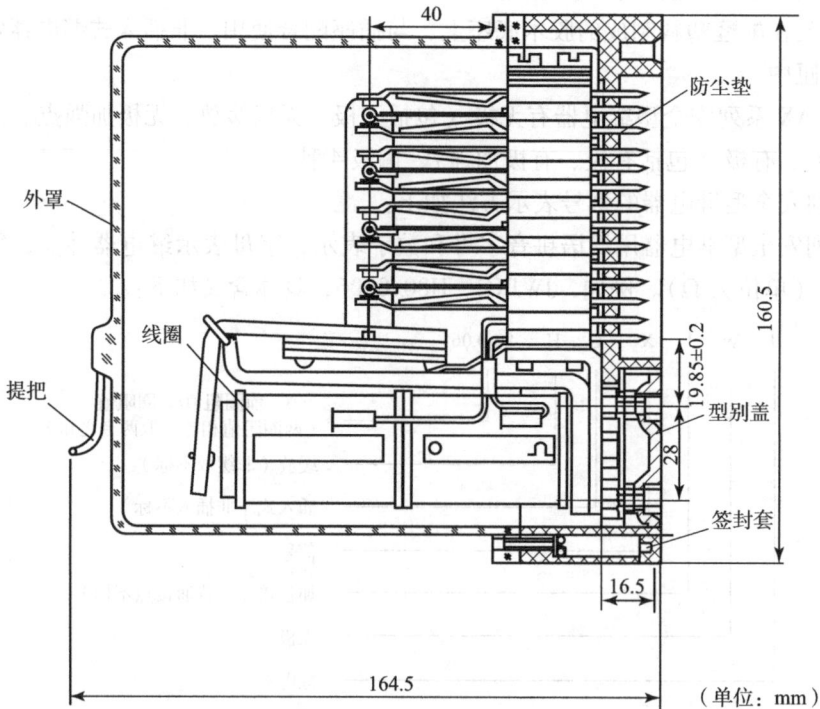

图 2-2　JXJC—1700 型直流无极继电器的结构

路需要设置单线圈控制、双线圈串联控制或双线圈并联控制。线圈通电时产生磁通，吸引衔铁；断电时线圈失磁，衔铁依靠重力作用可靠释放。

接点系统位于电磁系统的上面，包括拉杆和接点组。拉杆通过接点架和螺钉紧固在轭铁上成为整体。接点系统采用两排纵列式联动结构，接点组数只能成偶数增减，拉杆中心线与接点中心线一致，以减少传动损失。银接点单元由锡磷青铜制成的接点片与由黄铜制成的托片构成，两组对称地压制在胶木内。接点簧片的端部焊有银接点。

（2）工作原理

无极继电器采用直流电源，分为电流型继电器和电压型继电器两种。电压型继电器线圈直接与电源相连，线圈匝数较多，线径较细，线圈电阻较大，常见的有 JWXC—1700 和 JWXC—1000 等。电流型继电器线圈与负载相连，线圈匝数少、线径较粗、线圈的电阻较小，如 JWXC—7 和 JWXC—2.3 等。

如图 2-3 所示，在线圈中加上直流电压后，线圈中的电流 I 使铁芯磁化，在铁芯内产生磁通 Φ。磁通由铁芯极靴处经过主工作气隙 δ（单位为 mm）进入衔铁，又经第二个工作气隙 δ' 进入轭铁，然后回到铁芯，形成一个闭合磁路。在工作气隙 δ 处，由于磁通 Φ 的作用，铁芯与衔铁间产生电磁吸引力 F_D，当 F_D 大到足以克服衔铁转动的机械力 F_J 时，衔铁与铁芯吸合。此时衔铁通过拉杆带动动接点运动，使后接点断开、前接点闭合。

当线圈中的电流减小时，铁芯中的磁通按一定规律减小，吸引力也随着减小。当电流小到一定值时，它所产生的吸引力小于机械力，衔铁离开，铁芯被释放，拉杆带动动接点运动，使之与前接点断开、与后接点闭合。

图 2 - 3　继电器的工作原理

2. 偏极继电器

偏极继电器是为了满足信号电路中鉴别电流极性的需要设计的，例如 JPXC—1000 型偏极继电器。它与无极继电器不同，衔铁的吸起与线圈中电流的极性有关，只有通过规定方向的电流，衔铁才会吸起；当电流方向相反时，衔铁不动作。偏极继电器只有一种稳定状态，衔铁靠电磁力吸起，断电立即落下。

（1）结构

JPXC—1000 型偏极继电器的接点系统与无极继电器基本相同，但电磁系统有所不同，如图 2 - 4 所示。铁芯的极靴是方形的，在极靴下方用两个螺钉固定一个 L 形的永久磁铁，衔铁处于极靴和永久磁铁之间，受永久磁铁的作用力处于落下状态。永久磁铁由铝镍钴合金材料制成，上部为 N 极，下部位 S 极。

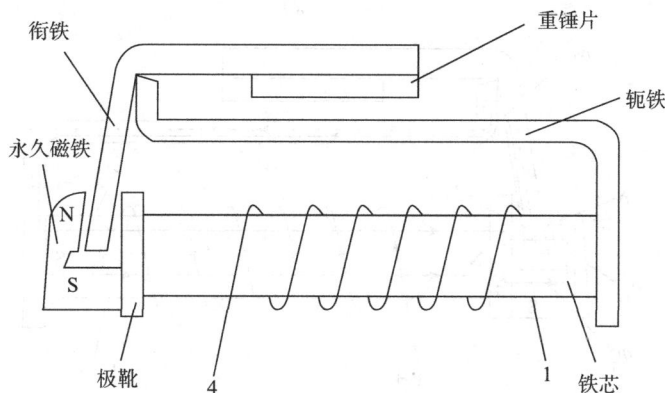

图 2 - 4　偏极继电器的电磁系统

（2）工作原理

JPXC—1000 型偏极继电器的电磁系统由铁芯、轭铁和 L 形永久磁铁组成，如图 2 - 4 所示。

永久磁铁产生的极化磁通有两条，如图 2 - 5（b）所示。一条是 Φ_{T1} 从 N 极触出发经 δ_2、衔铁、δ_3、轭铁、铁芯回到 S 极；另一条是 Φ_{T2} 从 N 极出发经 δ_2、衔铁、δ_3、方形极靴回到 S 极。Φ_{T1} 的大小随 δ_2 与 δ_3 大小的变化而变化，由于（$\delta_2 + \delta_3$）是常数，所以 Φ_{T2} 不变。

气隙 δ_2 中的极化磁通为 $\Phi_{T1} + \Phi_{T2}$，气隙 δ_1 中的极化磁通为 Φ_{T2}，衔铁左边永久磁铁 N 极对衔铁的吸引力大于右边极靴对衔铁的吸引力。气隙 δ_3 对衔铁也有吸引力，但力臂小，力矩小于衔铁下端的力矩。所以，线圈无电时，在极化磁通的作用下，衔铁总是吸向左边，再加上衔铁上的机械力作用，确保了断电时衔铁可靠落下状态。

当线圈通以正方向电流（1正4负）时，铁芯中产生图2－5（a）所示的 Φ_X 磁通，在 δ_1 处 Φ_X 与 Φ_{T2} 方向相同，总磁通为两者之和。相应的总电磁吸引力增大，在 δ_3 处 Φ_X 与 Φ_{T1} 方向相反，总磁通为两者之差，相应总电磁吸引力减小。由于力臂相差较大，在 δ_1 处磁通增大比 δ_3 处磁通减小的作用大得多，因此对衔铁总的吸引力增大。当 δ_1 处 $\Phi_X+\Phi_{T2}$ 产生的吸引力大于 δ_2 处产生的吸引力和机械力的总和时，继电器的衔铁被极靴吸合。

断开线圈电源时，衔铁依靠重力和接点的反作用力返回。在衔铁返回的过程中，δ_1 增大，δ_2 减小，永久 Φ_T 磁通迅速增大，衔铁的返回速度增加，直到衔铁被下止片阻挡为止。

当线圈通以反方向电流（1负4正）时，如图2－5（b）所示，由于电磁通 Φ_X 改变了方向，在 δ_1 处与 Φ_{T2} 相减，在 δ_3 处与 Φ_{T1} 相加，总的电磁吸引力的力矩反而下降，因此衔铁不会吸合。

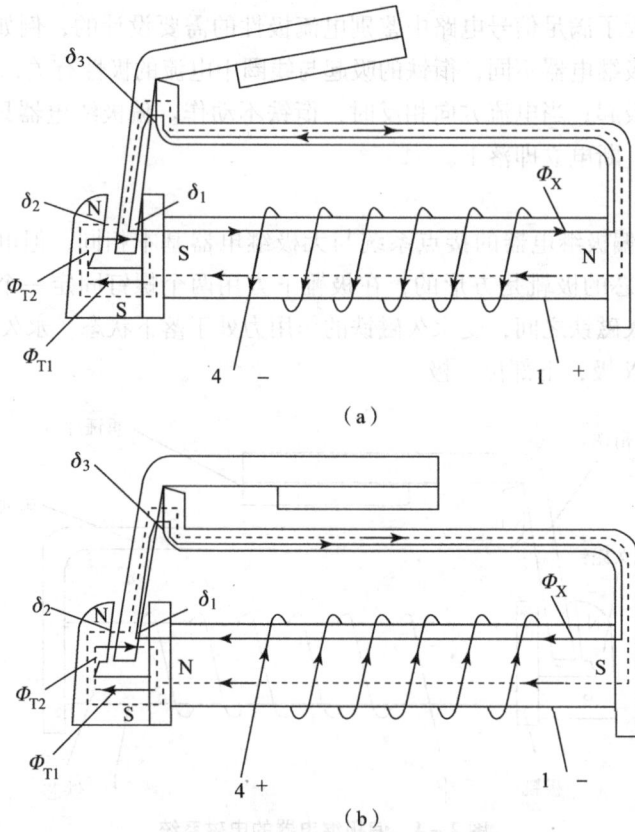

（a）

（b）

图2－5　偏极继电器磁路及工作原理

（a）通入正向电流，磁路变化情况；（b）通入反向电流，磁路变化情况

在偏极继电器的电气特性中加入一条特殊标准，即反向加200 V电压，衔铁不吸起，保证继电器工作的可靠性。

3. 有极继电器

有极继电器因线圈中电流极性不同具有定位和反位两种稳定状态。因这两种稳定状态在线圈中电流消失后保持不变，故又称为极性保持继电器。常见的有极继电器有 JYJXC－135/220 和 JYJXC－J3000。其特点是在电磁系统中增加了永久磁铁，线圈通入规定方向电流时，继电器吸起，断电后衔铁保持在吸起位置；通以反向电流时，继电器落下，断电后衔铁保持在落下位置。

（1）有极继电器结构

在磁路中用一块端部呈刀形的长条形永久磁铁代替无极继电器的部分轭铁，并用螺钉可靠连接，如图 2-6 所示。有极继电器常用定位和反位来表示继电器的状态，衔铁和铁芯极靴之间的间隙最小时的位置为定位（即吸起状态），此时动接点闭合的接点叫作定位接点；衔铁和铁芯极靴之间的间隙最大时的位置为反位（即落下状态），此时动接点闭合的接点叫作反位接点。

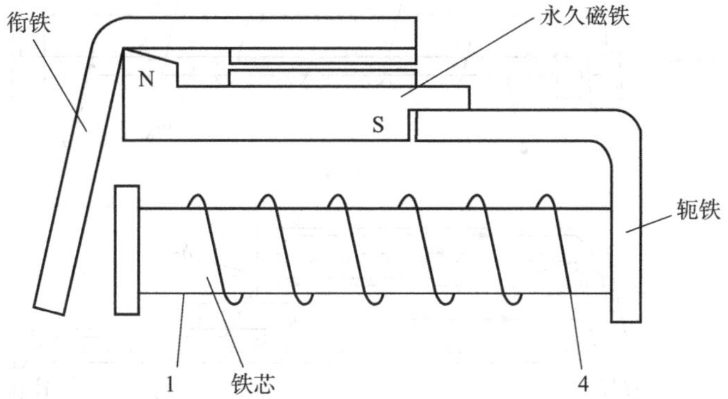

图 2-6　有极继电器的磁路结构

（2）有极继电器原理

有极继电器的磁路系统由两部分构成，一是永久磁铁产生的磁路，二是线圈产生的磁路，磁路系统如图 2-7 所示。

永久磁铁的磁通分为 Φ_{T1} 和 Φ_{T2} 两条支路。Φ_{T1} 从 N 极出发，经衔铁、工作气隙 δ_1、铁芯、轭铁回到 S 极；Φ_{T2} 从 N 极出发，经衔铁上部、重锤片、工作气隙 δ_2 回到 S 极。由于这两条磁路不对称，所以产生了有极继电器正向转极值和反向转极值。

当衔铁处于定位状态时，由于 $\delta_1 < \delta_2$，因此，$\Phi_{T2} < \Phi_{T1}$。Φ_{T1} 产生的吸引力克服 Φ_{T2} 产生的吸引力、衔铁重力及接点的反作用力等力的合力，衔铁处于稳定的吸合位置。反之，当衔铁处于反位状态时，由于 $\delta_2 < \delta_1$，因此 $\Phi_{T1} < \Phi_{T2}$。Φ_{T2} 产生的吸引力、衔铁重力、动接点的预压力之和大于 Φ_{T1} 产生的吸引力与后接点压力之和，使衔铁保持在落下位置。

4. 整流继电器

整流继电器用于交流电路中，其电磁系统、接点系统、动作原理与直流无极继电器基本相同。在直流无极继电器的基础上增加整流电路，一般在接点组的上方安装半波或全波整流电路，将交流电源整流后输入继电器线圈。由于整流部分占用一定的空间，所以整流继电器一般有四组或六组接点。常见的整流继电器有 JZXC-480、JZXC-0.14、JZXC-H156、JZXC-H18 等。

由于整流继电器中交流电源通过整流后再动作继电器，在线圈上加上的是半波或全波的脉动直流电，存在交变成分，所以电磁吸引力产生脉动，工作时发出响声，对继电器工作产生不利影响。

5. 安全继电器的特性

（1）电气特性

1）额定值

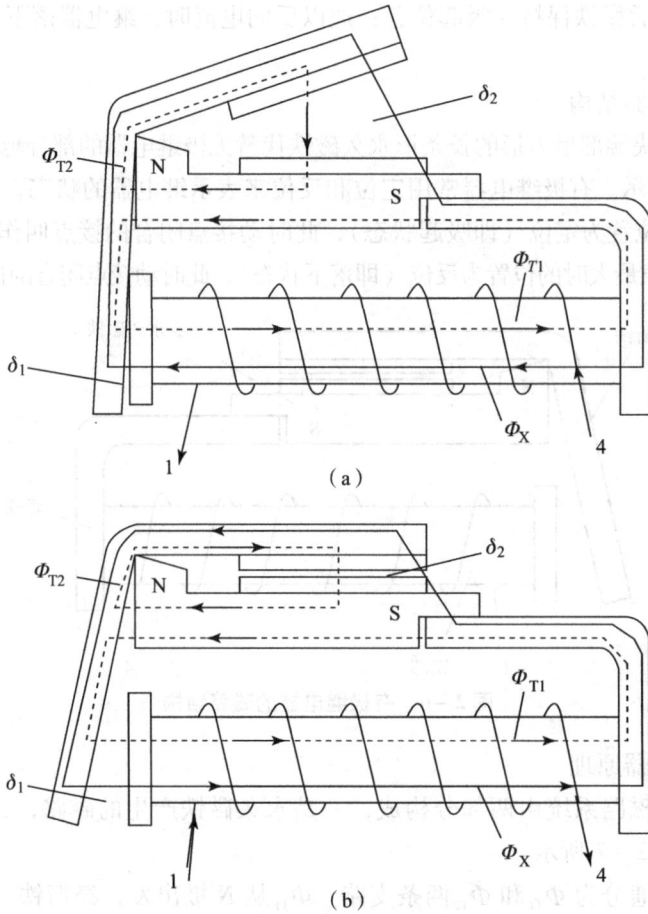

图 2-7 有极继电器的磁路系统

（a）定位吸起状态磁路；（b）反位落下状态磁路

满足继电器安全系数所必须接入的电压或电流值。AX 系列继电器的额定电压为 24 V，轨道继电器、灯丝继电器、道岔启动继电器除外。

2）工作值

向继电器线圈通电，直到前接点全部闭合，并满足规定接点压力所需要的最小电压或电流值。一般不大于额定值的 70%。

3）反向工作值

向继电器线圈反向通电，直到衔铁止片与铁芯接触、全部前接点闭合，并满足接点压力需求的最小电压或电流值。反向工作值一般略大于工作值，但不大于工作值的 120%。造成反向工作值大于工作值的原因是磁路剩磁的影响。

4）吸起值

继电器动作所需要的最小电压或电流值。

5）释放值

向继电器通以规定的充磁值，然后逐渐降低电压或电流，至全部前接点断开时的最大电压或电流值。

6）充磁值

为了测试继电器的释放值或转极值，预先使继电器系统充分磁化，向其线圈通以 4 倍的工作值或转极值，使磁路饱和，在此条件下测试的释放值或转极值。

7）转极值

有极继电器衔铁转换位置的最小电压或电流值，分为正向转极值和反向转极值。正向转极值是使有极继电器的衔铁由反位转到定位，使定位接点全部闭合并满足规定接点压力时的正向最小电压或电流值；反向转极值是使有极继电器的衔铁由定位转到反位，使反位接点全部闭合并满足规定接点压力时的反向最小电压或电流值。

8）反向不工作值

向偏极继电器线圈反向通电，继电器不动作的最大电压值。

释放值和工作值之比称为返还系数。返还系数越高标志着继电器的落下越灵敏。规定普通继电器的返还系数不小于 30%；缓放型继电器的返还系数不小于 20%；轨道继电器的返还系数不小于 50%。

（2）时间特性

电磁继电器的电磁系统中具有铁芯的电感线圈，存在非线性的电感，在接通或断开电源时，在电磁感应的作用下，铁芯中会产生涡流，并在线路中产生感应电流。由楞次定律可知，这些电流产生的磁通阻碍铁芯中原有磁通的变化，所以电磁继电器或多或少都具有一些缓动的时间特性。

1）继电器的时间特性

线圈通电到衔铁动作时，带动后接点断开，前接点接通，需要一定的时间，即吸合时间。线圈衔铁动作时，带动前接点断开，后接点接通，也需要一定的时间，即返回时间，如图 2-8 所示。

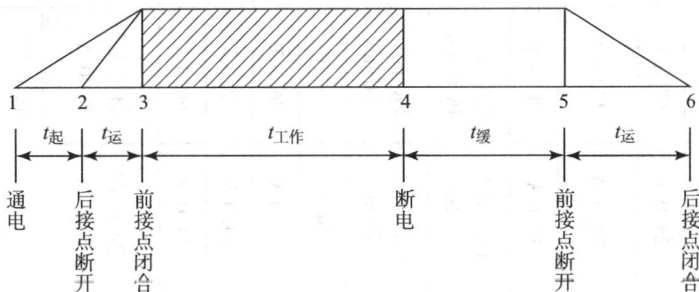

图 2-8 继电器动作时间

继电器的缓吸、缓放时间非常短，例如 JWXC-1000 型继电器的吸合时间为 0.150 s，返回时间为 0.015~0.020 s。如果继电器需要长时间的吸合和返回时间，就要对其本身的控制电路进行处理。

2）改变继电器时间特性的方法

其一是改变继电器结构，以获得继电器的缓动，例如在继电器铁芯上套短路铜环使继电器缓动，构成缓放型继电器，或者改变衔铁与铁芯间止片的厚度，改变继电器返回时间。其二是通过电路来实现，例如继电器线圈两端串联 RC 并联电路，使其快吸，或者在继电器两端并联电阻或二极管，使其缓放。

AX 系列常用继电器的电气特性和时间特性见表 2-3。

表2-3 AX系列常用继电器的电气特性和时间特性

序号	继电器型号	线圈电阻/Ω	电气特性						时间特性	
			额定值	充磁值	释放值不小于	工作值不大于	反向工作值不大于	转极值不小于	缓放时间不小于/s	
1	JWXC-1000	500×2	24.0 V	58.0 V	4.3 V	14.4 V	15.8 V		—	—
	JWXC-1700	850×2	24.0 V	67.0 V	3.4 V	16.8 V	18.4 V			
	JWXC-2.3	1.15×2	280 mA	750 mA	实际工作值的50%	170～188 mA	206 mA			
	JWXC-2000	1 000×2	12.0 V	30.0 V	2.4～3.2 V	7.5 V	—			
	JWXC-370/480	370/480	18.0 mA/17.2 mA	48.0 mA/46.0 mA	3.8 mA/3.6 mA	12.0 mA/11.5 mA	14.4 mA/13.8 mA			
	JWXC-300/370	300/370	75 mA/75 mA	200 mA/200 mA	15 mA/15 mA	50 mA/50 mA	55 mA/55 mA			
	JWXC-H310	310×1	24 V	60 V	4 V	15 V	—			
	JWXC-H340	170×2	24.0 V	46.0 V	2.3 V	11.5 V	12.6 V		0.45	0.5
	JWXC-H600	300×2	24.0 V	52.0 V	2.6 V	13.0 V	14.3 V		—	0.32
	JWXC-H1200	600×2	24.0 V	66.0 V	4.0 V	16.4 V	18.0 V			
2	JWJXC-H125/0.13	125.0/0.13	24.0 V/3.75 A	44.0 V/5.00 A	2.3 V/<1.00 A	11.0 V/2.50 A	12.1 V/2.70 A		0.35 后线圈电流由4 A降至1 A断电时0.2	0.4
3	JWJXC-H125/80	125/80	24.0 V	48.0 V/48.0 V	2.5 V/2.5 V	12.0 V/12.0 V	13.2 V/13.2 V		0.4/0.4	0.5/0.5

序号	继电器型号	线圈电阻/Ω	电气特性						时间特性
			额定值	充磁值	释放值不小于	工作值不大于	反向工作值不大于	转极值不小于	缓放时间不小于/s
4	JWJXC－H80/0.06	80/0.06	24.0 V	40.0V/8.0 A	2.5 V/<1.3 A	11.5V/4.0 A	12.6 V/4.4 A		0.35　0.45　后线圈电流由5A降至1A断电时0.2
5	JZXC－480	240×2	AC18.0 V	AC67.0 V	AC4.6 V	AC9.2 V			—
6	JZXC－H18	9×2	AC150 mA	AC400 mA	AC40 mA	AC100 mA			AC 100 mA 时 0.15
7	JZXC－H142	71×2	AC50 mA	AC180 mA	AC23 mA	AC45 mA			AC 100 mA 时 0.15
8	JZXC－H0.14/0.14	0.14/0.14	AC2.08 A	AC2.08 A/AC2.08 A	AC0.3 A/AC0.3 A	AC1.4 A/AC1.4 A			0.2
9	JZXC－H18F	480/16	AC155 mA	AC400 mA	AC40 mA	AC140 mA			AC 140 mA 时 0.15
10	JYXC－660	330×2	24 V	60 V				10～15 V	—
11	JYXC－270	135×2	48 mA	120 mA				20～32 mA	—
12	JYXC－135/220	135/220	24 V	64 V/64 V				正向10～16 V;反向10～16 V	—
13	JYXC－J3000	1500×2	80 V	160 V				正向30～65 V;反向22～55 V	—
14	JPXC－1000	500×2	24 V	64 V	4 V	16 V		反向不吸起电压>200 V	—

（3）机械特性与牵引特性

在继电器衔铁的动作过程中，衔铁受到电磁吸引力和反作用力。电磁吸引力又称牵引力；反作用力与电磁吸力方向相反，对于安全型继电器来说是由衔铁（及重锤片）的重力和接点簧片的弹力组成的，称为机械力。要使继电器可靠工作，牵引力就必须大于机械力。因此牵引力的大小要根据机械力来确定。

1）机械特性

AX系列继电器机械力的大小与接点片的数量、重锤片的数量、衔铁的运动过程等有关。衔铁在整个运动过程中所受到的机械力不是固定不变的，而是在一个很大的范围内变化的。也就是说，继电器的机械力F_j是随着衔铁与铁芯间的气隙δ的变化而变化的。$F_j = f(\delta)$的变化关系称为继电器的机械特性，表示这种变化关系的曲线称为机械特性曲线。不同类型的继电器，其结构不同，机械特性也不同。

2）牵引特性

当无极继电器线圈上加上直流电源后，铁芯中产生磁通，磁通经过铁芯与衔铁间的气隙δ时，对衔铁产生电磁吸引力，称为牵引力F_Q。牵引力F_Q与线圈的磁势（线圈的匝数和所加电流的乘积IW，通常称安匝）及气隙大小有关。当δ一定时，F_Q与安匝的平方成正比；当安匝一定时，F_Q与δ的平方成反比，即F_Q随δ呈双曲线规律变化。牵引力F_Q随工作气隙δ变化的关系$F_Q = f(\delta)$，称为牵引特性。

6. 继电器插座

常见的AX系列安全型继电器是插入式的，需要加装继电器插座，其结构如图2-9所

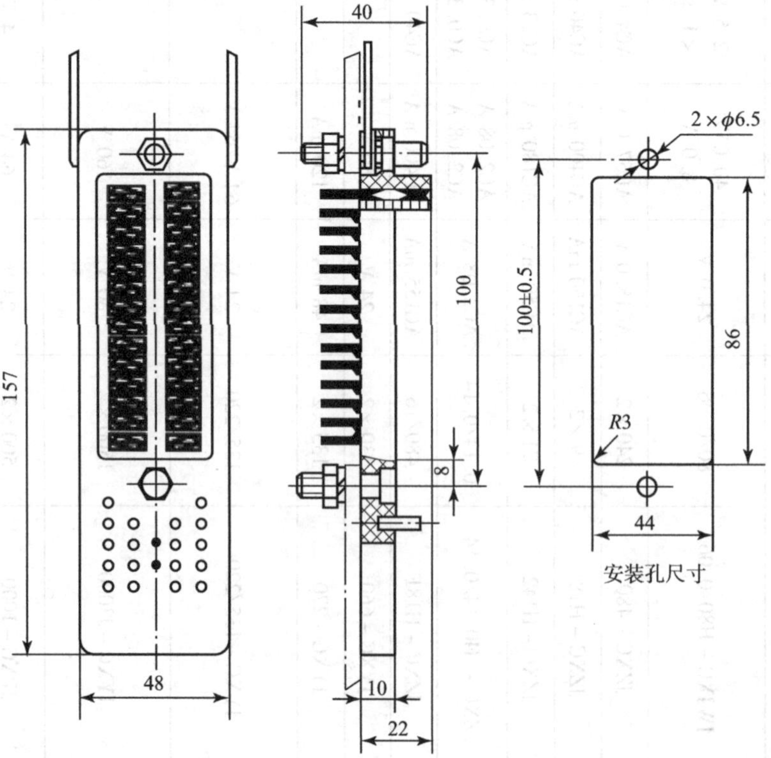

图2-9 AX系列安全型继电器插座

示。插座插孔旁所注的接点编号是继电器的接点编号。各类型继电器接点系统的位置与使用编号不同，而实际的插座只有一种，所以必须按照图2-10所示编号对照使用。

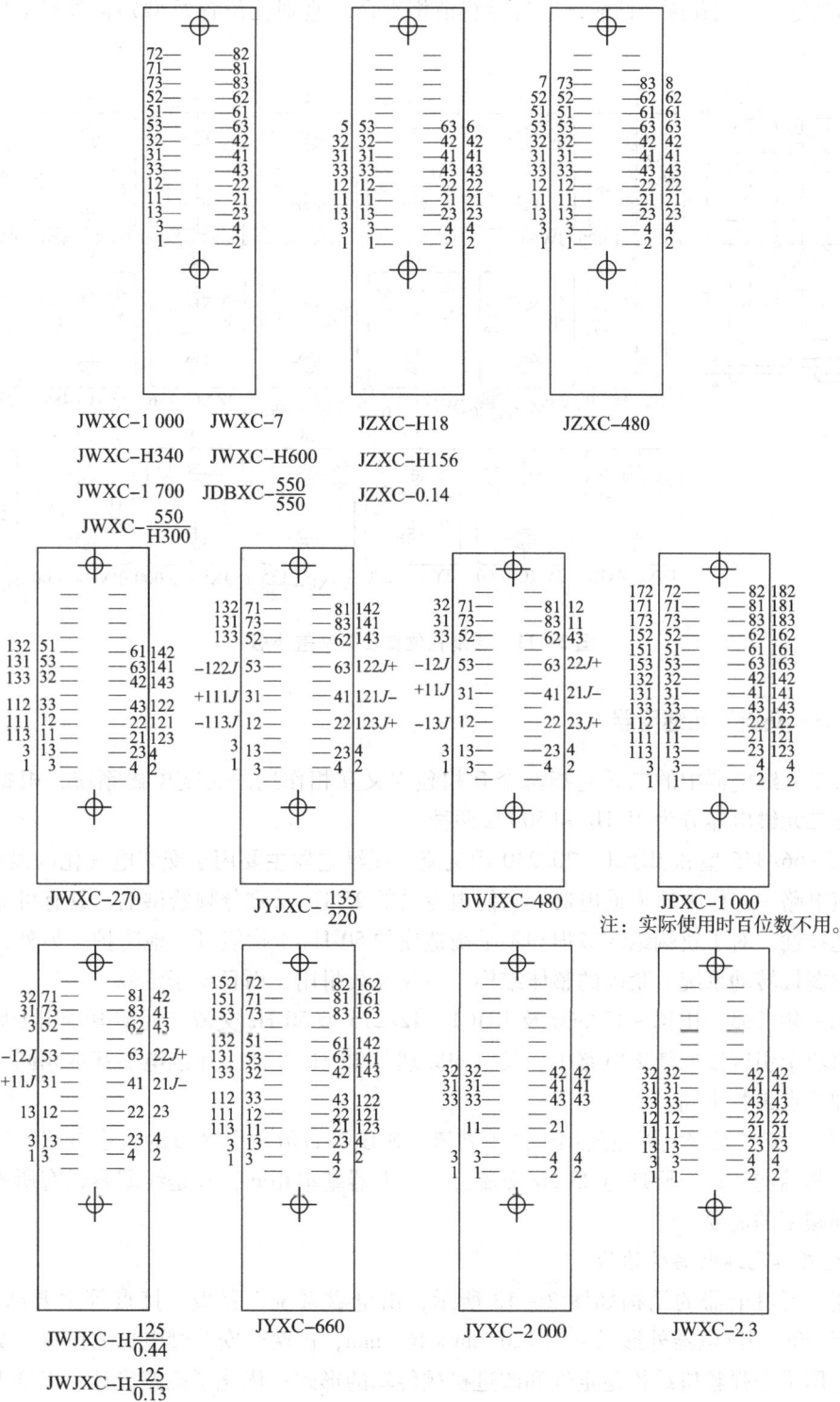

JWXC-1 000 JWXC-7   JZXC-H18   JZXC-480

JWXC-H340 JWXC-H600   JZXC-H156

JWXC-1 700 JDBXC-$\dfrac{550}{550}$ JZXC-0.14

JWXC-$\dfrac{550}{H300}$

JWXC-270   JYJXC-$\dfrac{135}{220}$ JWJXC-480   JPXC-1 000

注：实际使用时百位数不用。

JWJXC-H$\dfrac{125}{0.44}$ JYXC-660   JYXC-2 000   JWXC-2.3

JWJXC-H$\dfrac{125}{0.13}$

图2-10 继电器插座接点编号对照

AX 系列安全型继电器有多种类型，为防止不同类型的继电器错误插接，在插座下部鉴别孔内铆以鉴别销。鉴别销号码详见附表 2。不同类型的继电器由型别盖上的鉴别孔不同进行鉴别，根据规定，鉴别孔逐个钻成，以与鉴别销相吻合。鉴别孔位置及型别盖外形如图 2-11 所示。

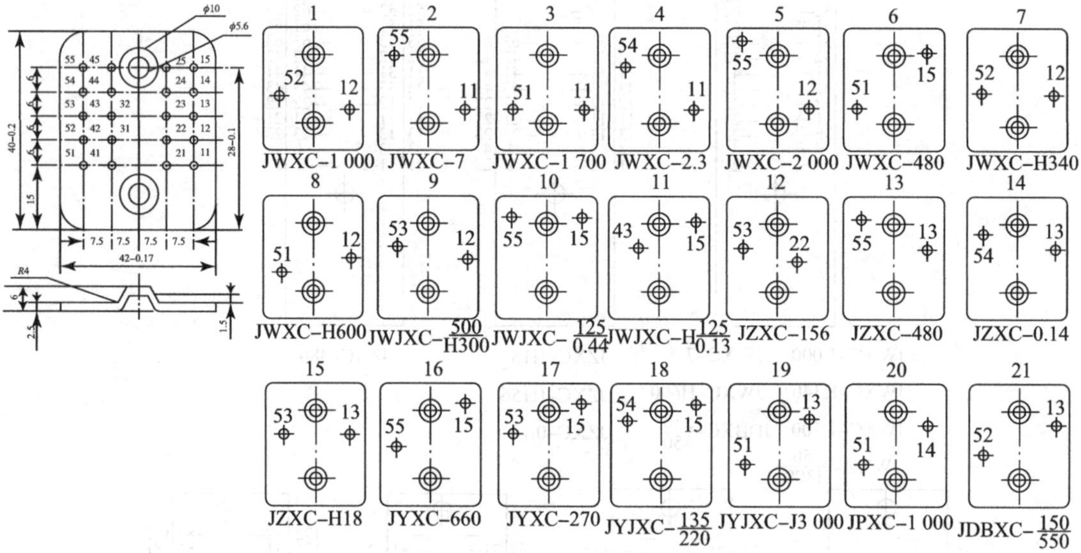

图 2-11　鉴别孔位置及型别盖外形

2.1.3　交流二元继电器

交流二元继电器中的二元是指两个互相独立又互相作用的交变电磁系统，根据频率不同，交流二元继电器分为 25 Hz 和 50 Hz 两种。

JRJC—66/345 型和 JRJC1-70/240 型交流二元继电器主要用于交流电气化区段的 25 Hz 相敏轨道电路中，作为轨道继电器。它们由专设的 25 Hz 铁磁分频器供电，具有可靠的频率和相位选择性，对于轨端绝缘破损和不平衡造成的 50 Hz 干扰能可靠地防护。另外，还有动作灵活的翼板转动系统、紧固的整体结构，不仅经久耐用，而且便于维修。

JRJC-40/265、JRJC-45/300 及 JRJC1-42/275 型 50 Hz 交流二元继电器用于城市轨道交通等直流牵引区段的轨道电路中，其结构原理与 25 Hz 交流二元继电器基本相同，只是线圈参数和接点组数不同。

50 Hz 交流二元继电器主要用于地下铁道、矿山等直流牵引区段的轨道电路，作为轨道继电器。其结构和动作原理与 25 Hz 交流二元继电器基本相同，只是线圈参数有所不同，以适应不同频率的需要。

1. 交流二元继电器的结构

交流二元继电器的结构如图 2-12 所示，由电磁系统、翼板、接点等主要部件组成。JRJC-45/300 型继电器外形尺寸为 126 mm×165 mm，占两个安全继电器的位置。交流二元继电器采用了增强整机结构稳定性和改进机械传动的形式；优化了磁路设计，以增大电磁牵引力和改善机械电气性能；改进接点结构，改善接点性能；改变接点转动轴的结构，以提高动作可靠性。因此，在接点压力、返还系数、可靠性方面有了很大提高。

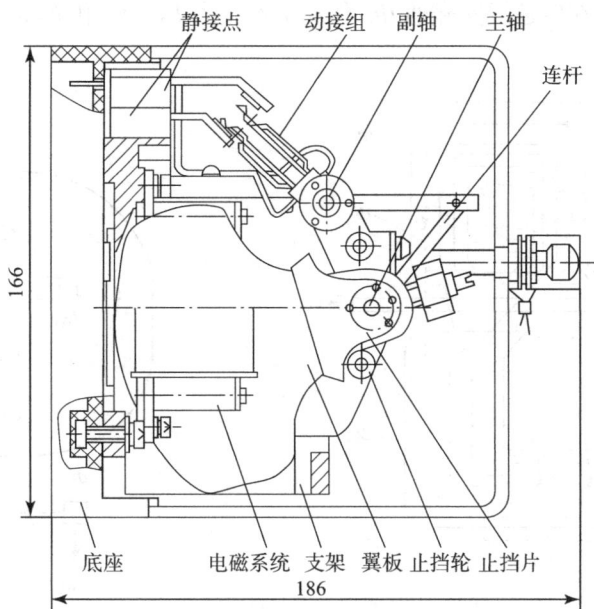

图 2 – 12　交流二元继电器结构

（1）电磁系统

电磁系统包括局部电磁系统和轨道电磁系统。局部电磁系统由局部铁芯和局部线圈组成。轨道电磁系统由轨道铁芯和轨道线圈组成。铁芯均由硅钢片叠成。线圈是用高强度漆包线绕在线圈骨架上而成的。

（2）翼板

翼板是将电磁系统的能量转换为机械能的关键部件。翼板由 1.2 mm 厚的铝板冲裁而成，安装在主轴上。翼板尾端安装有重锤螺母，对翼板起平衡作用；在翼板一侧的主轴上还安装一块 2.0 mm 厚由钢板制成的止挡片，与轴成一整体，使翼板转至上、下极端位置时受到限制，避免了卡阻现象。

（3）动接组

动接点固定在副轴上，主轴通过连杆带动副轴上的动杆单元，使动接点动作，动接组编号如图 2 – 13 所示。

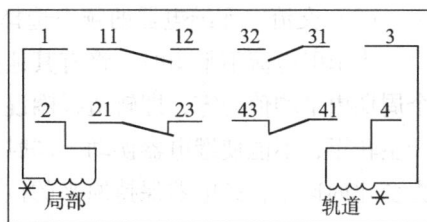

图 2 – 13　动接组编号

2. 交流二元继电器的工作原理

（1）交流二元继电器的相位选择性

交流二元继电器的磁系统如图 2 – 14 所示。当局部线圈和轨道线圈中分别通以一定相位差的交流电流 i_J 和 i_G 时，形成交变磁通 Φ_J 和 Φ_G，磁通穿过翼板时就形成了磁极 J 和 G，在翼板中分别产生感应电流，可看作由许多环绕磁通的电流环组成，故称为涡流，以 i_{WJ} 和 i_{WG} 表示。

涡流 i_{WJ} 和 i_{WG} 分别与磁通 Φ_J 和 Φ_G 作用，产生电磁力 F_1 和 F_2，即轨道线圈的磁通 Φ_G 在翼板中感应的电流 i_{WG}，在局部线圈磁通 Φ_J 作用下产生力 F_1；局部线圈的磁通 Φ_J 在翼

板中感应的电流 i_{WJ}，在轨道线圈磁通 Φ_G 作用下产生力 F_2。F_1 和 F_2 的方向可由左手法则决定，如图 2 - 15 所示。

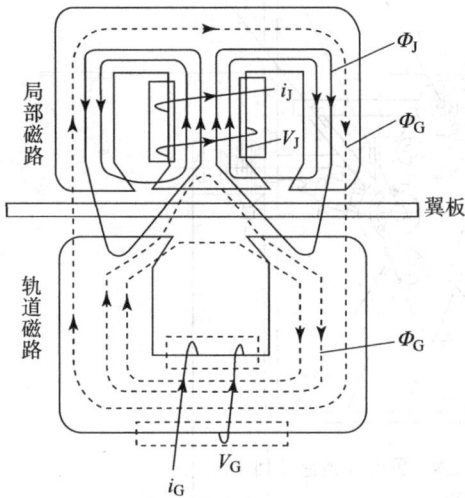

图 2 - 14 交流二元继电器的磁系统   图 2 - 15 涡流在磁通作用下产生力

　　若 F_1 和 F_2 同方向，则 Φ_J 和 Φ_G 方向必相反，i_{WJ} 和 i_{WG} 方向相同；或者，i_{WJ} 和 i_{WG} 方向相反，而 Φ_J 和 Φ_G 方向相同。只要在 Φ_J 和 Φ_G 相差90°的条件下，F_1 和 F_2 是同方向的，即任何瞬间翼板总是受一个方向的转动力的作用。当 Φ_J 超前 Φ_G 90°时，翼板得到正方向转矩，接通前接点；而当 Φ_J 滞后 Φ_G 90°时，翼板得到反方向转矩，后接点闭合。如果仅在任一个线圈通电，或两线圈接入同一电源，则翼板不能产生转矩而使其动作，这就是交流二元继电器所具有的可靠的相位选择性，由此可解决轨端绝缘破损的防护问题。

　　（2）交流二元继电器的频率选择性

　　当牵引电流不平衡时，将有其他频率的电压加在轨道线圈上，这时所产生的转矩力在一个周期内平均值为零，即轨道线圈混入的干扰电流与固定的50 Hz局部电流相作用，翼板不产生转矩，不能使继电器误动。同时，由于翼板的惯性较大，所以继电器缓动，跟不上转矩力变化的速率，继电器保持原来的位置而不致误动。

　　由于交流二元继电器具有频率选择性，所以不仅可以防止牵引电流的干扰，而且对于其他频率也有同样的作用。可以证明，当轨道线圈电流频率为局部电流频率 n 倍时，不论电压有多高，翼板均不能产生转矩使继电器误动。

　　3. 主要技术特性

　　①翼板在任何位置，与铁芯极面的间隙应小于0.35 mm。

　　②前接点压力（0.2 ±0.05）N，翼板开始接触上滚轮；后接点压力（0.2 ±0.05）N，翼板开始接触下滚轮。

　　③接点间隙不小于2.5 mm。

　　④托片间隙不小于0.2 mm。

　　⑤局部线圈，额定电压110 V（25 Hz），电流不大于0.08 A；轨道线圈工作值电压不大

于 15 V（25 Hz），电流不大于 0.038 A；释放值电压不小于 7.5 V（25 Hz），轨道电流滞后于局部电压相位角 160°±8°。

⑥接点接触电阻不大于 0.05 Ω。

⑦当翼板在极端位置时，翼板与外罩间距离应不小于 2 mm。

⑧在大气压力不低于 84 kPa 时，继电器绝缘耐压应能承受交流正弦波 50 Hz、2 000 V 有效值 1 mm 的耐压实验，无击穿或闪络现象。

⑨在温度 15℃ ~ 35℃ 时，相对湿度 45% ~ 80%。在大气压力 86 ~ 106 kPa 条件下，其绝缘电阻不低于 100 MΩ。

⑩局部线圈通以 50 Hz、220 V 电压时，轨道线圈并联 5 μF 电容后感应电压应不大于 5 V。

JRJC—40/265、JRJC—45/300 及 JRJC1—42/275 型 50 Hz 交流二元继电器电气特性如表 2 - 4 所示。

表 2 - 4　50 Hz 交流二元继电器电气特性

类型	接点组数	线圈电阻	局部线圈		轨道线圈				理想相位角 /（°）
			电压/V	电流/A	工作电压/V	工作电流/A	释放电压/V		
JRJC—40/265	局部	4QH	265	0.11	220	≤14	≤0.028	≥7	162
	轨道		40						
JRJC—45/300	局部	2Q、2H	300	0.08	220	≤14	≤0.028	≥7	162
	轨道		45						
JRJC1—42/275	局部	2Q、2H	275	0.1	220	≤14	≤0.028	≥7	160
	轨道		42						

注：①Q 代表前接点，H 代表后接点。

4. 使用注意事项

①安装继电器时，应注意继电器的正常工作位置，即接点系统在下、电磁系统在上，不可倒置。

②继电器插入插座时，应检查鉴别销号码是否符合规定，插入后应拧紧固定螺杆。

③继电器在使用前应先将包装固定翼板的尼龙线从外罩内取出。

✴ 任务 2.2　信号继电器的检测与维护

☞ 学习目标

◆ 掌握 JWXC - 1700 继电器的拆装顺序及方法。

◆ 会对 JWXC - 1700 继电器进行测试和调整。

◆ 能对偏极继电器、有极继电器和整流继电器进行测试。

◆ 能够正确使用相关测试工具。

2.2.1 信号继电器检测

通过对继电器的测试，掌握 JWXC – 1000、JWXC – 1700、JYJXC – 135/220 型继电器的电气参数测试方法，熟悉继电器测试台的应用、测试标准及测量时的注意事项。把测试数据与继电器电气特性参数进行对比，为继电器维修提供依据。

1. 继电器测试台使用说明

（1）测试前准备工作

图 2 – 16 所示为继电器测试台，将电压调节旋钮旋转到零位，按下电源按钮，部分 LED 灯及仪表点亮。

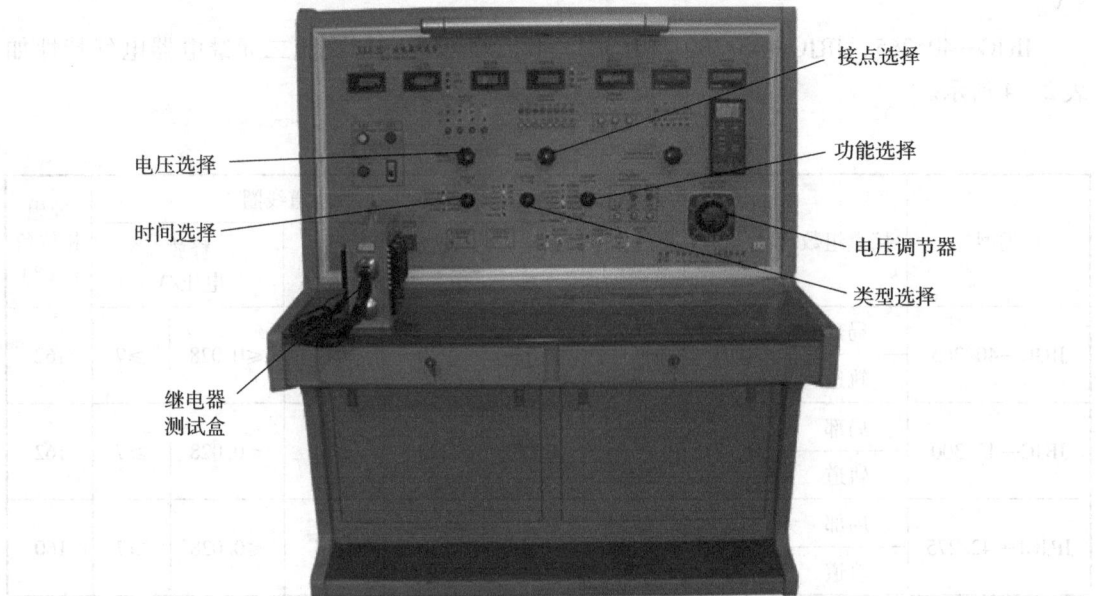

图 2 – 16 继电器测试台

根据被测 AX 系列继电器的型号选择对应的测试盒，将测试盒安装到测试架上，旋紧测试座紧固螺母。将被测继电器插在调试盘上对应的继电器插座上，根据"功能选择旋钮"所列的功能逐步测试。

（2）线圈电阻测试步骤

第一步：将"功能选择"旋钮旋转到"线圈电阻"测试挡位，对应指示灯点亮。

第二步：将"类型选择"旋钮旋转到"前圈或后圈"挡位，对应指示灯点亮。

第三步：根据被测继电器线圈电阻选择"电阻量程"（200 mΩ、2 Ω、20 Ω、200 Ω、2 kΩ、20 kΩ）。

第四步：读数（当前电阻表显示电阻为前圈或后圈的电阻值）。

（3）电气性能测试步骤

第一步：将"功能选择"旋钮旋转到"电气特性"测试挡位，对应指示灯点亮。

第二步：根据被测继电器，将测试台上的"电压量程选择"及"电流量程选择"，以及"类型选择""极性选择"等开关旋转到相应的位置，打开电源。

第三步：缓慢调节调压器，升高或降低电压进行工作值、充磁值、释放值、方向工作值及不工作值、正向转极值、反向转极值等参数测试。借助测试盒与工作面板的 LED 指示灯检测通断时前后接点的闭合情况。

（4）时间性能测试步骤

第一步：将"功能选择"旋钮旋转到"电气特性"测试挡位，根据被测继电器，将继电器测试台上的"电压量程选择""电流量程选择""类型选择"等开关旋转到对应位置，对应指示灯点亮。

第二步：极性选择拨到"正向"挡位，根据被测继电器，将电压或电流调到所规定电流、电压值。

第三步：缓吸时间测试，将"时间选择"旋钮旋转到"缓吸"挡位，电子秒表清零，将测试电源选择由"断"拨到"通"位置，电子秒表所显示的时间为该继电器吸合时间；缓放时间测试，将"时间选择"旋钮旋转到"缓放"挡位，电子秒表清零，将测试电源选择由"通"拨到"断"位置，电子秒表所显示的时间为该继电器释放时间。

第四步：发码继电器脉冲宽度及间隔时间测试，测试电源拨到"通"挡位，将"时间选择"旋钮旋转到"脉冲时间或间隔时间"挡位，电子秒表所显示的时间为脉冲时间或间隔时间。

（5）接点电阻测试步骤

第一步：将"功能选择"旋钮拨到"接点电阻"测试挡位，并将电阻量程选择拨到"200 mΩ"量程。

第二步：根据被测信号继电器的型号将"测试电压电流选择"拨到所需挡位，"类型选择"旋钮拨到相应位置，极性选择拨到"正向"，灯丝参数测试拨到"回路电压"挡位，电压调到规定值。

第三步：将测试电源开关拨到"断"位置，旋转"接点选择开关"可依次对应测出后8组（1H~8H）接点的电阻，测试电源拨到"通"，旋转"接点选择开关"可依次测出前8组（1Q~8Q）接点的电阻。

（6）绝缘测试步骤

第一步：将调压器拨回到零位置，将功能选择旋转到"绝缘"挡位，将绝缘两支表笔插好，用两只夹子夹好继电器线圈对地、接点对地、线圈对接点、接点对接点，将绝缘表旋钮拨到"500 V"挡。

第二步：按下红色按钮，绝缘表指示灯亮，表头显示的数值为其相对应的绝缘电阻值；再按以下红色按钮，绝缘测试指示灯灭，绝缘电阻测试完毕。

（7）注意事项

①测试盒测试 JZXC—H0.14/0.14，可进行"前圈"或"后圈"选择。

②开机前不允许插入被测继电器，且调压器处于零位置。

③每次只允许插入一台被测继电器。

④被测继电器只允许插入对应插座。

⑤测试过程中不允许随意插拔继电器。

⑥关闭总电源之前，取下被测继电器。

⑦电流表不允许超量程使用，根据维修规定要求进行量程选择。

⑧绝缘电阻外接测试，正负外接线决不能短接，绝缘电阻表测试端子不允许接触测试调试盘任何位置。

⑨低电阻外接测试必须连接牢固可靠。

⑩必须使用同等规格的熔断丝，不允许随意增大容断器容量。

⑪测试继电器时根据测试盒标注进行开关选择。

2. JWXC-1700型继电器测试

①将JWXC-1700型LXJ放置在相应继电器插座上，对照插座接点编号，找出线圈和接点位置。

②将极性选择按钮置于"正"，将电压旋钮旋至最小。接通电源，缓慢调节电压升高，注意观察接点指示灯，待其全部变为绿灯时，显示器中电压读数即是其工作值。

③继续升高电压至工作值的4倍，该值即是充磁值。

④反向调低电压，注意观察接点指示灯，待其绿灯全部熄灭时，显示器中电压读数即是其释放值。

⑤将极性选择按钮置于"负"，将电压旋钮旋至最小。接通电源，测试继电器的反向工作值、充磁值与释放值，方法同上。

3. JPXC-1000型继电器测试

①根据偏极继电器的特点，找出JPXC-1700型DBJ定位表示继电器。

②将JPXC-1000型DBJ放置在相应继电器插座上，对照插座接点编号，找出线圈和接点位置。

③将极性选择按钮置于"正"，将电压旋钮旋至最小。接通电源，缓慢调节电压升高，注意观察接点指示灯，待其全部变为绿灯时，显示器中电压读数即是其工作值。

④继续升高电压至工作值的4倍，该值即是充磁值。

⑤反向调低电压，注意观察接点指示灯，待其绿灯全部熄灭时，显示器中电压读数即是其释放值。

⑥改变电源极性，观察继电器状态。

4. JYJXC-135/220型继电器测试

①对照继电器型号将继电器插入测试台相应的位置。

②将极性选择按钮置于"正"，将电压旋钮旋至最小。打开电源，缓慢调节电压升高，待其全部变为绿灯时，接点指示灯显示器中电压读数即是反位向定位的转极值。

③关闭测试开关，将极性选择按钮置于"负"，将电压旋钮旋至最小。打开电源，缓慢调节电压升高，注意观察接点指示灯，待其全部变为红灯时，显示器中电压读数即是定位向反位的转极值。

2.2.2　信号继电器维修

1. 继电器维修的条件

（1）技术条件

①熟悉各类继电器的结构、工作原理和特点，明确每部分的功能和作用。

②掌握继电器的拆装步骤和方法，继电器维修的基本方法和步骤，继电器故障的分析和判断方法。

③熟悉各类维修工具的性能，正确使用各类维修工具，掌握继电器的维修标准。

（2）物质条件

①必要的技术资料，如继电器的拆装图、原理图和技术标准。

②必要的维修工具和检测台。

③备用的元器件和零部件。

（3）继电器维修的主要工具

①通用工具：调簧钳、尖嘴钳、螺丝刀、活口扳手、套筒扳手、电烙铁、什锦锉、镊子、测牛（克）计、小手锤。

②专用工具：AX 型信号继电器综合测试台、启封螺丝刀、叉口螺丝刀、接点爪调整器、黄铜塞尺、卡簧塞尺等。

③检修用品：白布带、白稠带、银砂纸、水砂纸、橡皮、酒精、汽油等。

（4）继电器的维修思路及方法

在检修与调整作业时，应始终贯彻"先磁路、后接点"的原则。

1）直观法

①看：通过人眼观察继电器的外罩是否破损\裂纹，继电器能否吸起、落下，是否有卡阻现象，各动、静接点是否完全闭合接通，接通、断开的时机是否一致，接通和断开的瞬间是否有电火花，线圈是否破损龟裂，线圈引线与电源片是否焊接良好等。

②听：对继电器进行通断电，听一听在吸起和落下时是否有异声，判断发声的部位，为后续检查做准备。

③闻：闻一闻继电器内部是否有异味，特别是烧焦味。

④摸：摸一摸继电器内部各紧固部件是否松动，电源片是否虚焊，线圈通电是否过热，如果过热，则查看内部是否有短路。时间继电器和整流继电器中印刷电路板上元器件通电是否过热，如过热，则仔细检查电路是否有短路。

2）继电器测试台检测法

通过 AX 型信号继电器综合测试台测试线圈电阻、接点电阻、绝缘电阻、电气特性，观察其接点接通、断开的整齐度。检测时一定要注意按照继电器型号将继电器插入测试台相应的位置。在测试的过程中电压的调节速度一定要缓慢，时刻注意指示灯和显示器数值的变化，注意继电器测试台的操作要领及规范。

3）工具的检测法

用测牛（克）计测试动、静接点的接触压力，看其是否符合标准要求；用塞尺检测动、静接点的间距是否符合要求；用量角器测量衔铁的角度是否符合要求等。

2. 继电器维修步骤

（1）维修前的准备工作

1）准备好维修工具及用品

2）外部清扫、检查

①清扫外部尘土及污物。

②检查外罩及各部有无破损、残缺。

③检查接点插片是否间隔均匀，伸出底座外应不小于 8 mm。

④检查封印是否完整。

3）维修前的测试

①通过 AX 型信号继电器综合测试台测试线圈电阻、接点电阻、绝缘电阻、电气特性。

②启封，打开外罩。

（2）继电器的维修

1）电磁系统检查

①线圈检查。

线圈架应无破损和龟裂；核对线圈引线与电源片的连接是否符合要求；整流继电器的线圈引线与印刷电路板上二极管引线焊接是否牢固、极性是否正确。

②磁路检修。

卸下钢丝卡检查：钢丝卡应无裂纹，弹力充足。

检查轭铁：轭铁转角处应无裂纹，衔铁安装处的刀刃应良好正直、牢固。

检查铁芯：铁芯安装应正直、牢固。

检查衔铁：衔铁应无扭曲变形，吸合时应与铁芯面平行，以保证气隙均匀、导磁性能良好。衔铁上止片安装应不活动，止片转角处无硬伤。衔铁上的拉轴应平直不弯曲，无严重磨耗。衔铁安装在轭铁上，应保证 0.2 mm 的轴向游程，与铁芯闭合时应盖住极靴，不允许极靴边缘露出衔铁外缘，两者闭合时的间隙应符合要求。

电磁系统擦洗去污。

2）接点系统的检修

①检查接点片及托片有无硬伤，镀层是否完好，若有影响强度的钳伤，则应更换接点单元。

②用镊子检查银接点（或碳接点）。银接点应与接点片焊接牢固；碳接点应与碳杯紧固不活动，且碳头完整无缺损。

③检查动接点与银接点的接触位置。银接点位于动接点的中间，若偏离中心，则接触处距动接点边缘不得少于 1 mm；银接点伸出动接点外不得少于 1.5 mm。

④检查拉杆、动接点轴及绝缘轴。拉杆安装应平直，不允许过分前倾与后仰。绝缘轴无破裂，应与拉杆靠紧，但不能磨卡和别劲，绝缘轴应与拉杆垂直。拉杆应处于轭铁中心，偏差不超过 0.5 mm；同时，拉杆应处于衔铁槽口中心，衔铁运动过程中与拉杆均有一定的间隙，不能产生磨卡和别劲现象。

⑤检查各种单元块的胶木绝缘，应无影响强度的裂纹和较大的破损残缺。

⑥检查接点组紧固螺钉，应有足够的紧固压力，以保持接点组的稳固性。

⑦接点系统擦洗去污。

⑧装好防尘垫及底座，紧固底座螺栓，检查确认型别盖。

⑨检查继电器整体动作。

（3）继电器的调整

①用塞尺检查接点架与轭铁间隙。间隙应为 4 mm，达不到此标准值时应从底座内取出继电器，松开接点架紧固螺钉，取出螺钉并调整安装高度或接点架角度，调整标准后，紧固螺钉并重新打眼安装稳定，紧固继电器。

②检查衔铁角度 α，去掉钢丝卡，取下衔铁，用量角器检查衔铁角度，α 应为 93°30′，

但允许 α 值在 91°~94°30′，视接点架与轭铁间隙值而定。

③检查拉杆与轭铁的间隙，使间隙值符合标准。调整的方法是均匀地调整动接点片，使拉杆上升或下降。

④将动接点片调平直。用调簧钳调整动接点片，注意不要造成钳伤，并使动接点片无弯背、扭曲，达到平直一条线。

⑤调整动、后接点间隙 δ_2 与后接点位置。将衔铁上好，在衔铁与铁芯间夹 1.3 mm 或 1.5 mm 的塞尺，将衔铁固定死。塞尺以放在铁芯中间止片处为标准。用调簧钳调整后接点托片，使所有后接点与动接点紧贴，两者吻合无间隙，且无压力。

⑥调整后接点初压力。用调簧钳从根部调整后接点片对托片的压力（不能调托片），使其达到初压力 0.10~0.15 N。

⑦松开衔铁，取出塞尺，让衔铁自由落下，用塞尺检查后接点共同行程及衔铁动程，用测牛（克）计测量后接点压力，看是否符合标准。

⑧调整动、前间隙 δ_1 与前接点位置。在衔铁与铁芯间夹 0.4~0.5 mm 的塞尺，将衔铁固定死。调整前接点托片，使所有前接点与动接点紧贴，两者吻合无间隙，且无压力。

⑨调整前接点初压力。接点片与托片之间的压力为 0.20~0.25 N，各组接点间初压力相差不得超过 0.03 N，调整方法与后接点相同。

⑩松开衔铁，取出塞尺，用手推动衔铁至闭合位置，检查前接点共同行程，压力及前、后接点间隙，符合标准。

⑪调整接点接触齐度。用调簧钳把前、后接点片调平直，用尖口调整器把接点爪调得上下、左右一致。各组接点应同时接触，不齐度应小于 0.2 mm，最好调到 0.1 mm。

⑫检查下止片与重锤片间的间隙，此间隙标准为 0.3~1 mm。

完成上述调整后，进行一次全面的电气特性测试，方法与检修前测试相同。

（4）验收

继电器检修后进行验收。验收是保证检修质量必不可少的环节。验收员应做到：

①在综合验收测试台对验收的继电器进行全面的电气、机械特性检查与测试，并按标准严格进行验收工作。

②将验收结果认真填入继电器检修卡片，存档。

③签发验收合格证。

（5）加封

由检修者将验收合格的继电器装上外罩，将验收合格证贴在外罩适当位置，紧固螺钉，保证继电器的密封，加上封印，等候送到现场使用。

（6）继电器检修注意事项

①按图纸拆卸顺序进行拆卸，按图纸组装顺序进行组装。

②维修过程动作要轻，不要带来人为损害，如钳伤等。

③维修过程一定要细心，做到一丝不苟，实现零漏测。

④调整一定要符合继电器检修标准。

❀ 任务2.3　信号继电器电路制作

☞ 学习目标

◆ 认识继电器基本符号。

◆ 能进行继电器电路分析。

◆ 能分析、调试继电器电路。

信号继电器在铁路及城市轨道交通信号系统中，用于接口电路，实现信号设备的表示和驱动功能。在具体的应用过程中，识读继电器电路和判断继电器电路故障等是基本的技能。

2.3.1　认识信号继电器的图形符号

1. 继电器的名称

信号继电器一般根据它的作用和功能命名。例如，按钮继电器反映按钮动作，用 AJ 表示；信号继电器实现信号控制，用 XJ 表示。在同一个控制系统中实现同一作用和功能的继电器要在名字上加以区分。例如，LZAJ 代表列车终端按钮继电器，FBJ 代表反位表示继电器，DCJ 代表定位操纵继电器。

同一继电器的线圈和接点必须用该继电器的名称符号来标记，以免混淆；同一继电器的各组接点需用编号注明，避免重复使用。

2. 继电器的定位

继电器有吸起和落下两种状态。电路图中，继电器呈现的状态称为通常状态（定位状态）。在信号系统中应该按照以下原则来规定定位状态。

①继电器的定位状态应与设备的定位状态相一致，信号布置图中所反映的设备状态约定为设备的定位状态。例如，信号机以关闭状态为定位状态，道岔以开通位置为定位状态，轨道电路以空闲状态为定位状态。

②根据"故障—安全"原则，继电器的落下状态必须与设备的安全侧相一致。例如，信号继电器的落下应与信号关闭相一致，轨道继电器落下应与轨道电路占用相一致。这样才能实现电路发生断线故障时导向安全侧。

③在电路图中，凡以吸起为定位状态的继电器，其线圈和接点处均以"↑"符号标记；凡以落下为定位状态的继电器，其线圈和接点处均以"↓"符号标记。

3. 继电器图形符号

在继电器电路中，继电器线圈的图形符号见表 2 - 5，继电器接点的图形符号见表 2 - 6。接点的图形有标准图形（工程图用）和简化图形（原理图用）两种。

表 2 – 5　继电器线圈的图形符号

序号	符号	名称	说明
1	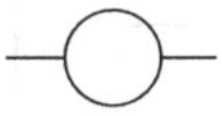	无极继电器	
	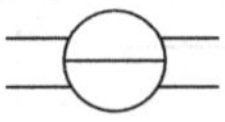		两线圈分接
2		无极缓放继电器	
3	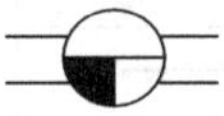		单线圈缓放
4	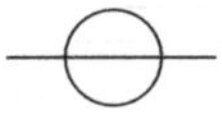	无极加强继电器	
5	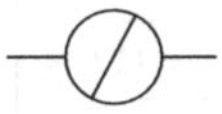	有极继电器	
6	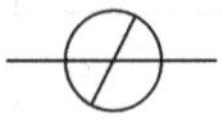	有极加强继电器	
	2　　1 3　　4		两线圈分接
7	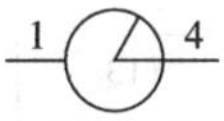 1　　4	偏极继电器	
8	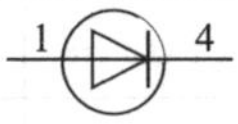 1　　4	整流式继电器	
9	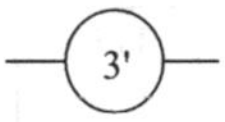 3'	时间继电器	
10	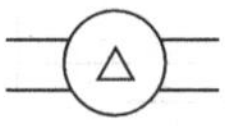 △	单闭磁继电器	
11	 ~	交流继电器	
12	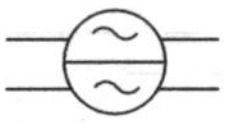	交流二元继电器	
13	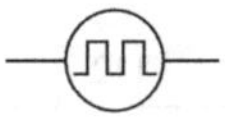	动态继电器	
	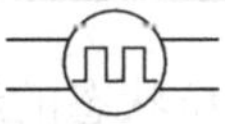		两线圈分接
14	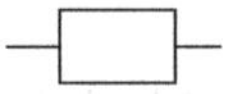	传输继电器	

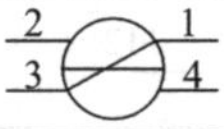

表 2 – 6　继电器接点的图形符号

序号	名称	标准图形	简化图形
1	前接点闭合	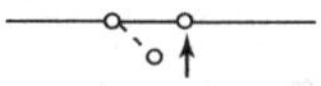	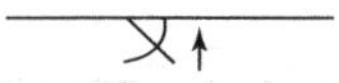
2	后接点断开	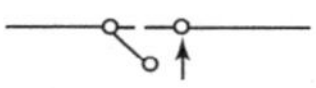	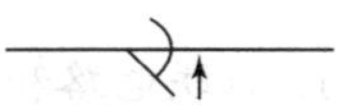

序号	名称	标准图形	简化图形
3	前接点断开		
4	后接点闭合		
5	前后接点组（前接点闭合、后接点断开）		
6	前后接点组（前接点断开、后接点闭合）		
7	极性定位接点闭合	111　112	111　112
8	极性定位接点断开	111　112	111　112
9	极性反位接点闭合	111　113	111　113
10	极性反位接点断开	111　113	111　113
11	极性定位接点闭合	111　112	111　112
12	极性定位接点断开	111　112	111　112

　　继电器线圈符号上要标注线圈端子号。对于只有一个定位状态的继电器，需用箭头表明其定位状态。

　　接点组用两位表示，第一位表示接点组号，第二位表示动接点与静接点。例如，表2 - 6 中第一组接点，其动接点片为11，前接点为12，后接点为13。

　　由于无法用箭头表示有极继电器的状态，故必须完整地标注其接点号。例如，111 表示中接点、112 表示定位接点、113 表示反位接点。百位的 1 表示有极，以区别其他继电器。

2.3.2 基本继电器电路

1. 串联电路和并联电路

据继电器接点在电路中的连接方式，继电器电路可分为串联、并联和串并联三种基本形式。

①串联电路：继电器接点串联连接的电路。其功能是实现逻辑"与"的运算。如图 2 - 17 所示，AJ、BJ、CJ 的 3 个接点必须同时闭合才能使继电器 DJ 吸起。

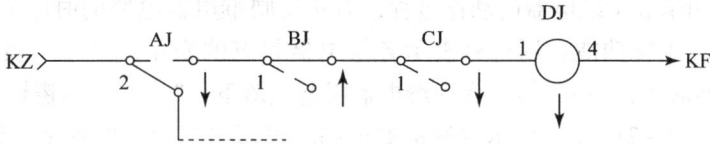

图 2 - 17　串联电路

②并联电路：由几个继电器接点并联连接的电路。它的功能是实现逻辑"或"运算。如图 2 - 18 所示，其中任一个接点闭合都会使继电器 DJ 吸起。

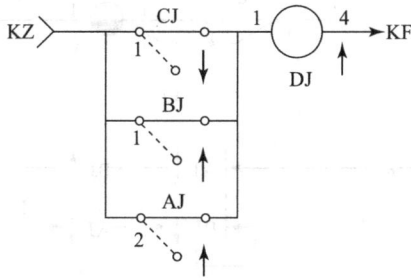

图 2 - 18　并联电路

③串并联电路：根据逻辑功能的要求，在电路中有些接点串联，有些接点并联，这类电路为串并联电路，如图 2 - 19 所示。

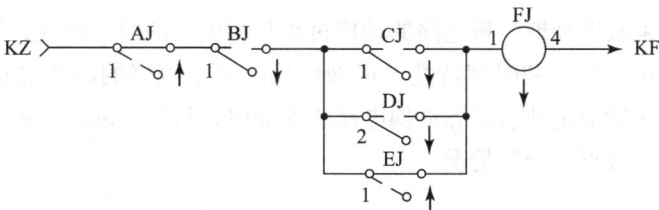

图 2 - 19　串并联电路

2. 自闭电路

在继电器构成的控制系统中，常需要将某一动作记录下来，为以后的过程做准备。例如，图 2 - 20 所示的按钮继电器电路，按下自复式按钮 A 后，继电器 AJ 经过励磁电路吸起。但松开按钮后，由于增加了由自身前接点构成的电路，使按钮松开后继电器不落下。这条由自身前接点构成的电路称为自闭电路。有了自闭电路后继电器就有了记忆功能。当然，当它完成任务后，必须由表示该任务完成的继电器 BJ 接点使其复原。

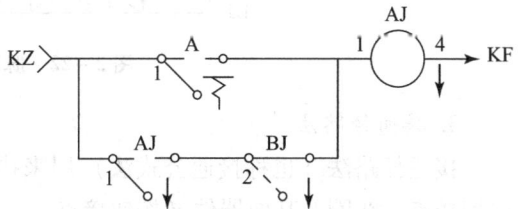

图 2 - 20　按钮继电器电路

2.3.3 信号继电器电路分析方法

1. 动作程序法

动作程序法用来表示继电器的动作过程，着重反映继电器电路的时序关系和因果关系，而不能严格地表达逻辑功能。用符号表示各继电器状态的变化，"↑"表示继电器吸起，"↓"表达继电器落下，"→"表示促使继电器吸起或落下，"｜"表示逻辑"与"。

例如，对于图2–21（a）所示的脉动偶电路，可写出它的动作程序，如图2–21（b）所示。

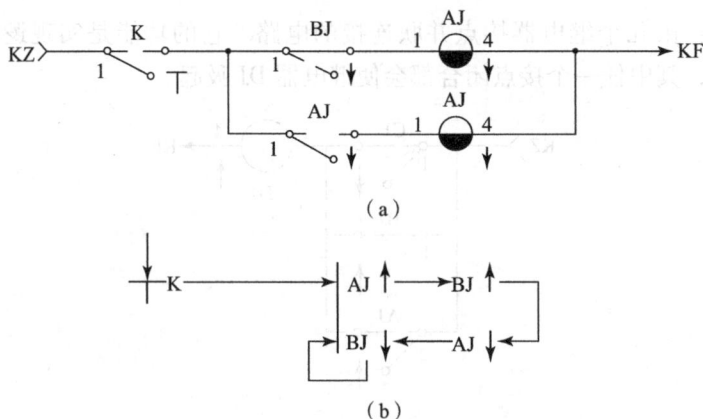

（a）

（b）

图2–21 脉动偶继电器电路

（a）脉动偶电路；（b）动作程序

2. 时间图解法

时间图解法用来较准确地分析电路的动作过程与继电器的时间特性，清楚地表示出各继电器的工作情况、相互关系和时间特性，正确地反映整个电路的动作过程。如图2–22所示，利用时间图解法能清楚地表示脉动偶电路线圈通电、后接点断开、前接点闭合、线圈断电、前接点断开和后接点闭合等情况。

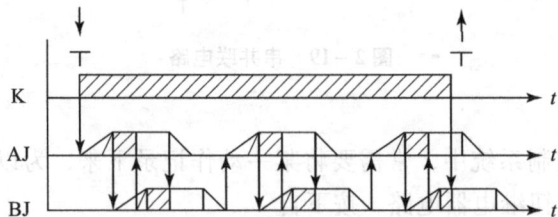

图2–22 脉动偶电路时间图解

3. 接通径路法

接通径路法（也称接通公式法）用来描述继电器励磁电流的径路，即由电源正极经继电器接点、线圈及其他器件（按钮接点、二极管等）流向电源负极的回路。

如图2–21（a）所示的脉动偶电路，其励磁电路如下：

$KZ—K_{11-12}—BJ_{11-13}—AJ_{1-4}—KF$；

$KZ—K_{11-12}—AJ_{11-12}—BJ_{1-4}—KF$。

一个继电器可能有多条励磁电路，需分别写出接通径路予以描述。接通径路法仅表达了继电器电路的导通路径，不能反映电路的逻辑功能。对于复杂的继电器电路，在对其逻辑功能不熟悉的情况下，可先用接通径路法来加以描述。

2.3.4　信号继电器电路制作

1. 实验设备

①万用表、直流可调电源、电烙铁、焊锡、剪刀。

②JWXC—1700 型继电器 1 个、JWXC—H1200 型继电器 2 个。

③按钮开关 2 个，导线若干，红色、绿色、黄色发光二极管各 2 个。

2. 实验内容

（1）利用 JWXC—H1200 型继电器构成的脉动偶电路控制黄色发光二极管闪烁

①对照插座接点编号，找出 JWXC—H1200 型继电器的前后线圈及 8 组接点的位置。

②按照图 2 – 23 所示的原理图焊接电路。

③接通电源，观察发光二极管是否亮。

④按下开关 K，观察发光二极管是否闪烁。

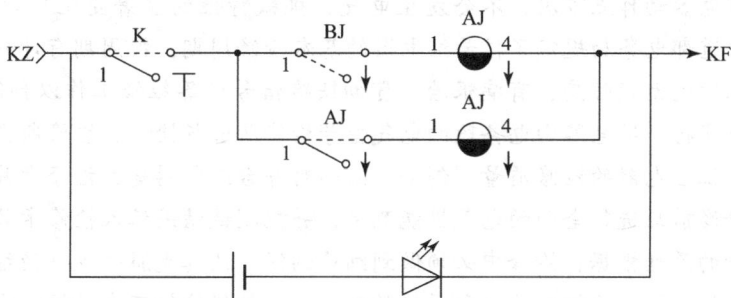

图 2 – 23　脉动偶电路控制黄色发光二极管闪烁

（2）利用 JWXC—1700 型继电器控制红、绿发光二极管闪烁

①对照插座接点编号，找出 JWXC—1700 型继电器的前后线圈及 8 组接点的位置。

②按照图 2 – 24 所示的原理图焊接电路。

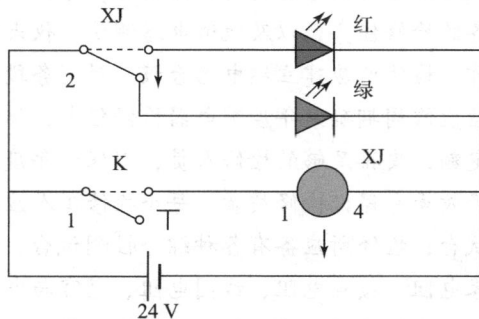

图 2 – 24　继电器控制红、绿发光二极管电路

③接通电源，观察绿色发光二极管是否亮。

④按下开关 K，观察红色发光二极管是否亮、绿色发光二极管是否灭。

3. 注意事项

①正确使用继电器接点组，注意其位置。

②用万用表测电路连接正确与否时要注意其挡位、功能选择。

③发光二极管的选择、参数要匹配。二极管的极性要连接正确。

④插接继电器时注意用力技巧，并注意安全。

⑤注意正确使用工具，尤其是电烙铁的使用，避免烫伤。

知识链接

1. 信号继电器检修的目的和要求

继电器在长期运用过程中，由于接点的烧损，可动部分的磨耗，线圈因受潮而绝缘能力降低，金属零件的氧化、龟裂、变形等，引起机械与电气特性的逐渐变化，如果不进行定期的预防性检修，就有可能因特性变坏而造成设备故障。因此，继电器检修的目的就是克服继电器运用中产生的缺点，恢复其电气、机械特性，保证其可靠、安全的工作。根据各种继电器不同的运用状态，它们在信号电路中动作的频繁程度（出厂时规定正常动作继电器动作十万次，缓动继电器动作五万次，不会发生电气、机械特性的显著变化）以及长期的实践经验的积累，铁道部电务局规定了信号继电器的基本检修周期，按周期有计划地开展继电器检修工作，可以做到无病防病、有病根治，贯彻铁路信号设备维修工作以预防为主的原则，因此，必须坚持实行。继电器由电务段的电气信号检修所进行检修，检修所内必须建立严密的工作制度以保证继电器的检修质量，例如，必须对每台继电器建立检修卡片，做好检修记录；继电器在检修前应进行全面的电气性能测试，并把测试结果填入检修卡片上，作为考察继电器检修周期的原始根据；检修中必须做到细检细修，认真克服缺点，使继电器完全恢复标准的电气、机械特性；检修后应进行严格的验收，以杜绝检修不良的漏洞发生。总之，严密的检修制度是保证继电器检修质量的重要环节。继电器在检修所内进行检修与调整时，必须有合理的检修作业程序。合理的作业程序来自理论与实践的紧密结合。因此，不断总结继电器检修和调整中的实践经验，并上升到理论的高度予以分析是提高检修质量的有效方法。

2. 继电器检修工作的组织与管理

电务段的电气信号检修所是电气信号器材的检修基地，除检修继电器外，还担负着变压器、整流器、各种电源设备的检修任务，以及轨道电路测试、仪表校正等工作，因此必须做好检修所的组织与管理工作。检修所应建立继电器台板，对电务段管内运用中的继电器按类型、品种进行统计，然后按检修周期确定年度继电器检修任务，编好年度检修计划。根据年度计划及继电器检修工时定额，安排足够的检修人员，以保证年度计划的完成。

为了提高继电器的检修效率和保证检修质量，每个检修工人应配备检修继电器所必需的通用和专用工具及简易测试台；检修所应备有各种综合性测试台，以备验收和进行较复杂的测试之用；应备有测试绝缘电阻、接点电阻、线圈电阻、电容与电感的专用仪器和设备；应备有恒温箱，作烘烤线圈、接点热处理以及元件温升实验之用；应备有钳工室，室内设有电动台钻及钳工工具；最好备有真空压力浸漆设备，供新绕制的线圈做浸漆处理。检修所内应储备足够数量的备用器材，以满足周期性轮换检修时替换使用中设备的需要。检修所的房舍应备有充分的照明和自然采光，以满足继电器检修的需要；应备有较好的防尘设备，以保证工作场所的高度清洁。

3. 检修过程控制

继电器实行工位制检修方式。

（1）入所控制

入所设备分工程入所、轮修入所和故障入所三种。其中工程入所需输入的继电器类型由系统自动生成流水号形成条形码编号，并在入所类型上选择"工程"后，入待修库；轮修入所的继电器、器材直接在入所管理机上录入条码后即可入待修库；故障入所的继电器、器材需经全面检查、测试后，详细录入故障原因，在入所类型上选择"故障"后入待修库。

（2）派工单发放

每周工长至少统一发放一次待检器材。具体做法是：工长根据轮修计划和临时任务确定每个检修人应检修的器材种类和数量，填写检修作业单；入所管理员根据检修作业单的职工姓名、设备型号、数量到待修库提取相应的设备，录入条形码，并生成派工单，将派工单和待修设备统一发放给检修人员。

（3）检前测试

各种继电器、器材检修前应进行检前机械特性及电气特性测试，录入并保存测试结果（各设备、器材检前测试，检修后测试，自验，验收，抽验测试项目相同）。

（4）检修过程控制

各种继电器、器材检修应严格按照检修作业流程，对继电器的机械特性、电气特性进行测试、调整，直至达到《信号维修规则》技术标准。将继电器的机械特性测试数据录入，并保存所有测试结果；对于经测试、调整后仍有特性不合格的继电器、器材，检修者应向验收员申请报废。

禁止在检修过程中使用非标准的工具。

当在检修过程中需要更换元器件或耗材时，应执行检修者申请、材料员办理材料出库手续，实现材料管理控制。

（5）验收过程控制

各段应调整各检修者的送验时间，避免大量的继电器、器材的集中送验，以确保验收员有充足的时间验收单件继电器、器材，保证验收质量。

验收员要严格按照验收作业程序，确保验收测试不漏项，对验收台不能自动测试的机械特性，必须手动测试；对测试不合格的继电器、器材，按返修程序返还检修者。严禁特性测试不合格的继电器、器材出所或入成品库。验收员验收合格的继电器、器材返还检修者加封，并经出所管理员检查外观后入成品库。

对于检修者送交申请报废的继电器、器材，或者经验收员验收测试发现特性不合格的继电器、器材，需经工长、验收员共同测试，确认后入报废库。

（6）出所控制

经验收员验收合格，检修者加封，出入所管理员确认现场运用位置的继电器或器材可以出所，并统一粘贴含条码出所合格证。出所的继电器和器材的使用时间必须控制在《信号维修规则》规定的寿命内。

4. 继电器检修管理流程

（1）入待修库流程

①入所办理分正常入所、工程入所、其他三种。

第一，正常入所指新购进器材入所办理登记。

第二，工程入所指工程测试器材入所办理登记。

第三，其他指正常轮修返修器材入所办理登记。

②确定存放位置由入所全控员根据《继电器待修库对位表》确定继电器在待修库的存放位置。

③身份条码打印正常入所和工程入所采用系统自动生成11位的条码。

④送入待修库指定位置由入所全控员按继电器的存放位置送入待修库。

⑤入所全控员除对新入所器材办理正常或工程入所外，对正常出所后返所的设备要逐一进行核对，在管理系统中签认返所后，此设备才可以变更为入所状态。

（2）出待修库流程

1）器材出待修库

工长按年、月表计划及临时维修任务填写《检修作业任务单》，内容包括分配每个人的继电器类型、数量。入所全控员按工长要求从待修库中选择设备类型、数量，从待修库中取出继电器。

2）全控员条码扫描

入所全控员按任务单取出继电器进行条码扫描。

3）打印个人任务单

打印职工作业任务单（类型、编号、存放位置、检修情况、验收情况、验收日期、成品库位置、器材用料），任务单一式两份，交检修者一份、验收员一份。

4）送交检修者

入所全控员将职工作业任务单、继电器分别交给每名职工。

5）核对确认

检修者对照任务单核对继电器编号、数量，确认后在任务单后签字。

（3）检修流程

①准备工作：工具准备、用户登录、进入检测界面。

②检修者条码扫描：条码扫描、显示设备型号、段编号等基础资料。

③外部检查与清扫。

④检修前测试：检修者将发现的问题记录在职工作业任务单的"检修情况"栏内；进行元件更换时要在"器材用料"栏内登记。

⑤数据保存：在界面上选择检前测，存储中要在检验记事中选择相应项目，保存数据。

⑥内部检查、清扫、调整。

⑦检修者条码扫描。

⑧检修中测试：测试电气特性、机械特性等所有项目。

⑨数据保存。

⑩验收：验收员收取检修后继电器，进行验收。

（4）验收流程

①验收员进行条码扫描、签名。

②验收员按验收作业程序验收。电气特性自动测试，机械特性手动测试输入。验收员在职工作业任务单上签上验收日期。"验收情况"栏中记载验收中发现的问题。问题包括：检修后继电器还存在的问题、返修次数等。验收员将验收完成的任务单交给工长备存。工长根据问题性质纳入考核，在工作日志减分。

③合格确认，保存数据。

④由检修者绑衔铁、加封。

⑤送交全控员入成品库。由检修者将加封后的继电器和完成的任务单一并交给出所全控员，并由其办理入成品库。

（5）入成品库办理

①确定存放位置。出所全控员对继电器的绑线、外观各部进行复查，确认无误后，对继电器进行扫码，根据《继电器成品库对位表》，确定继电器存放位置并在任务单上标记。

②打印检修日期条码。

③放入指定位置。出所全控员按存放位置将继电器送入成品库，待出所。

（6）出所办理

①指定出所站名、位置。按月计划确定待出所站名、位置，从成品库中提取相应类型设备信息。

②打印出所交接单、继电器出所合格证并粘贴。

③出所送交现场。由出所全控员与取送人员进行交接，出所单一式两份，交接人、接收人签字，标注接收日期。出所单签字后现场工区留一份，返回工区留一份备存。

④对所有出所设备标注出所类型（按计划出所、故障出所、临时出所、大修、道岔大修、新增设备等），可以实现分类统计。

（7）材料管理

材料申请微机化，由检修者在检修台上申请后，微机自动显示并报警提示材料管理员有申请材料。成本分析、材料消耗等实现按不同时期、检修者、设备型号或段编号进行统计分析。

（8）检修作业流程

①实现分配任务单微机自动化。

②对 JZXC-480 继电器加装测试工作电流（>16 mA）的测试功能，目的是检修继电器可以对二极管特性不好的设备的缺点及时发现并处理。

③进行修前检查分析，主要是通过对外部检查、各部元件状态及机械特性、电气特性测试进行分析，从而找到问题发生的原因。

5. 维修标准

按照《信号维护规则》进行技术标准说明。

项目小结

通过本项目的学习，学生基本能够掌握各种信号继电器的工作原理及结构特征，熟悉相关信号继电器的拆装、测试方法，熟悉继电器的维修流程，能够利用继电器制作简单的信号控制电路。

✎ **技能训练**

实验1 认识信号继电器

1. 实验目的

熟悉 JWXC–1700、JPXC–1000、JYJXC–135/220、JZXC–480 型信号继电器的结构、工作原理、作用及特点。熟悉继电器接点系统编号、配线与接点电源配线。

了解继电器鉴别孔和继电器鉴别销的作用。

具备从外观上判断信号继电器类型的能力。

2. 实验设备

JWXC–1700、JPXC–1000、JYJXC–135/220、JZXC–480 型信号继电器各 1 台，插座、万用表。

3. 实验内容

①观察 JWXC–1700、JPXC–1000、JYJXC–135/220、JZXC–480 四种不同类型继电器外观，并将其特点记录在表 2–7 中。

②接通电源，观察继电器吸起、落下状态。

③改变电源极性，观察继电器状态。

④将万用表旋钮放置于直流 50 V 上，测量线圈的电压值。

⑤对于 ZXC–480 型继电器，将万用表旋钮放置于交流 50 V 上，测量继电器的交流输入电压值。

表 2–7　继电器状态参数

继电器型号	接点组数	通入正向电源状态	通入反向电源状态	线圈电压值	交流输入电压值	特点
JWXC–1700					—	
JPXC–1000						
JYJXC–135/220					—	
JZXC–480						

4. 注意事项

①使用万用表时注意量程选择。

②使用万用表时注意所测电量的极性。

实验2 信号继电器电气性能测试

1. 实验目的

熟悉 JWXC–1700、JPXC–1000、JYJXC–135/220、JZXC–480 型信号继电器的电气参数测试方法及测试标准。

熟悉 AX 型信号继电器综合测试台的使用方法。

2. 实验设备

JWXC－1700、JPXC－1000、JYJXC－135/220、JZXC－480 型信号继电器各 1 台。

AX 型信号继电器综合测试台。

3. 实验内容

（1）JWXC－1700 型继电器测试

第一步：将 JWXC－1700 型 LXJ 放置在相应继电器插座上，对照插座接点编号，找出线圈和接点位置。

第二步：将极性选择按钮置于"正"，将电压旋钮旋至最小。接通电源，缓慢调节电压升高，注意观察接点指示灯，待其全部变为绿灯时，显示器中电压读数即是其工作值。

第三步：继续升高电压至工作值的 4 倍，该值即是充磁值。

第四步：反向调低电压，注意观察接点指示灯，待其绿灯全部熄灭时，显示器中电压读数即是其释放值。

第五步：将极性选择按钮置于"负"，将电压旋钮旋至最小。接通电源，测试继电器的反向工作值、充磁值与释放值，方法同上。

（2）JPXC－1000 型继电器测试

第一步：根据偏极继电器的特点，找出 JPXC－1700 型 DBJ 定位表示继电器。

第二步：将 JPXC－1000 型 DBJ 放置在相应继电器插座上，对照插座接点编号，找出线圈和接点位置。

第三步：将极性选择按钮置于"正"，将电压旋钮旋至最小。接通电源，缓慢调节电压升高，注意观察接点指示灯，待其全部变为绿灯时，显示器中电压读数即是其工作值。

第四步：继续升高电压至工作值的 4 倍，该值即是充磁值。

第五步：反向调低电压，注意观察接点指示灯，待其绿灯全部熄灭时，显示器中电压读数即是其释放值。

第六步：改变电源极性，观察继电器状态。

（3）JYJXC－135/220 型继电器测试

第一步：对照继电器型号将继电器插入测试台相应的位置。

第二步：将极性选择按钮置于"正"，将电压旋钮旋至最小。打开电源，缓慢调节电压升高，待其全部变为绿灯时，接点指示灯显示器中电压读数即是反向定位的转极值。

第三步：关闭测试开关，将极性选择按钮置于"负"，将电压旋钮旋至最小。打开电源，缓慢调节电压升高，注意观察接点指示灯，待其全部变为红灯时，显示器中电压读数即是定位向反位的转极值。

（4）JZXC－480 型继电器测试

JZXC－480 型继电器的测试过程与 JWXC－1700 型继电器相同。

4. 注意事项

①每次测试台插座中仅测 1 台继电器。

②测试过程中不允许随意插拔继电器。

③测试完一台继电器，必须关掉测试电源之后再进行更换。

④电压调节按钮必须缓慢增加与降低。

⑤关闭总电源之前，取下被测继电器。

实验 3　信号继电器检修

1. 实验目的

熟悉 JWXC－1700、JPXC－1000 继电器的拆装和组装顺序。

了解 WXC－1700、JPXC－1000 继电器的检修方法及过程。

熟悉检修工具的使用。

2. 实验设备

JWXC－1700、JPXC－1000 型信号继电器各 1 台。

通用工具：调簧钳、尖嘴钳、螺丝刀、活口扳手、套筒扳手、电烙铁、什锦锉、镊子、侧牛计、小手锤。

专用工具：AX 型信号继电器综合测试台、螺丝刀接点爪调整器、黄铜塞尺、卡簧塞尺。

3. 实验内容

（1）JWXC－1700、JPXC－1000 型继电器的拆卸和组装

第一步：按图纸拆卸顺序进行 JWXC－1700、JPXC－1000 型继电器拆卸。

第二步：按图纸组装顺序进行 JWXC－1700、JPXC－1000 型继电器组装。

（2）JWXC－1700、JPXC－1000 型继电器检修

第一步：准备好检修工具及用品。

第二步：外部清扫、检查。

第三步：检修前测试。

（3）接点系统的检修

4. JWXC－1700、JPXC－1000 型继电器的调整

检修作业应贯彻"先磁路、后接点"的原则，具体检修内容见 2.2.2。

思考与练习

1. 简述继电器的基本原理。继电器在城市轨道交通信号系统中有哪些作用？

2. 信号继电器如何分类？

3. 安全型继电器的插座编号、鉴别销和型别盖有什么作用？举例说明。

4. 安全型继电器有哪些特点？

5. 简述无极继电器的结构和工作原理。无极继电器由哪些主要部件组成？各起什么作用？

6. 整流式继电器结构有哪些特点？其与无极继电器有何异同？

7. 有极继电器的磁路结构有何特点？简述其工作原理。

8. 偏极继电器的磁路结构有何特点？简述其工作原理。偏极继电器都用在什么电路中？

9. 安全型继电器的电气特性主要包括哪些？各有什么含义？

10. 交流二元继电器的结构有何特点？用于何处？它如何具有相位选择性和频率选择性？

11. 识读各种继电器的名称和图形符号。

项目 3

信号机的检测与维护

🏁 项目概述

信号机是城市轨道交通信号系统中重要的轨旁设备，可以实现对列车运行的指挥，通过不同颜色的显示向列车发送行车指令，是控制列车运行的凭证。在城市轨道交通中我们常采用色灯信号机或 LED 色灯信号机。在城市轨道交通的正线区间上我们一般不设置地面信号机，只在车辆段及正线车站设置调车信号机，进、出段信号机等。

⊛ 任务 3.1 认识各种色灯信号机的结构

☞ 学习目标

◆ 熟悉信号的分类。

◆ 掌握信号机的设置原则。

◆ 掌握透镜式色灯信号机、组合式色灯信号机以及 LED 式信号机的组成结构。

◆ 掌握 LED 色灯信号机采集驱动单元及报警电路的组成及工作原理。

3.1.1 信号机

1. 信号的分类

（1）视觉信号和听觉信号

视觉信号是以信号灯的颜色、显示数目及灯光状态等表达的信号，如地面信号机、手信号旗、信号牌等。听觉信号是以声音的强度、长短等方式来表示信号意义，如机车鸣笛等。例如某地铁公司的《行车组织规则》中关于列车鸣笛的规定。

①鸣笛的作用是发出警告或要求协助，长声为 3 s，短声为 1 s，音响间隔为 1 s。重复鸣示时，须间隔 5 s 以上。

②为避免对站内乘客及铁路沿途的居民造成干扰，列车在正线上运行时只可在必要时鸣笛。

③出现表 3-1 中的情况时必须按指定方式鸣笛。

表 3 – 1   城市轨道交通中鸣笛含义

情况	鸣示方式	情况	鸣示方式
表示看到手信号旗	1 短声	列车倒车或退行时	2 长声
发出警报（请求支援）	连续短声	呼唤信号（请求车站开放信号）	2 短声 1 长声
列车将不停站（通过开放站台）	1 长声	回示信号	1 短声
驶过危险信号之前	1 短声 1 长声		

（2）固定信号和移动信号

固定信号是固定设置在规定位置的信号装置，如地面信号机等。移动信号是根据需要临时设置的信号装置，如实施临时限速时设置的限速告示牌和限速终止标牌等。

（3）地面信号和车载信号

地面信号是设置在线路附近供驾驶员辨识的信号。车载信号是将地面信号通过传输设备或其他方式传输引入列车的信号。车载信号设备安装在列车的两端。

城市轨道交通的自动化程度比较高，一般采用"地面信号显示与车载信号系统相结合、以车载信号系统为主"的运行方式，列车的运行速度不取决于地面信号机的显示，地面信号只起辅助作用。

2. 信号机的设置原则

（1）设置于线路右侧

城市轨道交通由于是右侧行车制，因此信号机通常设于行车方向的右侧；如因设备限界、其他建筑物或线路条件等影响信号机的装设，则可设于线路的左侧。

（2）信号机柱的选择

信号机柱有高柱型、矮柱型、半高柱以及壁挂式。由于高柱型信号机具有显示距离远、观察位置明确等优点，因此可根据线路条件及信号显示要求优先选用高柱型。车辆段/停车场的进段/场信号机采用高柱型信号机，其他的地方采用矮柱型信号机。

（3）信号机限界

信号机安装位置应遵循《地铁限界标准 CJJ 96—2003》的要求，不得侵入设备限界。因为设备限界是用以限制设备安装的控制线。

直线地段的设备限界是在直线地段车辆限界外扩大一定安全间隙后形成的；曲线地段设备限界应在直线地段设备限界的基础上，由平面曲线不同半径过超高或欠超高引起的横向和竖向偏移量，以及车辆、轨道参数等因素计算确定。

3. 信号机的命名及灯光配列

（1）防护信号机

城市轨道交通系统中有的只有正线，有的还有道岔。防护信号机设于正线有道岔的地方，主要起防护正线上的道岔的作用。防护信号机以 F 表示，并在右下角缀以方向，下行方向编为单号，上行方向编为双号，从站外向站内顺序编号。

防护信号机采用三显示机构，自上而下灯位为黄、绿、红。

（2）进站信号机

进站信号机主要用来防护车站，具体来说，就是用来防护接车进路。进站信号机的显示明确了列车应该站外停车还是通过车站，是站内正线停车还是站内侧线停车。信号开放前检查进路上的道岔位置正确，进路上无车，没有建立敌对进路，以保证进路安全。

进站信号机应设置距列车进站时遇到的第一个道岔尖轨尖端（顺向时为警冲标）50 m的地点，若因调车作业或制动距离的需要，则可以更大些，但不得超过 400 m；若因信号显示不良而外移，则最大不宜超过 600 m。

进站信号机的命名是按列车运行方向进行的，上行用 S 表示，下行用 X 表示。若在车站一端有多个方向的线路接入，则在 S 或 X 的右下角加上该信号机所属线路名的汉语拼音字头，如东郊方面的下行进站信号机编为 X_D。若在同一方向有几条线路引入，出现并置的进站信号机，则应加缀区间线路名称（单方向可不加）或顺序号。如山海关方面的上行进站信号机编为 S_{S2}、S_{S4}，北京方面的下行进站信号机编为 X_{B1}、X_{B3}（上行用双数，下行用单数）。

（3）出站信号机

出站信号机主要是为了指示列车可否占用站外的第一个闭塞分区（包括发车进路）。在进路和第一闭塞分区空闲，没有建立敌对进路的情况下，列车可以占用。

出站信号机设置于车站每一发车线的警冲标内方（对向道岔为尖轨尖端外方）适当的地点。在编组站，必要时也可设置出站信号机。

出站信号机按列车运行方向命名，上行用 S 表示，下行用 X 表示，在名称的右下角加股道号，如 S_1、X_3 等。线群出站信号机应加所属线群的股道号，如 S_{5-8}。若有数个车场，则先加车场号，再在右下角缀以股道号，如 SI_2、$X\,II_3$。

正线的出站信号机，其灯光配置方式同防护信号机。

（4）通过信号机

在城市轨道交通中由于列车在正线上运行时以车载信号为主体信号，因此通过信号机以绿灯作为定位。当城轨信号系统发生故障进行降级控制时，通过信号机作为站间闭塞的地面信号参与到列车运行控制中。

若区间设置通过信号机，则一般为三显示机构，自上而下灯位为黄、绿、红。

（5）阻挡信号机

城轨系统中阻挡信号机设于线路的终点，起阻挡列车的作用。

阻挡信号机以 Z 表示，并在右下角缀以方向，下行方向编为单号，上行方向编为双号，从站外向站内顺序编号。

阻挡信号机采用单显示机构，为一个红灯。

（6）复示信号机

出站及发车进路信号机，因受地形、地物影响，达不到规定的显示距离时，应设置复示信号机。复示信号机显示一个绿色灯光时，表示出站或发车进路信号机在开放状态。复示信号机采用方形背板，以区别一般信号机。

进站及接车进路信号机均不设置复示信号机。

复示信号机的编号，第一个字母是 F，后缀以主体信号机的编号，如进站复示信号机 FX、出站复示信号机 FS_{II}、调车复示信号机 FD_{103}。

复示信号机的灯光配列与主信号机的灯光配列相同。

（7）进段信号机

进段信号机用来指示列车从正线进段，设于城轨车辆段的入口处。

进段信号机的命名上行用 S 表示，下行用 X 表示，再组合以 J 或 JD。下缀编号方法：下行方向编为单号，上行方向编为双号，从段外向段内顺序编号。

进段信号机灯光配列可同防护信号机，亦可采用双机构（两个二显示）带引导机构，自上而下灯位为黄、绿、红、黄、月白。

（8）出段信号机

出段信号机用来防护正线，指示列车从车辆段进入正线，设于车辆出口处。

进段信号机的命名上行用 S 表示，下行用 X 表示，再组合以 C 或 CD。下缀编号方法：下行方向编为单号，上行方向编为双号，从段外向段内顺序编号。

出段（场）信号机采用三显示机构，绿、红、带调车白灯或者双机构黄、绿和红、白。

（9）调车信号机

为保证列车在站内的行车安全，凡影响列车作业的调车进路，均应设置调车信号机。调车信号机要根据调车作业的实际需要设置。

调车信号机一般为矮型信号机，蓝灯表示禁止调车，白灯表示允许调车。

调车信号机以 D 表示，在其右下角缀以顺序号。从列车到达方向顺序编号，上行方向用双号，如 D_2、D_4 等，下行方向用单号，如 D_1、D_3 等。

调车信号机采用二显示机构，自上而下灯位为白、红（或蓝）。

4. 信号机的显示距离

城市轨道交通对每一种类型的信号机的显示距离要求是不同的，详情见表 3-2。

表 3-2　不同类型的信号机的显示距离　　m

信号机	行车信号	岔防护信号	调车信号	道岔状态表示器	其他
显示距离	≥400	≥400	≥200	≥200	≥100

3.1.2　透镜式色灯信号机

透镜式色灯信号机采用透镜组将光源发出的光束聚成平行光束，故称为透镜式。这种信号机结构简单，安装方便，控制电路所用电缆芯线少，所以得到广泛应用。

1. 透镜式色灯信号机的分类

（1）依据信号机构

透镜式色灯信号机依据其信号机构的不同可以分为高柱型和矮柱型两大类。高柱型信号机由机柱、机构、托架和梯子等部分组成，其结构与实物如图 3-1 所示。

机柱用于安装机构和梯子。托架用来将机构固定在机柱上，每一机构需上、下托架各一个。梯子用于给信号维修人员攀登及作业。背板是黑色的，构成暗的背景，可衬托信号灯光的亮度，改善瞭望条件。一般信号机采用圆形背板，复示信号机采用方形背板，以与主体信号机区别。

矮柱型信号机由信号机基础的若干灯室组成，其结构与实物如图 3-2 所示。

（2）依据灯位数量

透镜式色灯信号机依据每台信号机的灯位数量可分为单显示、二显示、三显示、四显示和五显示。图 3-1、图 3-2 所示为三显示信号机，图 3-3 所示分别为二显示、四显示和五显示信号机。

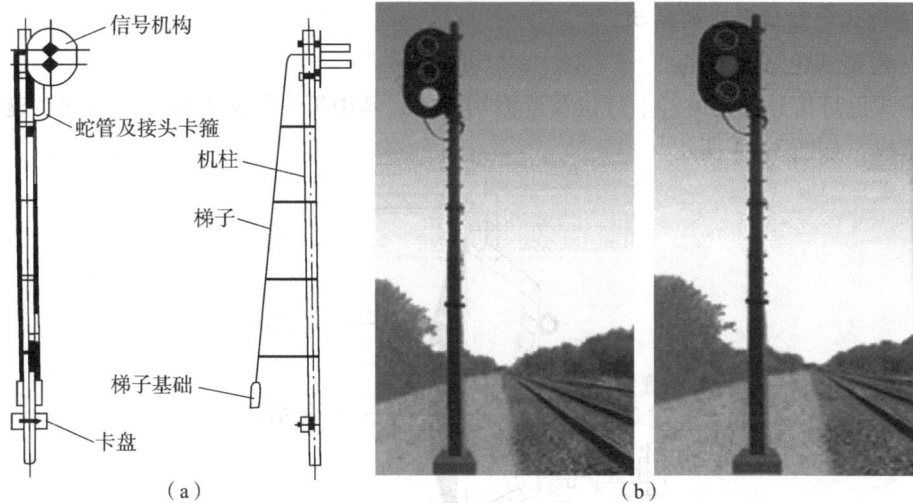

图 3 – 1　高柱型信号机的结构与实物

（a）结构；（b）实物

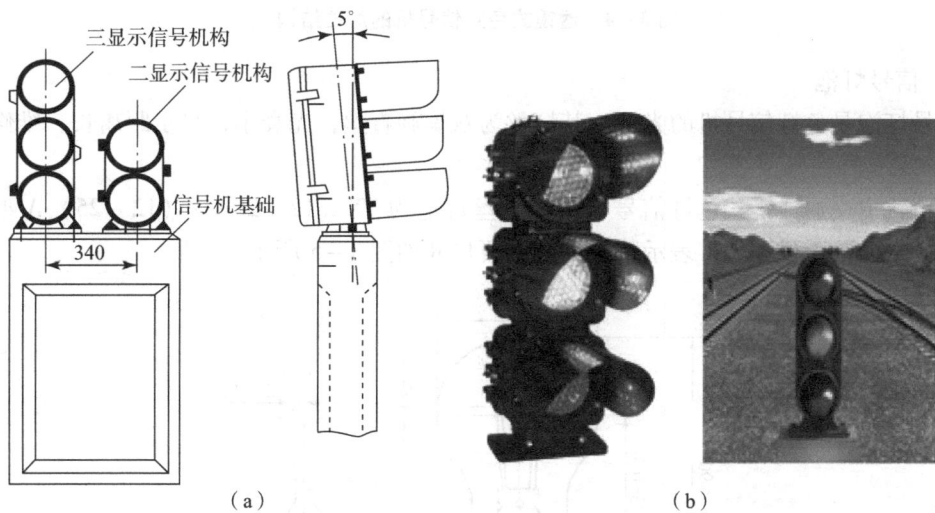

图 3 – 2　矮柱型信号机的结构与实物

（a）结构，（b）实物

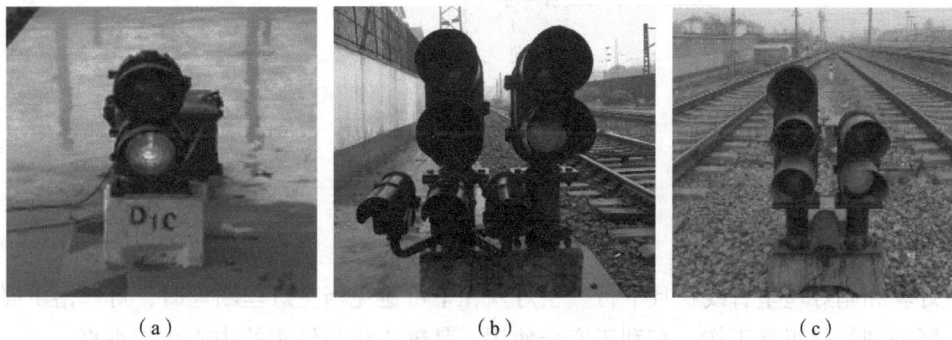

图 3 – 3　常见色灯信号机

（a）二显示；（b）四显示；（c）五显示

2. 透镜式色灯信号机的结构

（1）透镜式色灯信号机

透镜式色灯信号机是由若干灯位及遮檐构成的，其中每个灯位由灯泡、灯座、透镜组和遮檐等组成，如图 3-4 所示。

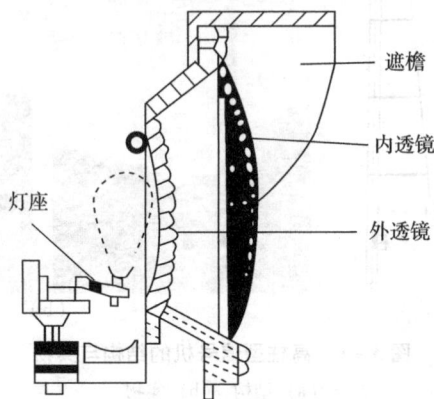

图 3-4　透镜式色灯信号机的灯位结构

1）信号灯泡

信号灯泡是色灯信号机的光源，其灯丝为双螺旋直丝，光衰小，显示距离长，维修工作量小。

城市轨道交通透镜式色灯信号机用的直丝灯泡为 TX（12-25）/（12-25）A 型双丝灯泡，其中 T 表示铁路，X 表示信号，其主要尺寸如图 3-5 所示。

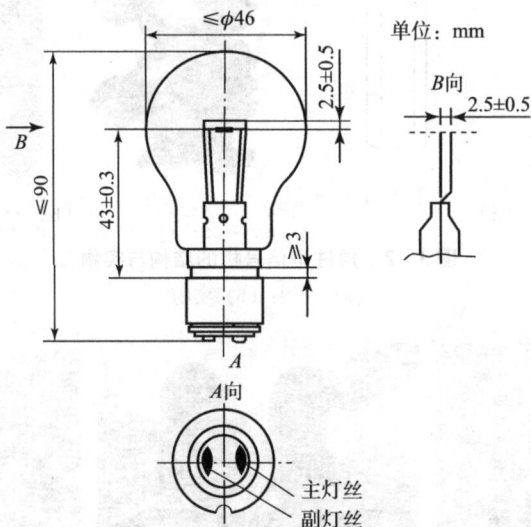

图 3-5　信号灯泡

主灯丝和副灯丝呈直线状且平行。主灯丝在下可避免当主灯丝断丝时，灯丝落下碰到副灯丝，影响副灯丝正常工作，有利于安全使用。其轴心线与灯头的中心线相垂直。

2）灯座

透镜式色灯信号机的灯座采用了定焦盘式信号灯座。定焦盘灯座上下、左右、前后可调，可调整光源位置，使主灯丝位于透镜组的焦点上，获得最佳显示效果。定焦盘灯座具有以下特点。

①灯泡和灯座是平面接触的，基本可以保证光中心高度的一致性。

②灯头冲压成翻边结构，一般不会变形，从而提高了灯泡和灯座的配合精度。

③防止电接触片受压过大而变形或弹力减小，从而避免电接触片与灯泡的接触不良或发热、熔化等故障。

④灯座与灯泡的连接，用内六角螺栓固定，灯口不易移位。

⑤更换灯泡时，一般不必重新调整显示，信号显示比较稳定。

因此，定焦盘灯座对提高信号显示的稳定性和减少维修工作量起着积极作用。

3）透镜组

透镜组由两块带棱的凸透镜组成，里面是有色带棱的外凸透镜，其颜色决定信号机灯位的显示颜色；外面是无色带棱的内凸透镜。透镜组利用光的折射和反射原理，将光源发出的光线集中射向所需要的方向。这样，就能满足信号显示距离远而且具有很好的方向性的要求。

4）遮檐

遮檐用来防止户外光线直射透镜的灯位上造成错误的幻影显示。

3. 透镜式色灯信号机的光学原理

透镜式色灯信号机的光学原理如图3-6所示，由光源发出的光线，通过有色的内透镜并经过外透镜后就会形成一束平行于地面的平行光线，但由于内、外透镜都是带棱的表面，所以会将一部分平行光线偏散到其他角度，以便于在曲线线路上增加信号机的显示距离。

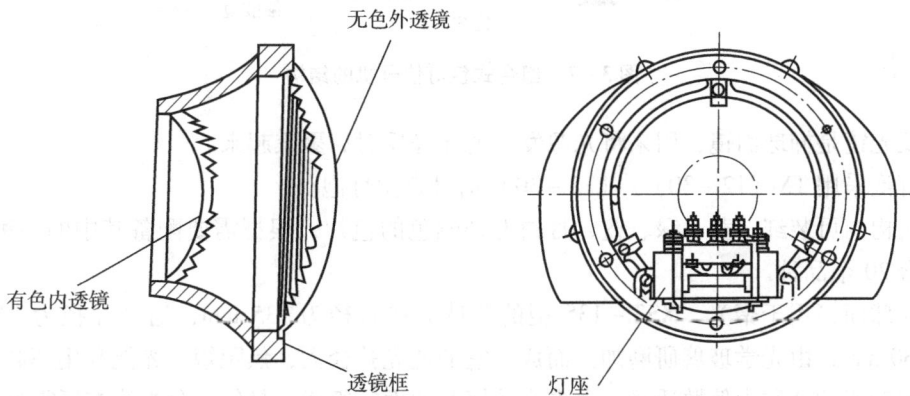

无色外透镜

有色内透镜

透镜框

灯座

图3-6 透镜式色灯信号机的光学原理

3.1.3 组合式色灯信号机

组合式色灯信号机的每个机构只有一个灯室，因为使用时根据信号显示要求分别组装成二显示、三显示及单显示机构，故称为组合式。灯室间无串光的可能。

组合式色灯信号机适用于瞭望困难的线路，其特点是增加了反光镜和偏散镜，采用非球面镜，构成合理的光系统。该信号机光系统设计合理，光能利用率高，显示距离远，曲线折射性能强，偏散角度大，可见光分布均匀，能见度高，有利于驾驶员瞭望。

项目 3 信号机的检测与维护

项目 3 信号机的检测与维护

1. 组合式色灯信号机的分类

按非球面透镜的直径不同组合式色灯信号机可分为 XS2 – 135 型、XS2 – 150 型和 XS2 – 200 型。

按使用的偏散镜不同组合式色灯信号机可分为 1 型、2 型、3 型和 4 型。

2. 组合式色灯信号机的结构

组合式色灯信号机由光系统、机构壳体、遮檐和瞄准镜插孔四部分组成。

（1）光系统

组合式色灯信号机的光系统由反光镜、灯泡、灯座、色片、非球面镜、偏散镜及前表面玻璃组成，如图 3 – 7 所示。

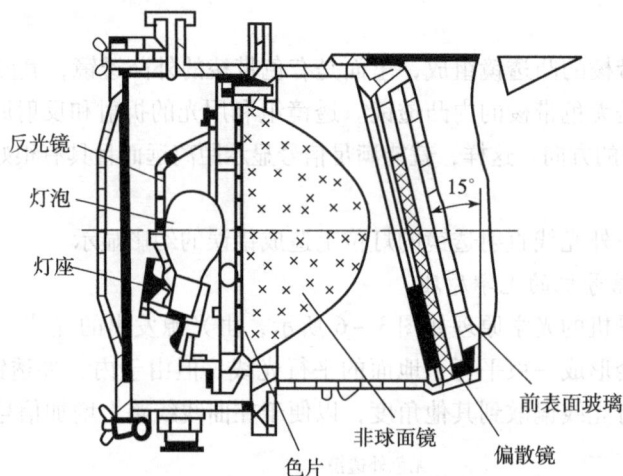

反光镜
灯泡
灯座

15°

前表面玻璃
偏散镜
非球面镜
色片

图 3 – 7　组合式色灯信号机的结构

①反光镜是椭球面镜，用来将光源发出的光经反射后聚焦起来。

②灯泡采用 TX（12 – 30）/（12 – 30）信号直丝灯泡。

③机构内可装红、黄、绿、蓝、月白五种颜色的色片，根据需要配备其中的一种颜色，共可组合 20 个品种。

④非球面镜用于聚光，XS2 – 135 型的非球面镜直径为 135 mm，通光孔径为 130 mm，焦距为 30 mm，由光学玻璃研磨加工而成。它的通光孔径大，焦距短，光能利用率高。

⑤偏散镜的全称为偏散透镜，由多个棱镜及曲面镜组成，是使部分光线按所需方向偏散一定角度的光学元件。偏散镜用光学性能极好的聚甲基丙烯酸甲酯（俗称有机玻璃）制造，精确度高，透光性能好，性能较稳定。

⑥前表面玻璃。为了防止信号机因反光造成信号误认，信号机的前表面玻璃罩向后倾斜 15°，当外界光直射信号机时，前表面玻璃可以将反射光反射到机构上方的遮檐上，从而被散射或吸收，杜绝了由于反光造成误认信号的现象。

（2）机构壳体

机构的外壳用硅铝合金压铸而成，内外表面均涂无光黑漆，可防止光的反射，结构合理，密封性能好，且体积小、重量轻，每个机构包括遮檐约 7 kg，便于携带安装。

（3）遮檐

信号机的遮檐采用玻璃纤维增强不饱和聚酯（俗称玻璃钢）制造而成，重量轻，耐腐蚀性能好，强度高。其几何形状设计成既能遮挡阳光，又能满足偏散光显示的需要。

（4）瞄准镜插孔

信号机右下方有一个瞄准镜插孔，供调整信号机显示方向时使用。在现场调整信号机时，将专用的8倍瞄准镜插入插孔内，调整信号机的转向机构，在瞄准镜中可以很容易地找到信号机前面信号显示需要达到的最远目标点。因为瞄准镜孔中心与信号机的主光轴是相互平行的，所以瞄准镜中找到的目标点也就是信号机主光轴能照射到的地方，从而加快了信号机的调整速度。

3. 组合式色灯信号机光学原理

组合式色灯信号机的光学原理如图3-8所示，由光源（信号灯泡）发出的光，通过滤色片变成色光，经过非球面透镜将散射的色光汇聚成平行光，再经过偏散镜进行折射偏散，将其中的一部分光保持原方向射出，称为主光；另一部分光按偏散镜的偏散角度射出，称为偏光。主光主要用于远距离显示，光强较高；偏光主要用于曲线部分。随着列车的运行，逐渐接近信号机，对于光强的需要也逐渐减弱，所以偏光的光强也随着偏散角度的加大相应地逐渐减弱，从而充分地利用了光源，使得在曲线上各个位置看到的信号灯光亮度均匀一致。

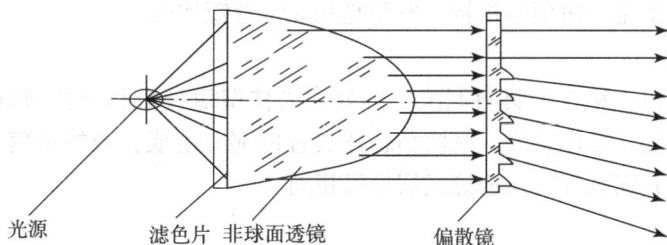

图3-8 组合式色灯信号机的光学原理

3.1.4 LED 色灯信号机

LED 色灯信号机的大小同透镜式色灯信号机，采用铝合金材料。信号点灯单元由 LED 发光二极管构成。LED 色灯信号机及控制系统，在与现有点灯控制电路兼容、LED 驱动电路与二极管供电方式的设计方面取得突破，从机械结构到电路的安全可靠以及现场安装、操作、更换等方面，经不断完善、改进，已形成系列产品。LED 色灯信号机作为一种节能、免维护的新型光源系统被成功运用。图3-9所示为 LED 色灯信号机实物。

1. LED 色灯信号机的优势

①LED 色灯信号机采用铝合金，组合灵活、安装简单。

②显示距离远且清晰，使用寿命长，安全可靠。

③用 LED 取代传统的双丝信号灯泡和透镜组，从而彻底消除灯泡断丝这一多发性的信号故障，减少维修工作量，节省维修费用。LED 色灯信号机更适应于正线安装。

④LED 发光盘的聚焦状态在产品设计与生产中已经确定，并能始终保持良好的聚焦状态，现场安装与使用不再需要调整。

图 3 – 9 LED 色灯信号机实物

⑤LED 色灯信号机显示效果好。发光盘除有轴向主光束外，还有多条副光束，有利于增强主光束散角以及近光显示效果。

2. LED 色灯信号机的结构

LED 色灯信号机主要由信号机构、发光盘和光学透镜构成。

（1）信号机构

LED 色灯信号机由铝合金材料制成，可分为高柱型信号机和矮柱型信号机两种。高柱型信号机由背板总成、箱体总成、遮檐和悬挂装置四部分组成；矮柱型信号机由箱体总成、遮檐两部分组成。其安装方法与透镜式信号机相同。

（2）发光盘

发光盘为网形盘状结构，其上安装众多发光二极管，如图 3 – 10 所示。发光盘前罩上有鉴别销，以确认该灯位的颜色。只有发光盘的灯光颜色与该灯位灯箱玻璃卡圈上的鉴别槽相吻合，才能安装。

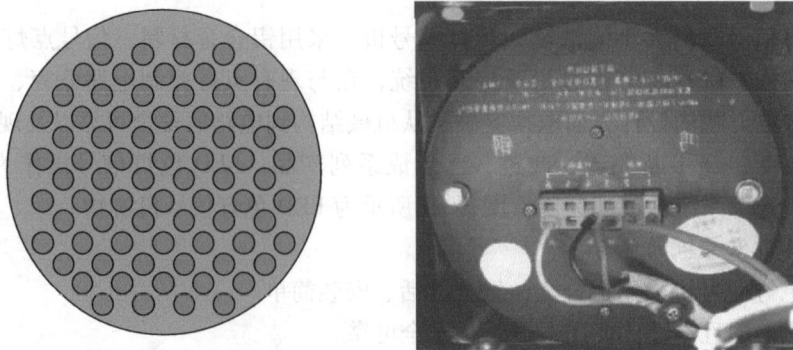

图 3 – 10 发光盘

发光盘前罩上有三个凸出的卡销，在安装时用来对准灯箱玻璃卡圈上的三个卡槽，以便安装牢固。

为了满足曲线轨道的信号显示，可根据现场实际需要，安装偏散镜片，将其叠装在需要偏散的高柱型发光盘的前面。偏散镜片有三种，其规格型号与偏散角度为：GS – 176 – 20 型偏散角 100°；GS – 176 – 20 型偏散角 200°；GS – 176 – 15 型偏散角 150°。发光盘后面有一个凸起的防雷盒，如图 3 – 10 所示。

LED 色灯信号机室外工作原理如图 3 – 11 所示。LED 发光管是低能耗的高效发光器件，在满足相关光学指标的前提下，LED 信号光源的功率是双灯丝灯泡的 1/4，仅 6 W 左右。如果直接采用交流 220 V 向点灯变压器和发光盘供电，就会造成点灯回路中的电流过小而无法满足 JZXC – H18 等型号灯丝继电器工作的要求。因此，供电电路一般会采用低压供电方式，即将信号点灯电源输出由交流 220 V 降低为交流 110 V，再向点灯变压器和发光盘供电。

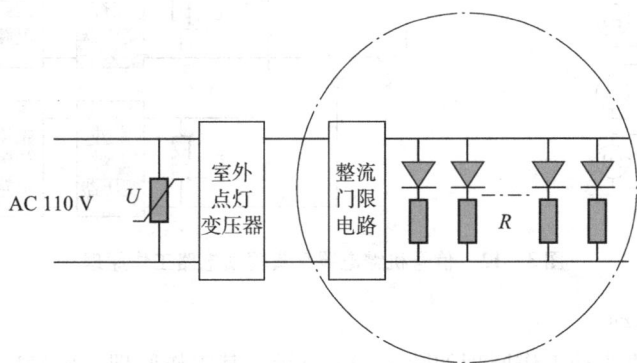

图 3 – 11　LED 色灯信号机室外工作原理

点灯变压器可以起到电隔离作用，同时可为发光盘提供合适的电源电压。

发光盘（含整流门限电路）的内部电路为串并联结构，每条支路由若干个 LED 和电阻 R 组成。LED 均匀地分布在发光盘圆面内，构成发光点阵。支路中的电阻 R 起限流作用，限定电流在规定范围之内。为提高 LED 信号光源的抗干扰能力，在 LED 信号光源内均设有抗干扰门限电路。门限设定为线路输入电压 60 V：若输入电压低于门限值，则门限关闭，光源灭灯。当外部接上正向直流电源时，LED 点阵便发出相应颜色的光，经光学集光透镜后产生由多个光轴组成的近似于平行的信号灯光。

3. LED 色灯信号机采集驱动单元及报警电路

信号机采集驱动单元的主要功能是接收来自逻辑控制单元的命令，根据不同的命令来点亮不同灯位，并给出相应的信号机显示。同时，还对点灯电路进行监控，若室外灭灯，则采集驱动单元能及时地采集并反馈给逻辑控制单元。因此，信号机是指挥行车的重要信号设备。

（1）信号机采集驱动单元

信号机采集驱动单元主要有继电器采集驱动和模块采集驱动两种。

1）继电器采集驱动

信号机继电器采集驱动工作原理如图 3 – 12 所示。系统刚启动时，供电单元通过 HJ 和 LJ 的后接点闭合接通红灯点灯电路，此时室外信号机点亮红灯。灯丝继电器 DJ（JZXC – H18 型）为整流型继电器，串接在信号机点灯电路中，用于对信号机的断线及断丝检测。

逻辑控制单元通过对 DJ 前接点的采集就能完成此项功能。当联锁条件满足,要求室外信号机点亮绿灯时,逻辑控制单元输出命令,控制绿灯继电器吸起,通过 LJ 的前接点闭合接通绿灯点灯电路,同时断开 LJ 的后接点,切断红灯点灯电路,此时室外信号机红灯灭灯,绿灯点亮。点黄灯的工作原理同绿灯。

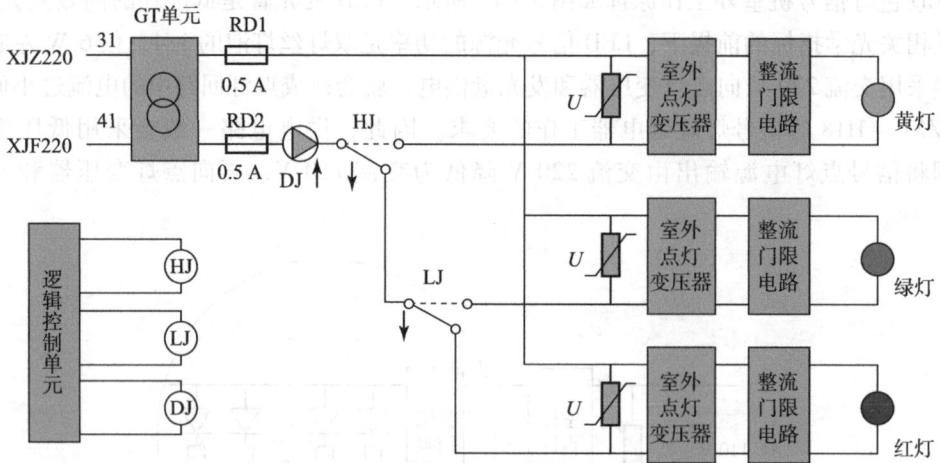

图 3 – 12　信号机继电器采集驱动电路工作原理

2) 模块采集驱动

信号机模块采集驱动工作原理如图 3 – 13 所示。其工作原理与信号机继电器采集驱动差不多,只是把点灯驱动和断丝采集继电器的功能集中在模块内,通过 IC 芯片来完成信号机的点灯和断丝采集功能。

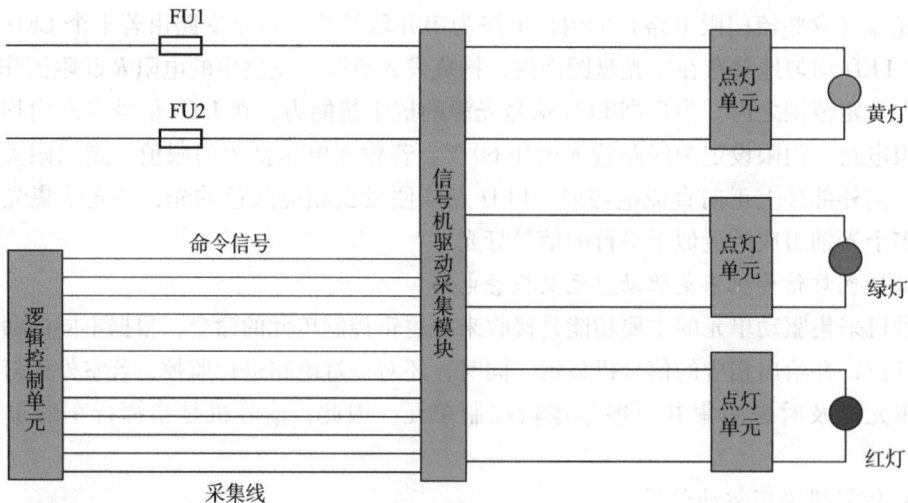

图 3 – 13　信号机模块采集驱动电路工作原理

(2) 信号机主灯丝报警电路

信号机主灯丝报警单元有继电器报警和模块集中报警两种。其中继电器报警单元通常采用继电器报警电路,故障率较高、维修工作量大,所以已经逐渐被模块集中报警取代,

图 3 – 14 所示为 LED 色灯信号机主灯丝报警单元，一般采用模块集中报警电路。

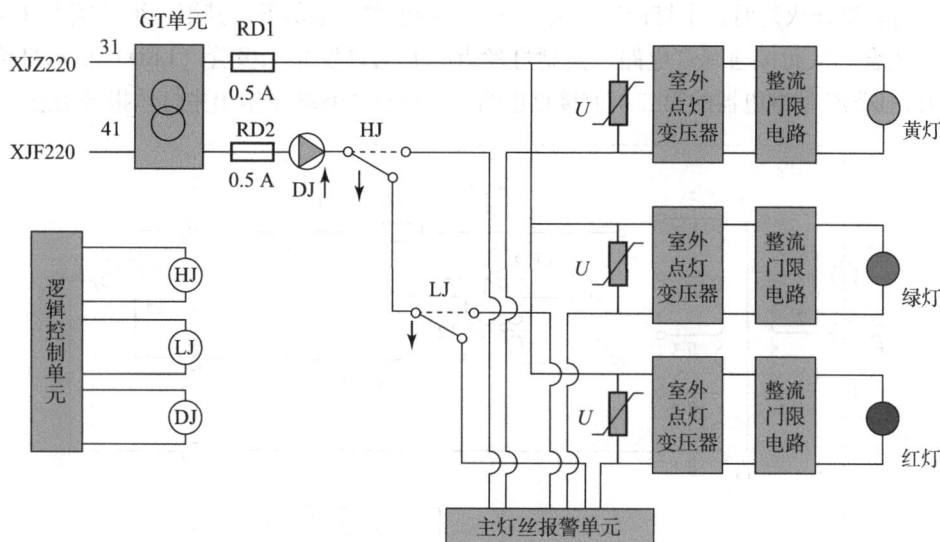

图 3 – 14   LED 色灯信号机主灯丝报警单元

🜃 任务 3.2   信号机的检测与维护

☞ **学习目标**

◆ 掌握 XDZ—B 型多功能信号点灯装置。

◆ 掌握 DDXL—34 型点灯单元组成结构及工作原理。

◆ 熟悉信号机的检修原理及操作流程。

◆ 正确使用相关检修测试工具。

3.2.1   信号机点灯单元

常用信号机的点灯单元一般由信号变压器和灯丝转换继电器组成。目前城市轨道交通使用的信号机点灯单元主要有 DDXL—34 型点灯单元和 XDZ—B 型多功能信号点灯装置两种。这两种点灯单元都将点灯和灯丝转换结合为一体，从而减小体积。

1. DDXL—34 型点灯单元

（1）DDXL 型点灯单元

DDXL 中的第一个 D 为单元、第二个 D 为点灯、X 为信号、L 为防雷。DDXL 型插接式防雷信号点灯转换单元的点灯变压器采用带防雷装置的 BX2—34 型信号变压器，灯丝继电器采用 JZSJC 型继电器。

1）DDXL 型点灯单元工作原理

如图 3 – 15 所示，来自信号设备房的 220 V 电源从变压器 T1 的①②端子输入后，经变压器 T1 后分为五路输出，可以通过调整变压器 T1 二次绕组的不同端子为主、副电路提供不同的电压。刚接通电路时，主、副电路会有瞬间同时点灯的过程，但随着主灯电路中 JZSJC

型继电器得电，其第一组后接点（接在副灯回路）断开，从而切断副灯电路，使副灯丝熄灭。当主灯丝断丝灭灯时，主灯回路中的 JZSJC 型继电器失电落下，其第一组后接点（接在副灯回路）闭合，从而接通副灯电路，使副灯丝点亮并通过发光二极管（LED）指示灯给出指示。同时，JZSJC 型继电器的第二组前接点也断开，通过④⑥端子给出主灯丝报警信息。

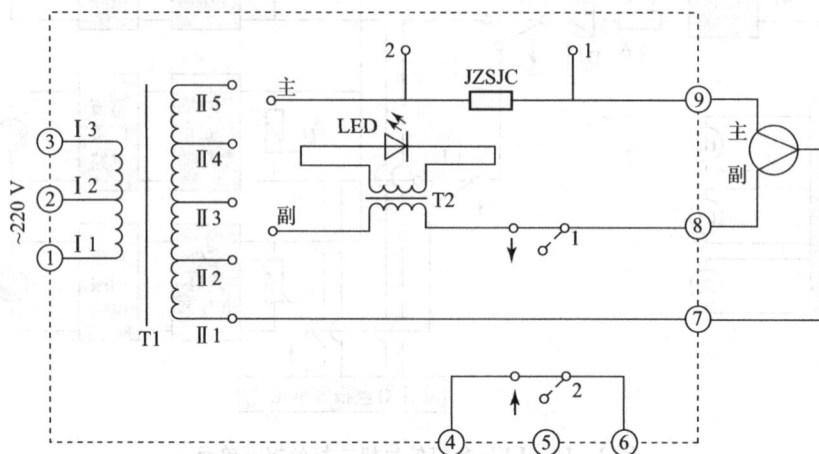

图 3 – 15　DDXL 型点灯单元工作原理

2）DDXL 型点灯单元的功能特点

DDXL 型点灯单元由变压器、继电器、九位插接件三大部分组成，其中变压器端子板上装有指示灯，配线简单，施工方便。

在正常情况下，点亮主灯丝，当主灯丝断路时，通过灯丝转换继电器 JZSJC 的后接点闭合点亮副灯丝，同时端子板上的指示灯被点亮。如果要检查主、副灯丝转换功能，可用任何导体将指示灯下边 1、2 两个螺钉短路，则 JZSJC 继电器线圈被短路而落下。若点亮指示灯，则表示副灯丝回路及继电器转换功能良好。

3）DDXL 型点灯单元技术参数

①变压器部分。变压器主要参数见表 3 – 3。

表 3 – 3　变压器主要参数

容量/(V·A)	一次绕组		二次绕组	
	额定电压/V	空载电流/A	额定电压/V	满载电流/A
34	220	<0.011	12.5/13.5/15.0/16.5	2.1

变压器空载及负载特性：当一次绕组 I1、I3 端接交流电压 220 V 时，二次绕组空载电压误差不大于额定电压值的 ±5%；变压器在满载时，其二次电压不小于额定电压值的 85%。

绝缘电阻值：在正常的实验大气条件下，变压器各绕组之间、各绕组对铁芯之间、一次绕组对屏蔽层之间的绝缘电阻值均应不小于 1 000 MΩ，二次绕组对屏蔽层之间的绝缘电阻值应不小于 600 MΩ。

绝缘耐压：在正常的实验条件下，变压器的一次绕组与二次绕组、一次绕组与屏蔽层之间均应能承受交流 50 Hz、有效值 3 000 V 的实验电压，历时 I$_s$ 应无击穿或闪络；二次绕组与屏蔽层之间应能承受交流 50 Hz、有效电压值为 2 000 V 的实验电压，历时 I_s 应无击穿或闪络现象。

雷电冲击耐压：一、二次绕组对铁芯和一、二次绕组之间均施加电压波形为 1.2/50 μs，幅值为 15 kV、间隔为 1 min 的冲击电压，进行正、负极性五次实验不发生击穿或闪络现象。

电压转移系数：在变压器线路侧施加波形为 1.2/50 μs，幅值为 1 kV、5 kV、10 kV 各一次，变压器二次（设备）测试所得的电压，转移系数符合铁道部标准。

②交流灯丝转换继电器部分。

机械部分：接点间隙不小于 0.8 mm，前、后接点压力不小于 150 m·N。

电气特性：工作值不大于 1.5 A（交流），释放值不小于 0.35 A。在温度为 15℃ ~ 35℃、相对湿度为 45% ~75% 的环境中，绝缘电阻应不小于 100 MΩ，绝缘耐压应能承受交流正弦 50 Hz、1 500 V 的实验电压，历时 1 min 应无击穿或闪络现象。

③插接部分。单片的插入力为 2 ~11 N，接触电阻小于 0.03 Ω。

2. XDZ—B 型多功能信号点灯装置

XDZ – B 型多功能信号点灯装置，克服了 ZXD 型抗强雷击能力差、误告警的缺点，经受了较长时间的运行考验，性能稳定，工作可靠。

（1）电路原理

XDZ – B 型点灯装置电路原理如图 3 – 16 所示。来自信号楼的电源由输入端子 1、输入端子 2 进入输入变压器后分为两路，主路经降压后供给稳压电源，副路隔离后降压为 12 V 电压。主路的稳压电源经过高频隔离并具有软启动功能，输出电压接主丝回路，点亮主丝；副路经切换电路接副丝，在主路故障时点亮副丝。图 3 – 16 中 ZJ 为灯丝转换继电器，监测主丝的工作状态，并通过其第 1 组接点反映主丝的状态；GJ 为告警继电器，检查副丝状态。主、副丝都正常时，ZJ 和 GJ 都吸起；当主丝不工作时，ZJ 落下，通过 ZJ 后接点闭合点亮副丝，并使 GJ 失磁落下告警；副丝断丝，GJ 落下，输出告警，此时不影响主丝的工作。GJ 的第 1 组接点做告警输出，告警输出回路和主电路隔离，并和原有方式一致。

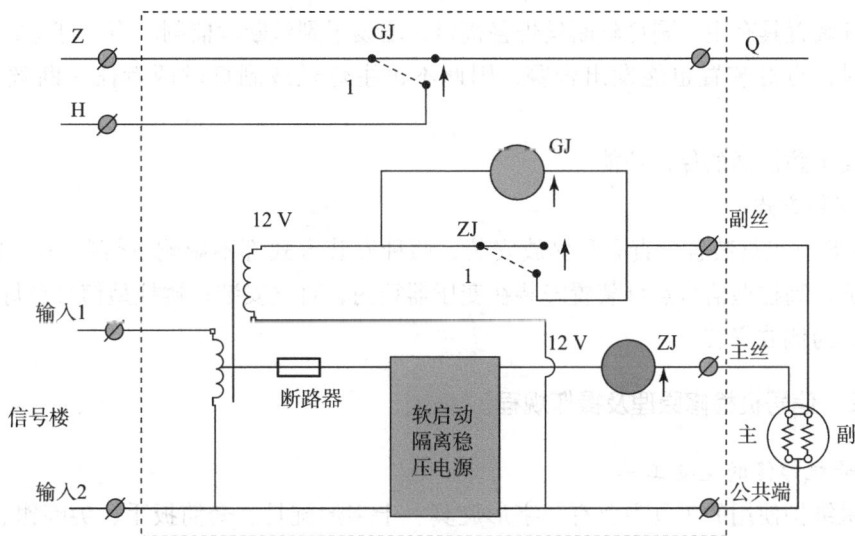

图 3 – 16　XDZ – B 型点灯装置电路原理

JZ 为电流型继电器，线圈电阻小，与主丝串联。JG 为电压型继电器，线圈电阻较大，与副丝串联。

灯丝工作状态如下：

1）主丝正常点亮，副丝完好

当主丝正常点亮，副丝完好时，JZ 线圈中流过主丝正常点灯电流，JZ 励磁吸起，副路中 JZ-1 后接点断开，JG 线圈与副丝电路连通，JG 励磁吸起，因为 JG 线圈电阻大，副丝的电压电流均达不到正常点亮要求，所以此时副丝未点亮。

2）主丝正常点亮，副丝断丝

主丝正常点亮且副丝未断丝情况下，JZ 励磁吸起，JG 励磁吸起。若副丝断丝，JG 失磁落下，则利用 JG-1 后接点接通报警点 ZH，接通报警电路报警。

3）主丝断丝，副丝点亮

主丝正常点亮且副丝未断丝情况下，JZ 励磁吸起，JG 励磁吸起。若主丝断丝，JZ 失磁落下，则利用 JZ-1 后接点将 JG 线圈短路，JG 失磁落下。同时，副丝的电压及电流均达到正常点亮要求，副丝点亮，从而完成灯丝转换。同时利用 JG-1 后接点接通报警点 ZH，接通报警电路报警。

公共端断路时信号灭灯。由于此时主丝电压与副丝电压方向相反，所以 JZ、JG 以及信号楼内的灯丝继电器均落下，导向安全。

（2）功能和特点

①点灯装置是点灯与灯丝转换结合在一起的一体化结构，配线简单。

②采用插入式安装方式，便于检修和更换，并且不需要现场调整。

③点灯装置采用新型高集成化开关电源作为点灯电源。该电源具有许多线性电路无法比拟的优点：体积小、重量轻、稳压范围宽，设计同时考虑了电源初次级之间的隔离，确保安全。

④电路具有软启动性能。

⑤点灯装置具有主、副灯丝断丝告警接口，增设了副丝断丝监测。当主灯丝完好，而副灯丝断丝时，点灯装置也能发出告警，因此不论主灯丝或副灯丝两者任一断丝都能及时告警。

⑥增设了防浪涌的保护功能。

（3）安装方式

XDZ-B 型点灯装置可直立和侧放安装，两种安装方式都不影响点灯装置的电气性能。一般情况下，高柱型信号点灯装置安装在变压器箱内，直立安装；矮柱型信号点灯装置安装在机构内，为侧放安装。

3.2.2　信号机检修原理及操作规程

1. 信号机维修的主要工具

信号机维护使用的工具主要有一字形旋具、十字形旋具、套筒扳手、尖嘴钳、兆欧表、万用表、150 mm 活扳手和扁嘴钳等。专用工具主要有 XDZ-B 型多功能信号点灯装置测试仪及专用检测计算机等。

2. 信号机的维修步骤

①结构外观检查。

②检修各部位螺栓、螺钉，注润滑油。

③透镜清扫、检查。

④机构、箱盒内部清扫、检查。

⑤电气部分检查。

⑥电气测试。

⑦防水、防潮和防尘措施检查。

⑧测量并调整灯光显示距离。

⑨灯丝报警功能测试。

⑩机构、箱盒整修、检查。

⑪设备除锈、油饰。

⑫配线、引入线、接地线检查。

⑬设备整修。

⑭更换配线。

⑮重做配线端子。

⑯检测电缆线之间的绝缘电阻。

⑰根据评估结果，更换整组信号机（包括机柱、梯子和基础等）。

3. 信号机的养护与维修

（1）二级保养

①信号机结构外观检查。

机构良好无损，安装牢固；机柱完好，无裂纹，机顶封堵良好；基础稳固，无破损；梯子中心与机柱中心线应一致，牢固无过度弯曲，无锈蚀。箱盒完好，无破损，加锁良好及机构加锁良好。基础或支持物无影响强度的裂纹，安装稳固，其倾斜度不得超过 10 mm，设备的周围应硬化，保持平整、不积水、无杂草。

②各部位螺栓、螺母检修，注油。

螺纹不滑扣，螺母须拧固，螺杆应伸出螺母外，最少应与螺母平齐，弹簧垫圈等防松配件能起到应有的作用；连接销螺纹紧固、不旷动；各部螺栓无锈蚀，无污物堆积；螺栓、锁鼻、锁耳油润。

③透镜清扫、检查。

④机构、箱盒内部清扫、检查。

⑤电气部分检查。外罩完整、清洁、封闭良好。变压器安装牢固，无严重锈蚀，端子板无裂纹，线圈不过热。线圈引出线各部连接线应不影响接点动作，接点清洁平整，无严重的烧损，插片与插座插接牢固、平稳。防松装置良好。紧固时注意：套筒扳手等工具导电部分需用绝缘胶布包好，以防短路、混线。接地线与接地端子接触良好，固定螺母紧固，不松动。地线无绝缘破损、裂纹、老化、脱落、断痕、断股及磨损现象；接头无锈蚀、打火痕迹。灯泡灯口端正、不松动。

⑥电气测试。

通过短路灯丝测试端子或按压灯丝测试按钮检查进行电气测试。当主灯丝断丝时，应自动转换到副丝。当主副丝同时断丝或主、副丝断丝时，都应有断丝报警。使用万用表测量，电气特性符合标准。注意：使用电流表测试时，注意电表挡位是否正确，以免造成短路。

⑦防水、防潮和防尘措施检查。

（2）小修

①同二级保养内容。

②测量并调整灯光显示距离。

③机构、箱盒整治检查。

机柱正直不晃动，水泥机柱不得有裂通圆周的裂纹，裂纹超过半周的应采取加固措施；无纵向裂纹，钢筋不得外露。地面站的机柱倾斜不大于 8 mm（在地面以上 1 000 mm 处测得）。地面站机柱地面周围硬化，保持平整、不积水。地面破裂时要及时修补、整治。

④设备除锈蚀、油饰。

⑤配线、引入线、接地线检查。

⑥设备整治，更换不良配件。

（3）信号机中修

地面线路中修修程为 5 年，地下线路中修修程为 8 年。

（4）信号机大修

根据评估结果，更换整组信号机（包括机柱、梯子和基础），不低于原设计标准。

4. 注意事项

（1）设备安全防范措施

①检查室内外显示一致性，保证室内外显示一致。

②检查显示距离，保证显示距离满足要求。

③检查机构安装位置及状态，保证机构正直牢固，没有侵入限界及被其他物品遮挡。

④检查灯丝转换和报警功能，保证灯丝转换和发出报警及时。

⑤检查机构门密封良好，防止设备进尘、进水。

⑥检查机构门及门锁油润情况，以防止生锈、开启不灵活。

⑦检查机构的灯室隔板良好完整，保证没有造成串光。

⑧检查透镜清洁良好，保证显示清晰。

⑨检查变压器及电缆绝缘良好，保证不会因变压器及电缆绝缘不良而造成设备短路。

⑩检查检修工具、仪表绝缘良好，保证不会因工具、仪表绝缘不良而造成设备短路或人身伤害。

⑪严格按照操作规程进行操作，防止操作不当造成设备损坏。

（2）人员安全防范措施

①严格按要求办理清点封锁手续，待清点封锁好作业区后再进入作业区进行作业，并加强与室内的联系，防止列车进入。

②严格按要求正确使用劳保防护用品（手套、劳保鞋、荧光衣等），保护人身安全。

③检查检修工具、仪表、设备绝缘性能良好，防止人员触电。

④登上梯子架进行检修作业，应正确使用安全带，防止高空坠下。

⑤梯子架上、下不同时进行作业，防止高空坠物伤人。

⑥不从梯子架上下抛递工具、材料，防止高空坠物伤人。

⑦不将工具、材料放在信号机上，防止高空坠物伤人。

⑧在线路上行走时，注意道岔转换及地面状况，防止道岔转换夹脚使人摔倒。

⑨严格按照操作规程进行操作，防止操作不当造成人员伤亡。

 **知识链接**

信号机故障处理方法

1. 信号机断主灯丝故障处理程序

信号机断主灯丝故障处理的流程如图 3 - 17 所示。

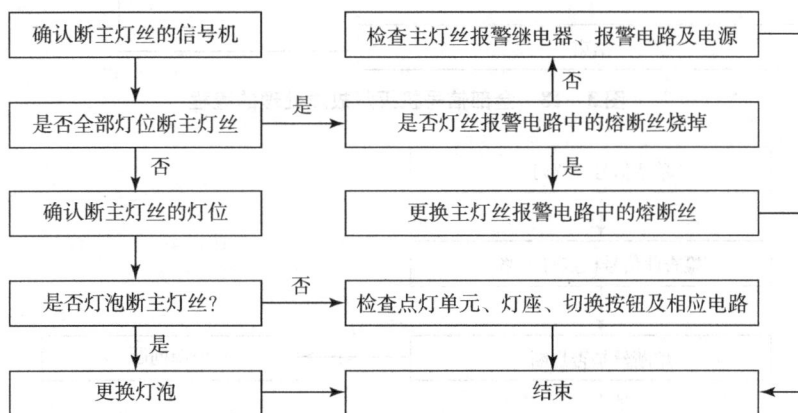

图 3 - 17　信号机断主灯丝故障处理的流程

①确认哪个灯丝断主灯丝。

②若全部灯位断主灯丝，则进行下述步骤。

③检查灯丝报警电路中的熔断丝。

④若熔断丝断，则更换主灯丝报警电路中的熔断丝。

⑤若熔断丝没断，则检查主灯丝报警继电器、报警电路及电源。

⑥若只有一个灯位故障，则检查相应的信号灯。

⑦若断主灯丝，则更换信号灯。

⑧若不断主灯丝，则检查报警电路中相应信号机的分支电路。

2. 信号机灭灯故障的处理程序

（1）全部信号机灭灯

全部信号机灭灯故障处理的流程如图 3 - 18 所示。

①检查信号机总供电电路中的熔断丝及电源。

②若熔断丝断，则更换信号机总供电电路中的熔断丝。

③若电源问题，则查找上一级供电电路。

（2）单架信号机灭灯

单架信号机灭灯故障处理的流程如图 3 - 19 所示。

①检查该信号机供电电路中的熔断丝及电源。

②若熔断器断，则更换信号机供电电路中的熔断丝。

项目 3　信号机的检测与维护

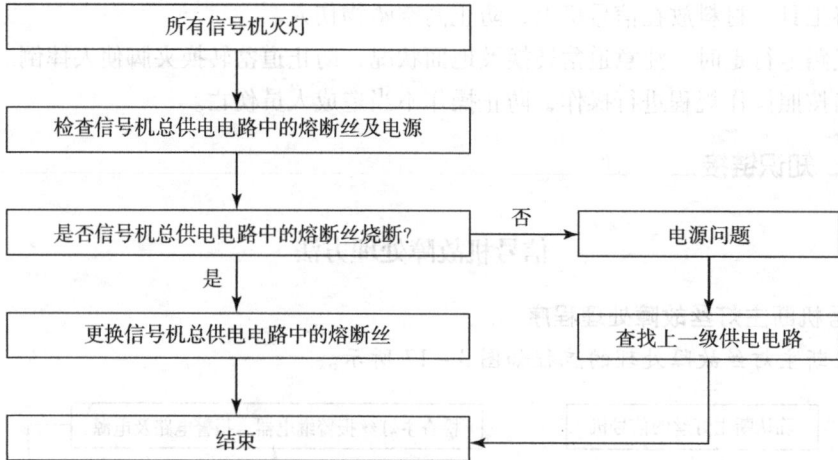

图 3 – 18　全部信号机灭灯故障处理的流程

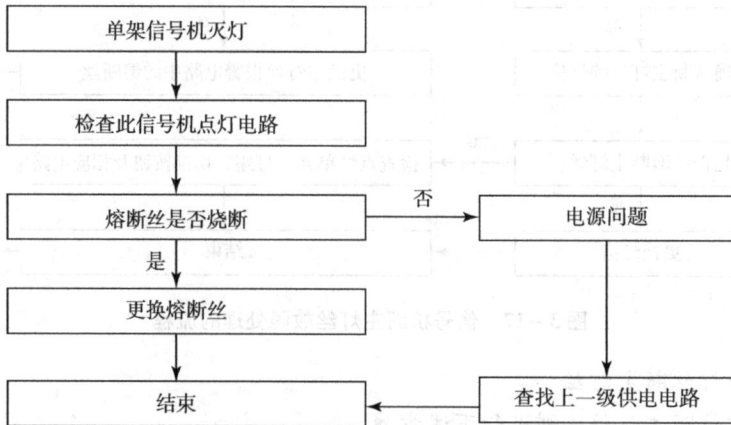

图 3 – 19　单架信号机灭灯故障处理的流程

③若为电源问题，则查找上一级供电电路。

（3）单个灯位灭灯

单个灯位灭灯故障处理的流程如图 3 – 20 所示。

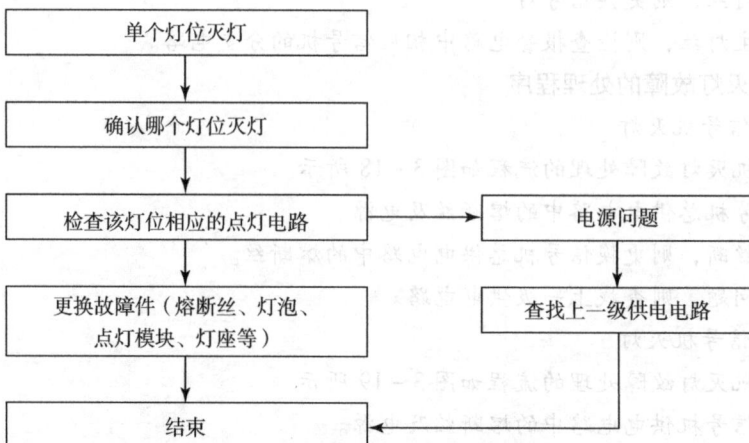

图 3 – 20　单灯位灭灯故障处理的流程

①确认哪个灯位灭灯。

②检查该灯位相应的点灯电路，检查项目有点灯电源、熔断丝、灯泡、点灯模块、灯座等。

项目小结

通过本项目的学习，学生基本能够掌握信号机的分类、设置原则及灯光配列；熟悉不同种类信号机结构组成及点灯电路的工作原理，熟悉信号机检修维护的方法及流程并能够按维修流程完成信号机的日程维护工作。

技能训练

实验1　认识各种信号机的结构

1. 实验目的

熟悉 LED 色灯信号机的结构。

掌握 LED 色灯信号机的拆装方法。

熟悉信号机拆装工具的使用。

2. 实验设备

LED 色灯信号机 2 台、信号工检修工具 10 套。

3. 实验内容

（1）熟悉信号机的结构图

（2）信号机拆装前准备

1）熟悉各种工具的名称及使用方法

2）检查信号机的零部件是否齐全，工作是否正常

（3）拆解信号机

1）拆卸遮檐

卸下遮檐后，就可以看到完整的信号机外透镜。

2）打开信号机的后盖

3）拆卸信号机的内透镜

打开信号机的后盖，拆下固定信号机光学系统的两个螺钉，内透镜可直接从信号机的机体里取出。

4）拆卸信号机光学系统

旋开固定点灯单元和灯泡的壳体，辨认信号机点灯单元的结构。

（4）信号机组装

信号机的组装顺序与拆卸顺序相反，按照第一部分的反向顺序组装信号机。

（5）信号机检查

检查信号机的零部件是否齐全、工作是否正常。

4. 注意事项

①注意设备及人身安全，做好安全防护。

②养护与检修注意按标准化流程进行，做好登记联系、销记训练，注意各作业人员的协调沟通。

③实训完成后必须实验良好。

实验2 信号机的电气性能测试

1. 实验目的

掌握 LED 色灯信号机的电气性能测试操作方法。

熟悉道岔控制台的操作方法，了解各信号基础设备间的联锁关系。

2. 实验设备

常用三显示 LED 色灯信号机2台、道岔控制台2个。

3. 实验内容

（1）信号机室内控制端电气参数测量

①操纵道岔控制台，将道岔位置转换到直向开放状态，测量各灯位控制端电压。

②操纵道岔控制台，将道岔位置转换到侧向开放状态，测量各灯位控制端电压。

③操纵道岔控制台，将道岔位置转换到进路关闭状态，测量各灯位控制端电压。

④将测量结果记录在实验数据表3-4中。

表3-4 点灯电路控制端实验数据　　　　　　　　　　　V

进路状态	1次输入电压	红灯电压	绿灯电压	黄灯电压
直向进路				
侧向进路				
进路关闭				

（2）信号机室外点灯电路电气参数测量

①操纵道岔控制台，将道岔位置转换到直向开放状态，测量信号机点灯电路中各个灯位的电气参数。

②操纵道岔控制台，将道岔位置转换到侧向开放状态，测量信号机点灯电路中各个灯位的电气参数。

③操纵道岔控制台，将道岔位置转换到进路关闭状态，测量信号机点灯电路中各个灯位的电气参数。

④将各测量结果记录在实验数据表3-5中。

表3-5 信号机工作实验数据　　　　　　　　　　　V

进路状态	红灯电压	绿灯电压	黄灯电压	报警电压
直向进路				
侧向进路				
进路关闭				

4. 注意事项

①注意设备及人身安全。

②在利用万用表测量电压时注意万用表的使用方法和安全用电。

③实验完成后设备良好。

实验3　信号机的养护与检修

1. 实验目的

掌握信号机养护与检修的内容及标准。

熟悉信号机养护步骤。

熟悉检修工具的使用。

2. 实验设备

LED色灯信号机1台、信号工检修工具一套。

3. 实验内容

按照色灯信号机的修程规定练习对信号机进行养护和检修，主要进行二级保养及小修。

（1）信号机二级保养

二级保养，按照标准练习养护与检修以下项目。

①信号机结构外观检查。

②各部位螺栓、螺母检修，注润滑油。

③透镜清扫、检查。

④机构、箱盒内部清扫、检查。

⑤电气部分检查。

⑥灯丝断丝测试。

⑦防水、防潮和防尘措施检查。

（2）信号机小修

小修，按照标准练习养护检修以下项目。

①测量并调整灯光显示距离。

②机构、箱盒整治检查。

③设备除锈蚀、油饰。

④配线、引入线、接地线检查。

⑤设备整治，更换不良配件。

4. 注意事项

①注意设备及人身安全，做好安全防护。

②养护与检修注意按标准化流程进行，做好登记联系、销记训练，养护检修中注意各作业人员的协调沟通。

③实训完成后必须设备良好。

思考与练习

1. 信号机的作用有哪些？

2. 城市轨道交通中色灯信号机的设置有哪些原则要求？

3. 简述城市轨道交通信号机的分类。

4. 简述城市轨道交通色灯信号机的命名方法。

5. 透镜式色灯信号机由哪些部件组成？各起什么作用？

6. LED 色灯信号机由哪些部件组成？有何优点？

7. 色灯信号机的灯光配列有哪些规定？

8. 简述各种信号机的灯光配列。

9. 简述城市轨道交通信号显示方式和信号显示制度。

10. 各种信号机定位如何显示？对它们的关闭时机有怎样的规定？

11. 简述城市轨道交通信号机的显示意义。

12. 简述 XDZ - B 型点灯单元的工作原理。

13. 城市轨道交通信号显示距离有哪些规定？

14. 简述色灯信号机的电气特性测试方法。

15. 简述信号机的养护与维修方法。

项目 4

轨道电路的检测与维护

项目概述

轨道电路是由钢轨线路、钢轨绝缘及送电设备构成的电路，用于自动、连续检测轨道区段是否被机车车辆占用、控制信号装置或转辙装置、传输 ATP 信息，保证列车运行的安全性和可靠性，提高运输效率。

通过本项目的学习，学生可以掌握各种轨道电路的构成与工作原理，能够对相关轨道电路进行检测与维护。

任务4.1 相敏轨道电路的检测与维护

学习目标

◆ 掌握轨道电路的工作原理。

◆ 了解轨道电路的分类与基本参数。

◆ 掌握相敏轨道电路的故障处理方法。

◆ 熟悉主要维修工具和测试仪器的使用方法。

4.1.1 轨道电路概述

1. 轨道电路的组成

轨道电路由钢轨线路、钢轨绝缘、轨道电源、限流设备和接收设备组成。其中钢轨线路是由钢轨和钢轨接续线组成的；钢轨绝缘是钢轨线路两端的绝缘装置，在轨道的轨距板、轨距保持杆、尖轨连接杆等都安装有绝缘装置；电源常用直流电源、交流电源、脉冲电源等；限流设备是由可调整的电阻器或电抗器组成；接收设备常用电磁式继电器或电子式继电器。最简轨道电路如图 4 – 1 所示。

2. 轨道电路的基本工作原理

①当轨道区段完好且无车占用时，轨道电流从电源正极经钢轨、轨道继电器线圈回到负极构成回路，轨道继电器处于励磁吸起状态，此时即为轨道电路的调整状态。

②当轨道区段有车占用时，轨道电路被轮对分路，流经轨道继电器线圈的电流很小，不足以使衔铁保持吸起，继电器失磁落下，此时即为轨道电路的分路状态。

③当轨道区段发生断轨或断线故障时，流经轨道继电器线圈的电流中断，使之失磁落

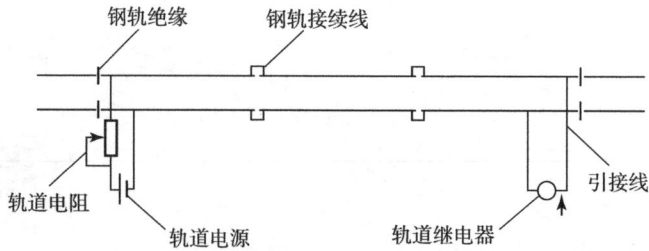

图 4-1 最简轨道电路

下，此时即为轨道电路的断轨状态。

3. 轨道电路的作用

（1）监督列车占用

利用轨道电路监督列车在正线或车辆段等线路的占用状态。轨道区段空闲时，为开放信号、建立进路或构成闭塞提供依据；轨道区段被占用时，信号处于禁止状态，实现信号系统的自动控制。

（2）传输行车信息

数字编码式音频轨道电路中传送的行车信息，为 ATC 系统直接提供控制列车运行所需要的前行列车位置、运行前方信号机状态和线路条件等有关信息，以决定列车运行的目标速度，控制列车在当前运行速度下是否停车或减速。

4. 轨道电路的分类

（1）按传输电流特性分类

按传输电流特性不同轨道电路可分为工频连续式轨道电路和音频轨道电路。

工频连续式轨道电路有 25 Hz 相敏轨道电路和 50 Hz 相敏轨道电路两种，只能监督轨道的占用与否，不能传输列车控制信息。目前，城市轨道交通中多用 50 Hz 相敏轨道电路，铁路中主要应用 25 Hz 相敏轨道电路。

音频轨道电路主要是按频率范围来划分的，将频段位于 20 Hz~20 kHz 的交流轨道电路称为音频轨道电路。音频轨道电路可分为模拟式和数字编码式。模拟式音频轨道电路采用调幅或调频方式，不仅能监督轨道的占用状态，还可以传输更多的信息。

数字编码式音频轨道电路采用数字调频方式，根据数字编码，采用一个群调制载频。编码包含速度码、闭塞分区长度码、纠错码和线路坡度码等。

（2）按绝缘性质分类

按轨道绝缘性质的不同，轨道电路可分为有绝缘轨道电路和无绝缘轨道电路。

有绝缘轨道电路用钢轨绝缘将本轨道电路与相邻的轨道电路电气隔离。钢轨绝缘在车辆运行中的冲击力、剪切力作用下很容易破损，导致轨道电路的故障率较高。绝缘节的安装会给无缝线路带来一定的麻烦，有时需要锯轨，因而降低了线路的轨道强度，增加了线路维护的复杂性。另外，轨缝的存在，既增加了列车过接缝时乘客的不舒适感，又不利于牵引电流的回流输送。

无绝缘轨道电路在其分界处不设钢轨绝缘，而是采用电气隔离的方法予以隔离。电气隔离式又称谐振式，即利用谐振槽路，采用不同的信号频率。谐振回路通过对不同频率呈现不同阻抗，来实现相邻轨道电路间的电气隔离。

无绝缘轨道电路提高了轨道电路的可靠性，减少了车辆轮对与钢轨接缝之间的碰撞，降低了轮对和钢轨的磨损，避免了列车过接缝时乘客的不舒适感。

（3）按使用处所分类

按照使用处所不同，轨道电路可分为区间轨道电路和车辆段内轨道电路。

区间轨道电路用于正线，不仅要监督各闭塞分区是否空闲，还要传输有关行车信息，而且要满足闭塞分区长度的要求，其结构比较复杂。

（4）按是否包含道岔分类

按是否包含道岔分类，轨道电路分为无岔区段轨道电路和道岔区段轨道电路。

无岔区段轨道电路没有分支，结构简单，一般用于停车线、检车线、尽头线调车信号机接近区段以及两差置调车信号机之间。

道岔区段轨道电路包含岔前线路、岔后直向位置线路和岔后侧向位置线路。在道岔区段，道岔处钢轨和杆件除需增设绝缘外，还要增加道岔连接线及跳线。

4.1.2　50 Hz 相敏轨道电路

随着城市轨道交通的大力发展，50 Hz 相敏轨道电路以其抗干扰性能好、设备简单、维修方便，以及在直流电力机车牵引区段安全可靠等特点，在城市轨道交通的车辆段、停车场及正线道岔区得到了广泛应用。其结构如图 4 - 2 所示。

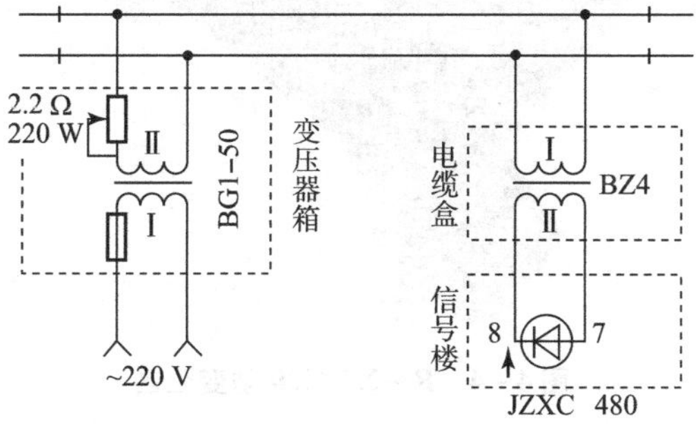

图 4 - 2　50 Hz 相敏轨道电路结构

由于在城市轨道交通车辆段内的列车无机车信号显示，因此其轨道电路的功能仅为列车占用检查。又由于其电力机车为直流牵引，且牵引回流为单条钢轨，50 Hz 交流连续式轨道电路需加设滤波器防护，滤波器故障不能保证安全，故轨道电路采用单轨条回流方式的50 Hz 相敏轨道电路。

1. 轨道电路组成

①送电端：一般安装在室外变压器箱内，包括 BG1 - 50 型轨道变压器（见图 4 - 3）R - 2.2/220 型变阻器（见图 4 - 4）、熔断丝，电源从室内通过信号电缆送至送电端。

②受电端：包括 BZ4 型中继变压器（见图 4 - 3）R - 2.2/220 型变阻器、JZXC - 480 型轨道继电器。中继变压器设在室外变压器或中端电缆盒内，轨道继电器设在室内组合架上。

③钢轨接续线用来连接相邻钢轨，以减小钢轨连接处的接触电阻。

④钢轨绝缘设于轨道分界处，用于隔离相邻区段的轨道电路。

图 4 - 3   BG1 - 50 型轨道变压器与 BZ4 型中继变压器

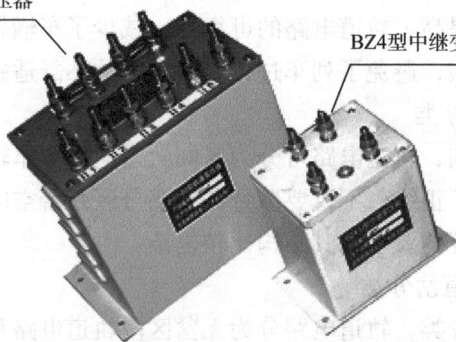

图 4 - 4   R - 2. 2/220 型变阻器

⑤变压器箱或电缆盒用于将钢轨引接线接向钢轨。

2. 工作原理

①当轨道电路完整且无车占用时，交流电源由送电端经钢轨传输至受电端，GJ 吸起，表示本区段空闲。此时 GJ 的交流端电压应在 10.5 ~ 16.0 V，即高于轨道继电器工作值（9.2 V）15%，保证 GJ 可靠励磁。

②当轨道电路被车辆轮对分路时，GJ 的端电压小于 2.7 V，低于其释放值，GJ 失磁落下，表示区段被车占用。

3. 轨道电路的极性交叉

（1）极性交叉的定义和要求

目前，我国所采用的轨道电路，大部分都是以轨道绝缘作为切分点的。绝缘两侧，要求轨面电压具有不同的极性（直流）或相反的相位（交流），即轨道电路要"极性交叉"。

站场平面示意图上，接通电源正极的轨条用粗实线表示，接通负极性的则用细实线表示。采用交流供电时，粗细实线代表两种相差 180°的相位，由假定的正极与负极构成，一般称为 GJZ 和 GJF。

交流或直流供电的轨道电路，在轨道绝缘的两侧，都要按极性交叉的原则进行配置，目的是要遵循"故障—安全"的原则。闭路式轨道电路"故障—安全"原则要求，在发生故障时，设备应自行转向安全的位置，即轨道继电器衔铁应当可靠地处于落下状态。

（2）极性交叉的作用

轨道电路如果不按"极性交叉"的要求来配置极性，当相邻两区段中有一个区段被轮对所占用时，则在绝缘破损的情况下，经破损处电流在两个区段形成的回路（由于存在电势差）电流将使相邻两区段发生电流相加的现象，如图4-5（a）所示。

占用区段虽然处于分路状态，但由于受端与占用列车构成的电路是并联电路，受电端仍然能接收到部分电流，所以轨道继电器就会在串电流的作用下有可能保持在吸起状态，但这是不安全的。

按照"极性交叉"要求配置后，在绝缘破损的条件下，轨道继电器线圈中的电流呈现相抵（即相减）状态，如图4-5（b）所示，在有车占用状态下，串电流将占用区段的剩电流全部抵消，使占用区段轨道继电器不可能吸起。

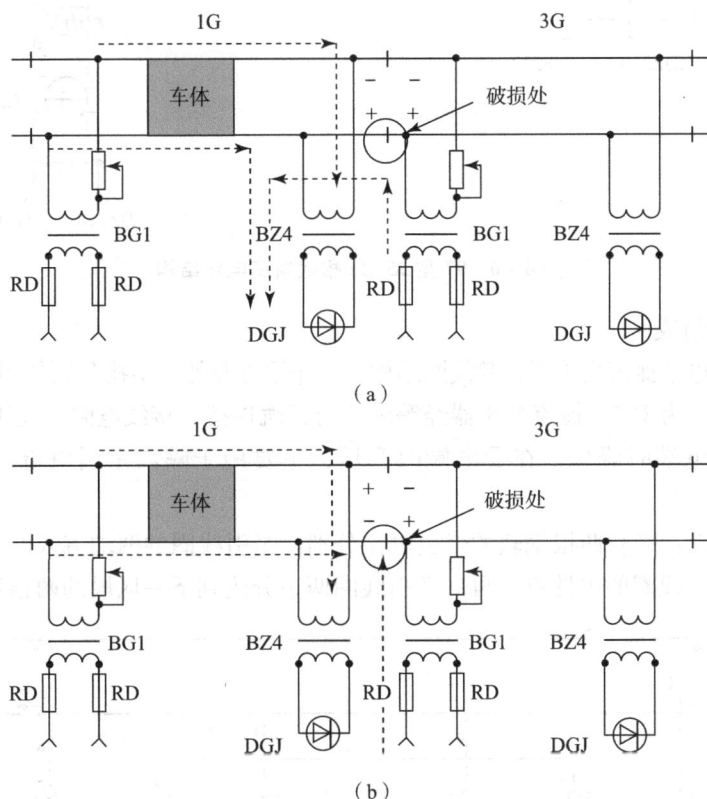

图 4-5 轨道电路的极性交叉

（a）轨道电路不按极性交叉配置电源极性；（b）轨道电路按照极性交叉配置电源极性

4.1.3 25 Hz 继电式相敏轨道电路

1997 年铁道部决定用"97 型 25 Hz 相敏轨道电路"替代原"25 Hz 相敏轨道电路"。97

型25 Hz相敏轨道电路具有工作稳定可靠、维修简单和故障率低的优点，具有很高的抗干扰能力，并延长了轨道电路的极限长度（可达1 500 m），深受现场欢迎。

1. 轨道电路组成

97型25 Hz相敏轨道电路结构如图4-6所示。

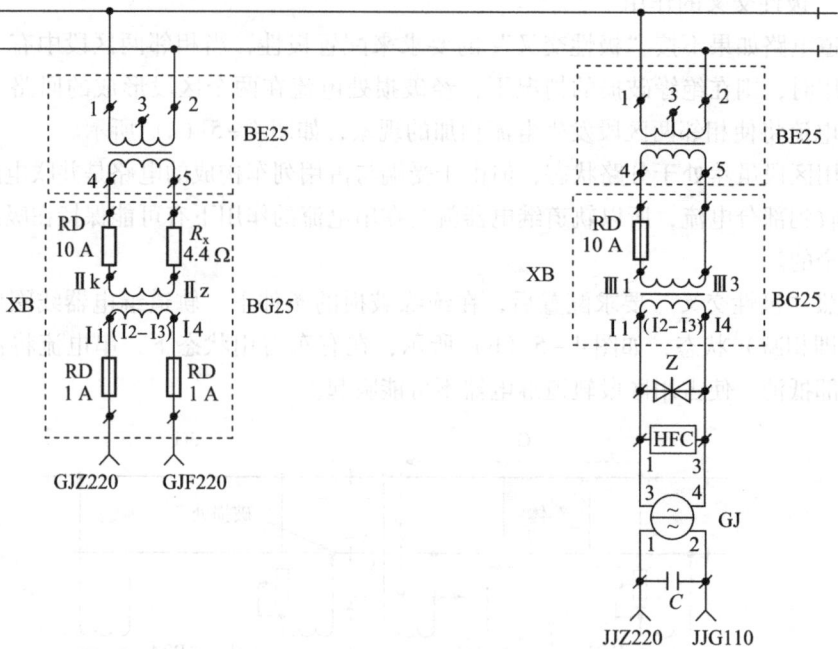

图4-6　97型25 Hz相敏轨道电路结构

（1）送电端组成

①BE25：送电端扼流变压器，其线圈结构、工作原理及外部结构分别如图4-7和图4-8所示，变比固定，为1:3。扼流变压器经等阻线与钢轨连接，接线电阻不大于0.1 Ω。

作用：在送电端时降压，在受电端时升压，主要用于隔离牵引电流，构通平衡牵引电流。

隔离工作原理：来自两根钢轨的牵引电流分别从牵引线圈的两端流入汇合到牵引线圈的中性点，再到另一线圈的中性点，再向牵引线圈两边分流到下一区段的两根钢轨上。

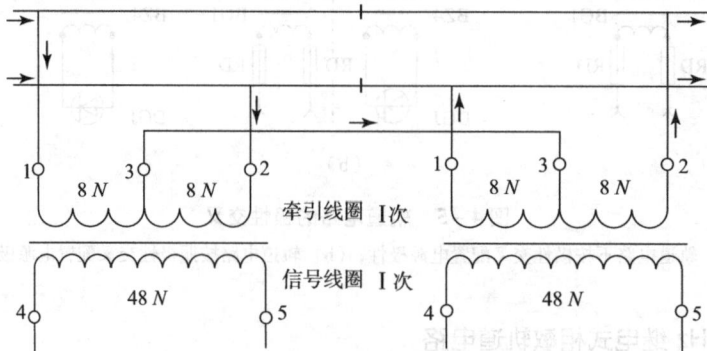

图4-7　扼流变压器线圈结构及工作原理

图 4 - 8　扼流变压器外部结构

由于牵引线圈 1—3 与 2—3 线圈匝数相等，两线圈中的电流方向相反，所以在同一铁芯上两线圈所产生的磁通大小相等、方向相反，信号线圈中不产生 50 Hz 的感应电流。而对于 25 Hz 的信号电流来说，是由一根钢轨流向另一根钢轨，从一个方向流经牵引线圈，与信号线圈形成变压器的工作原理。

②BG25：送电端供电变压器（供电调整用），其线圈结构及内部结构分别如图 4 - 9 和图 4 - 10 所示。

图 4 - 9　BG2 - 130/25 型供电变压器线圈结构

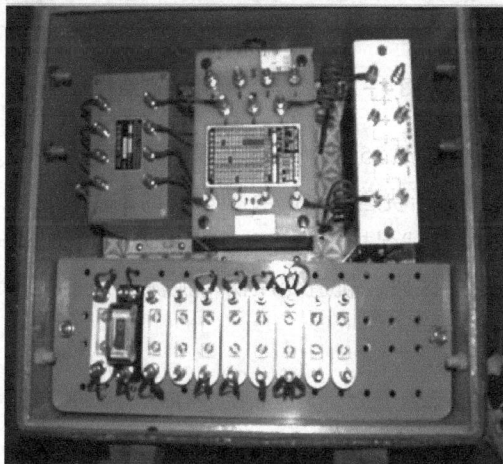

图 4 - 10　BG2 - 130/25 型供电变压器内部结构

相敏轨道电路的送电端和受电端使用同一类型的变压器，新型号为 BG1 – 140/25、BG2 – 130/25、BG3 – 130/25、BG – R130/25。

送电端的供电变压器：根据轨道电路的类型和不同的长度，供以不同电压。

受电端的中继变压器：使 JRJC 继电器的高阻抗和轨道的低阻抗相匹配。

受端中继变压器的变比应予以固定，不得调整，否则会使受电端连接器材的阻抗和轨道电路和的匹配条件遭到破坏。

轨道变压器现场使用的型号有 BG1 – 140/25 和 BG2 – 130/25 型。其技术标准见表 4 – 1。

表 4 – 1　轨道变压器技术标准

类型	额定容量 /(V·A)	频率/Hz	额定电压/V		额定电流/A	空载电流 不大于/A	铁芯
			一次	二次	二次		
BG1 – 140/25	140	25	220	0.5 ~ 17.5	8	0.04	C 型
BG2 – 130/25	130	25	220	0.44 ~ 18.48	7	0.03	C 型，400 Hz

③R_x：送电端限流电阻，在送电端作过载保护用，阻值不得调整，否则会影响轨道电路的分路特性；R_x – 4.4/440 固定抽头式电阻及抽头为 $0.2\Omega + 0.4\Omega + 0.5\Omega + 1.1\Omega + 2.2\Omega$ $(0.5\Omega + 0.4\Omega + 2.2\Omega + 0.2\Omega + 1.1\Omega$ 黄色)，允许通过电流为 10 A，其接点结构如图 4 – 11 所示。

图 4 – 11　R_x 限流电阻接点结构

④GJZ220、GJF220：轨道电源 25 Hz、220 V 滞后局部电压 90°。

⑤RD：送电端熔断丝（根据轨道电路的类型不同而固定，起过载或短路作用）。

1 A 熔断丝：用于送电端过载保护，防止一个送电电源短路影响一束轨道电源。

10 A 熔断丝：在有扼变的区段，轨道变压器与扼流变压器之间装设 10 A 熔断丝，可安全渡过牵引电流的浪涌冲击。

（2）受电端设备组成

①BE25：受电端扼流变压器。

②BG25：受电端中继变压器（受电端中继用，变比固定，有扼流区段 1∶13.89，无扼流区段 1∶50）。

③RS：受电端限流电阻（根据轨道电路的类型不同而加设）。

④RD：送电端熔断丝。

⑤JJZ110、JJF110：局部电源25 Hz、110 V超前轨道电压90°。

⑥25 Hz相敏轨道电路防雷补偿器。

防雷补偿器分为FB－1和FB－2两种型号，FB－1型内含两套防雷补偿单元，外形采用安全型继电器结构，如图4－12所示；FB－2型内含一套防雷补偿单元。防雷补偿单元由电容和硒堆构成，接点原理如图4－13所示，电容的局部耐压为250 V，硒堆的接收工作电压为90 V。

图4－12　FB－1型防雷补偿器

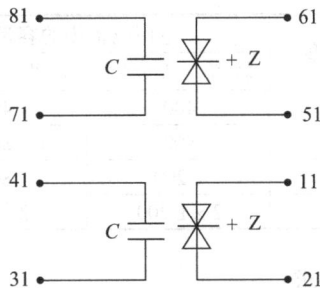

图4－13　FB－1型防雷补偿器接点原理

⑦25 Hz相敏轨道电路防护盒（HF）。

25 Hz防护盒的内部结构：由电感和电容串联而成的防护盒，其接点如图4－14所示（1、3端子接至轨道继电器的轨道线圈3－4）。

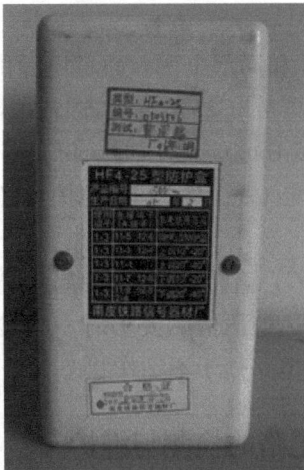

图4－14　25 Hz相敏轨道电路防护盒结构

25 Hz防护盒的作用如下：

第一，减少25 Hz信号在传输中的衰耗。

第二，减少 25 Hz 信号在传输中的相移。

对于 25 Hz 信号来说，防护盒相当于一个 16μF 的电容，对轨道电路钢轨的感性通道进行容性补偿，确保轨道电源在经过轨道电路通道传输后保持与局部电源 90°左右的滞后相位角。

第三，减少 50 Hz 信号工频干扰。

对 50 Hz 信号呈串联谐振，相当于 20 Ω 电阻；对干扰电流起着减小轨道线圈上的干扰电压作用。

⑧GJ：JRJC – 70/240 二元二位继电器（轨道电路的接收元件，具有频率、相位选择性）。

⑨C：电容（并接在 GJ 局部线圈，提高 GJ 局部线圈的功率因数，减少变频器的输出电流）。

（3）25 Hz 相敏轨道电路电源屏

向 25 Hz 相敏轨道电路提供 25 Hz、220 V 的轨道电源和 25 Hz、110 V 的局部电源。电源屏参数见表 4 – 2。

表 4 – 2   电源屏参数

电源屏类型	主用或备用的容量		可供轨道区段数量	屏数	备注
	轨道/（V·A）	局部/（V·A）			
Ⅰ	400	400	≤20	1	
Ⅱ	800	800	≤40	1	
Ⅲ	1 200	800	≤60	2	
Ⅳ	2×1 200	2×800	≤120	3	

技术要求：

①输入电源：AC 160～260 V，50 Hz；输出电源：轨道 AC 220 V ± 6.6 V，25 Hz。局部：AC 110 V ± 3.3 V，25 Hz。

②局部电源电压超前轨道电源电压 90°。

③任何一束轨道电源发生短路故障时，电源能自动将该束的供电切除，保证不影响其他束的正常供电。

2.97 型 25 Hz 相敏轨道电路的原理

25 Hz 电源屏由室内分别供出 25 Hz 轨道电源和局部电源。轨道电源由室内供出，通过电缆供向室外，经由送电端 25 Hz 轨道电源变压器（BG25）、送端限流电阻（R_x）、送电端 25 Hz 扼流变压器（BE25）、钢轨线路、受电端 25 Hz 扼流变压器（BE25）、受电端 25 Hz 中继变压器（BG25）、电缆线路送回室内，经过硒堆（Z）及 25 Hz 防护盒（HF）给二元二位继电器（GJ）的轨道线圈供电。

25 Hz 局部电源经并联 GJ 的局部线圈电容（C）直接供给 GJ 的局部线圈。当 GJ 的轨道线圈和局部线圈所得电源满足规定的相位、频率、电压值的要求时，GJ 继电器吸起，轨道电路处于工作状态；反之，GJ 继电器落下，轨道电路处于不工作状态。

✿ 任务 4.2   50 Hz 微电子相敏轨道电路的检测与维护

☞ 学习目标

◆ 了解 WXJ50 型微电子相敏轨道电路的特点。

◆ 掌握 WXJ50 型微电子相敏轨道电路的结构组成及工作原理。

◆ 掌握相敏轨道电路的测试方法。

◆ 熟悉主要维修工具和测试仪器的使用方法。

4.2.1 WXJ50 型微电子相敏轨道电路

50 Hz 微电子相敏轨道电路的结构设计保留了原继电式相敏轨道电路（50 Hz 相敏轨道电路）的优点。轨道电路接收器以微处理机为基础，采用数字处理技术对轨道电路信息进行分析，检出有用信息，除去干扰，完成 50 Hz 相敏轨道电路的接收功能，具有高返还系数、高抗干扰能力及可靠性，被广泛采用。其基本原理如图 4 - 15 所示。

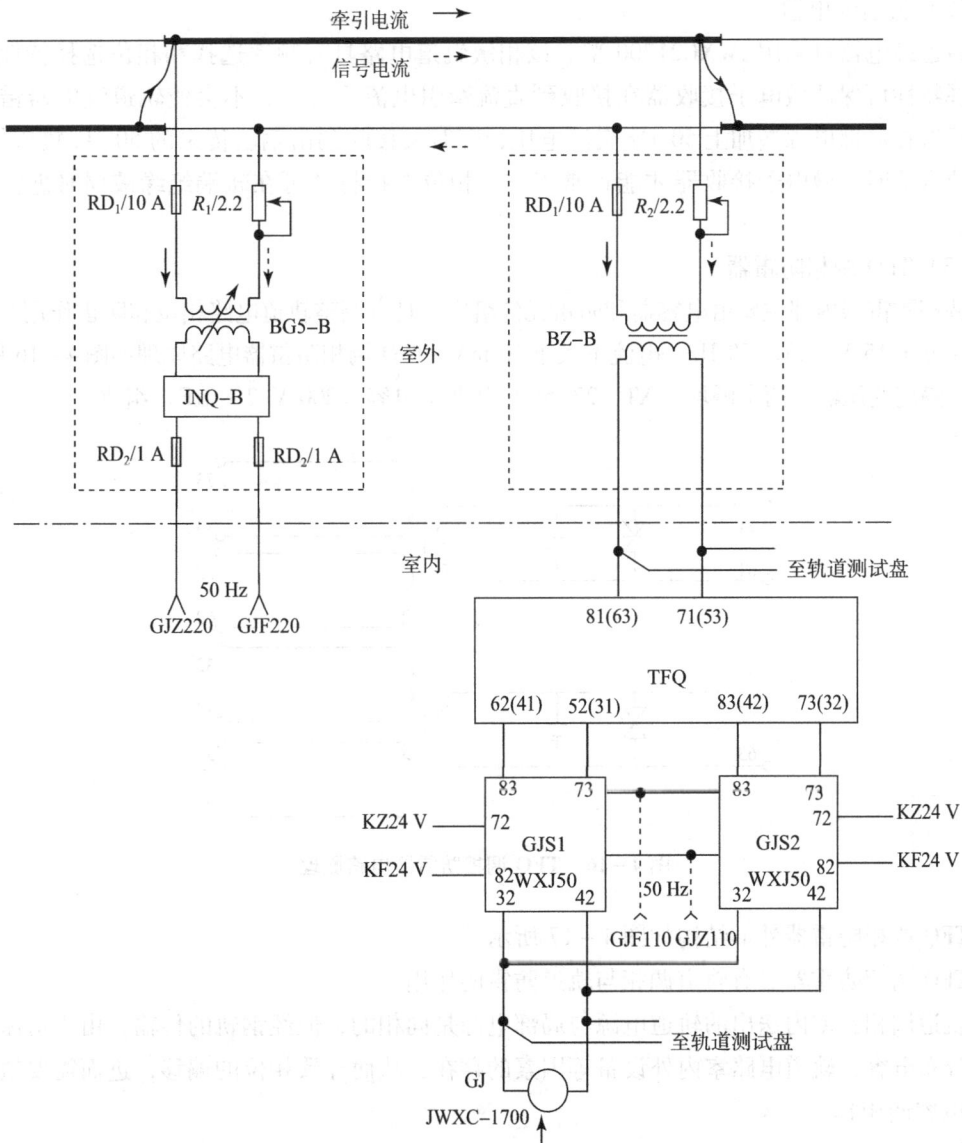

图 4 - 15 50 Hz 微电子相敏轨道电路基本原理

1. 轨道电路组成

50 Hz 微电子相敏轨道电路的组成与 50 Hz 相敏轨道电路大体相同，主要由送电端、受电端、钢轨绝缘、钢轨引接线、钢轨接续线和回流线及钢轨组成。

（1）R_1、R_2 电阻的选择

为了防止小部分牵引电流影响轨道电路的正常工作，轨道电路的送、受端分别设置 R_1、R_2 防护电阻。防护电阻规格可选用201/220（212 Ω/220 V·A）型固定抽头式电阻。送电端所设 R_1 又起到限流作用。两电阻的数值应按设计图的要求加以固定，不应作为调整轨道电路的手段。调小 R_1，将恶化轨道电路的分路检查；调小 R_2，将引起直流磁化电流的增加，导致轨道电路不能正常工作。

（2）轨道继电器

轨道继电器可采用 JWXC21700 型。该相敏轨道电路具有频率选择和相位选择特性。频率选择特性可保证微电子接收器在接收到直流牵引电流干扰时，不会使轨道继电器错误动作，只有在局部电源端加上 50 Hz 交流电压，同时又接收到由钢轨传来的 50 Hz 轨道信息，且相位合适时，微电子接收器才能正常工作。相位选择特性可在轨端绝缘破损时进行可靠防护。

（3）TFQ 调相防雷器

调相防雷器内部主要由电容器和防雷元件组成，具有调整轨道电路相位和防雷作用，技术参数为电压 15 V，频率 50 Hz，电流不大于 10 mA。TFQ 调相防雷器电路原理如图 4–16 所示，由两个隔离变压器、两个硒堆（XT–22C5C）和两个电容（200 V/2.8 μF）组成。

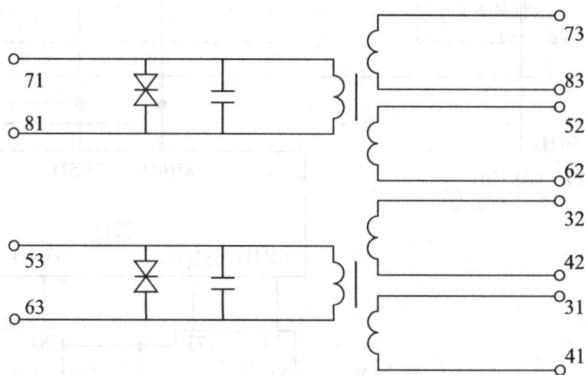

图 4–16　TFQ 调相防雷器电路原理

TFQ 调相防雷器外形结构如图 4–17 所示。

TFQ 调相防雷器具有轨道调相与轨道防雷的作用。

轨道调相：室内送出的轨道电源与局部电源是同相的，但经钢轨的传输，由于道床的漏泄、分布电容、轨道电路室内外设备等因素的存在，从而导致相位的偏移，进而需要轨道调相（电容调相）。

轨道防雷：横向防雷用硒堆；纵向防雷用隔离变压器。

（4）WXJ50 微电子相敏接收器

WXJ50 微电子相敏接收器电路原理如图 4–18 所示。

图 4 – 17 TFQ 调相防雷器电路结构

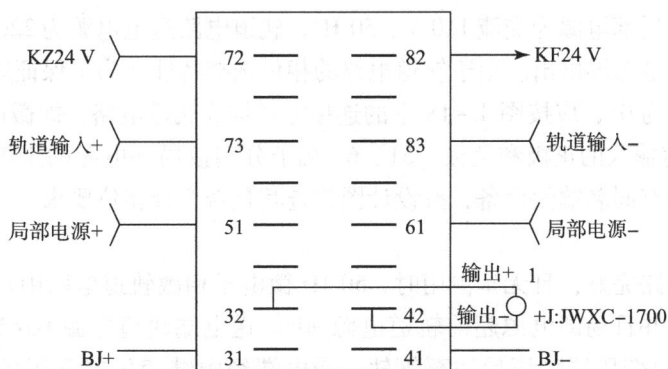

图 4 – 18 WXJ50 微电子相敏接收器电路原理

1）表示灯作用

①红灯：红灯亮表示直流 24 V 电源工作正常；红灯灭表示直流 24 V 电源断电。

②绿灯：绿灯亮表示对应的轨道区段空闲，没有车占用；绿灯灭表示对应的轨道区段有车占用，其执行继电器落下。

③红灯、绿灯交替闪光表示局部电源断电。

2）特性

①接收器的工作电源为直流（24 V ± 15%）24 × (1 ± 15%) V，交流分量不大于 1 V，由电源屏供给，每台接收器耗电小于 100 mA；接收器的执行继电器两端的电压应为 20 ~ 30 V。

②接收器接收信号为理想相角（0°）时，工作值为 12.5 V ± 0.5 V，返还系数大于 85%。

③接收器的不可靠工作值为 10 V。

④由接收器驱动执行继电器 JWXC – 1700 安全型继电器。

3）优点

①接收器的返还系数高，可提高轨道电路整体技术性能。

②接收器的两套设备中只要有一套能正常工作，就能保证系统正常运行，进一步提高了系统的可靠性；当一套发生故障时，能及时报警，通知维修人员进行维修，而且对其中单套维修时，不影响系统使用，提高了系统的可靠性，方便维修。

4）工作值测量

固定局部电压值为 110 V，局部电压与轨道电压的相位差为 0°，处于理想相位角。从 0 V 开始缓慢升高，轨道接收电压，当执行继电器（JWXC – 1700）刚吸起时，读取此时电压测试表 U_1 的读数，该值即为电子接收器的工作值（标准：12.5 V ± 0.5 V）；再继续升高轨道接收电压至 30 V，然后再缓慢降低轨道接收电压，当执行继电器（JWXC – 1700）刚落下时，读取此时电压测试表 U_1 的读数，该值即为电子接收器的不工作值。用不工作值比工作值，可得返还系数。

5）电源电流和输出电压测试

直流稳压电源为 24 V，调整轨道接收电压至 16 V，执行继电器（JWXC – 1700）吸起，此时电流测试表 A 的显示小于 100 mA；电压测试表 U_2 显示 25 V ± 5 V。

2. 供电方式

微电子接收器局部电源为交流 110 V、50 Hz，轨道电路送电电源为 220 V、50 Hz，此两种电源应由同一个电源屏供出。由于轨道电路的相位选择特性，为了保证局部电源与轨道电路送电电源相位角为 0°，应按图 4 – 18 中的连接方式构成轨道电路，即微电子接收器的 73、83 端子分别接轨道输入的正极和负极，51、61 端子分别接局部电源的正极和负极。在调整轨道电路前，对标有同名端的设备，按设计图检查其是否符合相位要求。

3. 工作原理

当轨道电路线路完好，且无车占用时，50 Hz 微电子相敏轨道电路中局部电源和轨道分别由电源屏提供，并且局部电源超前轨道电源 90°。送电端轨道电源 GJZ220、GJF220 经节能器 JNQ – B、轨道变压器降压后送至钢轨。受电端经中继变压器升压后送至调相防雷器 TFQ，再送至两台 WXJ50 型微电子相敏接收器。每段轨道电路使用两套 WXJ50 接收器，共同驱动一个轨道继电器。两台接收器双机并用，当有一台接收器有输出，微电子相敏轨道电路接收器接收到 50 Hz 轨道信号，且局部电压超前轨道电压一定范围的角度时，轨道继电器 GJ 即吸起，可以保障系统正常运行，表示轨道电路空闲。进一步提高了系统的可靠性；如果其中一套发生故障，能及时报警，通知维修人员进行维修，而且对其中单套维修时，不影响系统使用，方便现场维修。

当收到的信号不能完全满足以上条件时，轨道继电器落下，表示本区段轨道电路有车占用或故障。

4. 轨道电路的室外布置

①当有一个送电端、一个受电端的轨道区段时，区段长度不超过 150 m，如图 4 – 19 所示。

②当有一个送电端、一个受电端、带三个无受电分支的轨道区段时，每个无受电分支长度均小于 65 m，如图 4 – 20 所示。

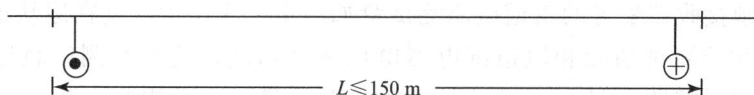

图 4 – 19　一个送电端、一个受电端的轨道区段

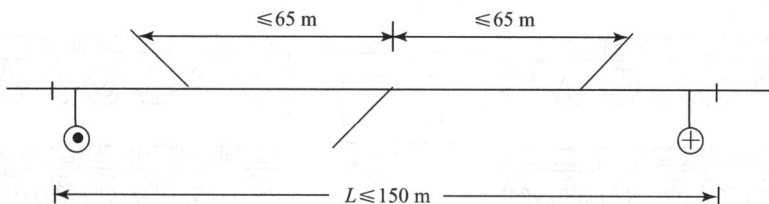

图 4 – 20　一个送电端、一个受电端、带三个无受电分支的轨道区段

③当有一个送电端、两个受电端、带一个无受电分支的轨道区段时，该无受电分支的长度小于 65 m，如图 4 – 21 所示。

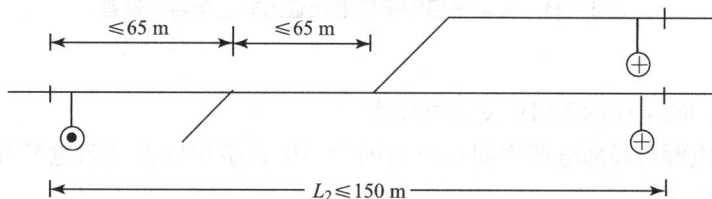

图 4 – 21　一个送电端、两个受电端、带一个无受电分支的轨道区段

④要求

第一，轨道电源的线路允许压降不大于 30 V。

第二，电源要求为 220 V ± 6.6 V。

第三，每段轨道电路用电量为 45 V·A。

第四，受电端单芯电缆控制长度不大于 1 000 m。

5. 一送多受轨道电路的控制方法

WXJ50 型微电子相敏轨道电路接收器在一送多受时，每个分支用一个执行继电器，在主接收器的执行继电器的吸起回路中串接其他分支执行继电器的上接点，如图 4 – 22 所示。

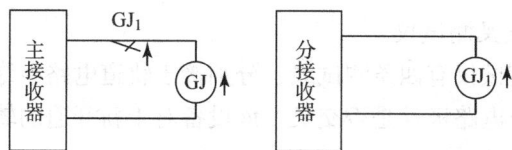

图 4 – 22　一送多受时各分支的控制方法

4.2.2　微电子相敏轨道电路的调整与测试

1. 微电子相敏轨道电路检测仪表

（1）轨道电路测试盘

微电子相敏接收器配置的轨道电路测试盘如图4-23所示，是在原轨道电路测试盘基础上增加了相位测试功能和轨道继电器电压测试功能，使其在测试轨道电路接收电压的同时能够测量接收信号与局部信号的相位和轨道继电器电压。轨道测试盘上配备如下：

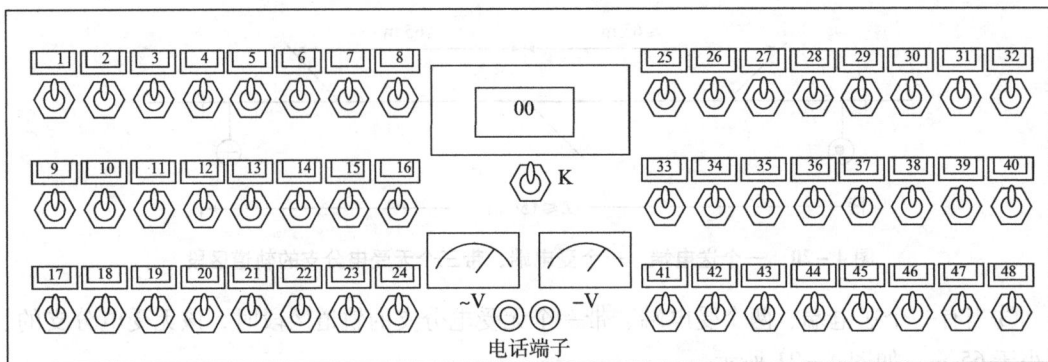

图4-23 微电子相敏接收器配置的轨道电路测试盘

①转换开关。

②测量轨道接收电压的50 Hz交流电压表。

③测量轨道电源与局部电源之间相位角的50 Hz数字相位表（附电源开关，用50 Hz、110 V作为工作电源）。

④测量执行继电器工作电压的直流电压表。

50 Hz微电子相敏轨道电路测试盘的安装尺寸与标准测试盘相同，占用一个组合位置。

（2）有效值测试相位表

ME25/50相敏轨道电路测试表是一款铁路电务专用仪表，适用于电务工区日常对25 Hz（或50 Hz）相敏轨道电路的检测和维护。该仪表以数字信号处理技术为核心，采用精密的信号调理器件和点阵液晶屏显示。该仪表适用于室内相角测量、室外极性交叉测量以及其他工频电压（50 Hz）的相角测量。本仪器由两路输入信号把局部、轨道信号接入仪器的相应输入端，约1 s，即可测出相位差、局部电压、轨道电压及轨道电压的有效值。

（3）轨道电路极性交叉测试仪

轨道电路极性交叉测试仪有四条测试线，分别接于轨道电路绝缘节两端，可以非常方便地测试出该相邻两段轨道电路极性是否交叉。该设备对于新开通的轨道电路和定期检查轨道电路极性交叉是非常必要的。

2. 50 Hz微电子相敏轨道电路的调整和测试

①送电端限流电阻和受电端防护电阻的数值，应按原理图的规定加以固定，不应作为调整轨道电路的手段进行调整。若调小限流电阻，将恶化轨道电路的分路检查；同时调小防护电阻将引起直流磁化电流的增加，导致轨道电路不能正常工作。因此在调整前，应首先检查送电端限流电阻和受电端防护电阻的阻值是否符合原理图的规定，然后再调整供电变压器的二次电压，使之满足轨道电路的要求。

②相敏轨道电路的重要特征之一是具有相位选择性，因而有可靠的轨端绝缘破损防护，在调整轨道电路前，对标有同名端的设备，按设计图中要求，检查其间是否均已按同名端相连和钢轨的连接是否符合相位要求。在调整供电变压器的电压时，也应注意不要将同名端接错。若个别器材的同名端不符合规定，则应予以更换，避免日后造成混乱，影响轨道电路的正常工作。

③完成上述①②步骤后对轨道电路进行测试。用电压表对二元继电器的轨道侧和局部侧进行测量，当读数符合要求时，轨道继电器应励磁吸起；如不吸起，则再用相位表对二元继电器的轨道侧和局部侧进行测量，看其相位是否正确。

④在施工和维修中对轨道电路的调整，可按调整参考表进行。调整表所给电压值为参考值，实际调整时有一定误差，可上下浮动。

⑤调整使用说明：送电端限流电阻和受电端防护电阻的数值为 2.2 Ω；微电子接收器交流工作电压有效值为 15～18 V。轨道电路分路残压不大于 10 V；送电端电缆允许压降不大于 30 V；失调角不大于 20°。

⑥根据对 50 Hz 相敏轨道电路的调整状态和分路状态的计算，确定其参考调整值如表 4-3 所示。

表 4-3　参考调整值

类型	长度 /km	送电端调整电压 U_B/V	轨道继电器端电压/V	
			U_{Jmax}	U_{Jmin}
一送一受	0.05	6.3	15.8	12.5
一送一受	0.10	6.7	16.8	12.5
一送一受	0.20	7.5	18.7	12.5
一送一受	0.30	8.4	20.7	12.5
一送一受带三个无受电分支	≤0.30	8.4	20.9	12.5
一送两受带一个无受电分支	≤0.20	10.7	17.4	12.5

4.2.3　50 Hz 微电子相敏轨道电路养护与检修

1. 技术规范

①标准分路灵敏度为 0.5 Ω。

②0.5 Ω 标准分路电阻线进行分路，分路残压值不大于 7 V。

③分线盘回送电压 15～22 V。

2. 50 Hz 微电子相敏轨道电路的养护与检修

为确保轨道电路在使用期内可靠地工作，需定期对其进行保养与检修。检修一般分为日常保养、二级保养、小修、中修以及大修。大修一般需要更换轨道电路。

（1）日常保养

日常保养，每日进行一次。

日常保养主要是对室内设备状态进行检查，用眼观察，检查设备运营状态并记录。

观察 50 Hz 微电子相敏轨道电路接收器前面板的状态指示灯是否点亮，确认轨道继电器是否吸起。对于绿色状态指示灯不亮、轨道继电器没有吸起的轨道电路区段，应弄清是因轨道占用还是设备故障；对于列车占用的轨道电路区段应在列车出清后进行补测；对于因设备故障造成的红光带，应尽快查找故障并排除，恢复正常使用。

（2）二级保养

二级保养，每季进行一次。

1）轨旁设备箱盒内、外部检修

①变压器箱安装牢固，无裂纹；水平倾斜限度不超过 10 mm，箱体无积灰；锁鼻及加锁设备良好。

②变压器箱内熔断丝安装牢固，螺钉紧固，接触良好，不变形，拉丝，符合设计容量（1.5~2 倍）。

③变压器箱内节能器安装牢固，螺钉紧固，不变形，符合设计容量。

④变压器箱内变压器安装牢固，螺钉紧固，无严重锈蚀，端子板无裂纹，线圈不过热。输入额定电压，变压器空载时，其二次端电压的误差不大于端子额定电压值的 ±5%。

⑤变压器箱内限流电阻安装稳固，螺钉紧固，可调接点接触良好，不松动，弹力适当，电阻值应在规定值范围内。

⑥变压器箱内配线整齐，不磨卡，不破皮，线头连接牢固，无伤痕，螺栓扣不滑扣，螺母须拧固，螺杆应伸出螺母外，最少与螺母平，弹簧垫圈等防松配件能起到应有的作用；每个端子柱的上部应用两个螺母紧固。

⑦变压器箱内端子号码牌固定良好、清晰，配线图清楚完整。

2）外部件检修

①引接线。引接线焊点不脱落，断股不超过 1/5。跳线应固定在枕木或其他专用装置上，不得埋入土与石砟中。送、受端引接线完好，卡钉要牢固无锈、包扎良好，穿越钢轨处距轨底不应于 30 mm。塞钉的打入深度最小与轨腰平，露出不超过 5 mm。

②钢轨接续线。钢轨接续线密贴鱼尾板，达到平、紧、直，塞钉与塞钉孔要全面紧密接触，并涂漆封闭。

③钢轨绝缘。钢轨绝缘处应做到钢轨、槽型绝缘、鱼尾板相吻合，轨端绝缘安装应与钢轨接头保持平直；装有钢轨绝缘处的轨缝应保持在 6~10 mm，两轨头部应在同一平面，高低相差不大于 2 mm。

④跳线。跳线焊点不脱落，断股不超过 1/5。跳线应固定在枕木或其他专用装置上，不得埋入土中与石砟中。道岔区段跳线完好，卡钉要牢固无锈、包扎良好，穿越钢轨处距轨底不应小于 30 mm。塞钉的打入深度最小与轨腰平，露出不超过 5 mm。

⑤设备编号字迹清楚。

3）除锈、涂油

钢丝绳除锈、涂油整修：无锈蚀，无断股（断股不得超过 1/5）；各种引线油润，卡钉要牢固、油润。

4）清扫、防尘防水检查

①箱盒内部干净，无尘土；箱盒外部及硬面保持清洁平整、不积水、无杂草。

②门、盖严密，盘根要良好，不进雨水与尘土，以防生物寄生。

③电缆、电线引入孔封闭。

5）测试、调整

①回送电压 15~22 V。

②限流电阻调整不能小于规定阻值的 1/20。

（3）小修

小修，每年进行一次。

1）电气特性测验

①测试（防雷元件）地线应小于 10 Ω，接地体埋深应不小于 700 mm；引接线可采用铜或铁导线，其截面积应不小于 20 mm²，参数符合标准。

②分路实验。用 0.5 Ω 的分路线在送端、受端以及分支线上分路，轨道继电器落下，残压低于 7 V。

2）设备除锈、油漆

除去锈点及漆斑可使箱盒平顺。油饰光滑、平整、标记清楚，字符符合标准。

3）设备整治

基础地面硬化；更换不良配件。

（4）中修

中修，五年进行一次。

①配线整治：更换配线后，要做极性交叉测试。

②更换电缆配线端子。

（5）大修

大修，十五年进行一次。

设备到了规定年限，对全套设备进行大规模检修，一般进行器件、部件、设备的更换。

✿ 任务4.3　数字轨道电路的检测与维护

☞ 学习目标

◆ 掌握 FTGS 数字轨道电路的结构组成。

◆ 掌握 FTGS 数字轨道电路的工作原理。

◆ 掌握 FTGS 数字轨道电路电气绝缘节的类型。

◆ 掌握 FZL 数字轨道电路组成及工作原理。

◆ 掌握数字轨道电路的检修方法。

4.3.1　FTGS 型数字编码式轨道电路

数字轨道电路系统就是一种数码化的轨道空闲/占用状态的检测系统。首先，数字轨道电路轨道区段的划分采用电气绝缘而非机械绝缘；其次，数字轨道电路在轨道区段内传输的信息是被编码化的报文信息，即数字信息。

1. FTGS 数字轨道电路概述

FTGS 意思为德国西门子公司的遥供音频无绝缘轨道电路。F 表示远程供电，T 表示音频，G 表示轨道电路，S 表示西门子公司。

FTGS 广泛应用于世界各地的正线铁路和城市轨道交通中。FTGS 轨道电路分两种型号：FTGS - 46 型，使用 4 种频率（4.75 kHz、5.25 kHz、5.75 kHz、6.25 kHz）；FTGS - 917 型，使用 8 种频率（9.5 kHz、10.5 kHz、11.5 kHz、12.5 kHz、13.5 kHz、14.5 kHz、15.5 kHz、16.5 kHz）。

FTGS - 917 型轨道电路与国内的轨道电路作用基本相同：把轨道线路分割为多个区段，检查和监督这些轨道区段是否空闲，并将空闲/占用信息传给联锁系统。它还有一个特殊功能：将 ATP（自动列车保护系统）产生的报文信息传送到列车上。

FTGS - 917 型轨道电路使用电气绝缘节来划分区段，为了防止相邻区段之间串频，使用不同中心频率和不同位模式进行区分。对于某一轨道区段来说，只有收到与本区段相同的频率与位模式的信息才被响应。

FTGS - 917 型轨道电路的空闲检测过程可分为以下三步：

第一步，幅值计算：检测接收回来的电压。

第二步，调制检验：检测接收回来的电压的中心频率是否正确。

第三步，编码检验：检测接收回来的电压所带的位模式是否正确。首先，接收器对幅值进行计算，当接收器计算到接收到的轨道电压幅值足够高，并且调制器鉴别到发送的编码调制是正确的时候，接收器发送一个"轨道空闲"信号，这时轨道继电器吸起，表示"轨道区段空闲"；其次，当车辆进入某区段时，车辆轮对的分路作用，造成该区段短路，使接收端的接收电压减小，轨道继电器达不到相应的响应值而落下，进而发出一个"轨道占用"信号。

2. FTGS 的重要概念

（1）中心频率

中心频率以下简称频率，FTGS - 917 型轨道电路共使用 8 种频率，相邻的区段使用不同的频率作为某区段固有的中心频率。只要使用对应的窄带滤波器就能滤出该区段的电压波形，这样可以防止相邻区段轨道电路信息和杂波的干扰。中心频率是位模式的载波。位模式是调制信号。

（2）位模式

FTGS - 917 型轨道电路采用 15 种不同的位模式（2.2、2.3、2.4、2.5、2.6；3.2、3.3、3.4、3.5；4.2、4.3、4.4；5.2、5.3；6.2），相邻区段使用不同的位模式。

位模式用 X、Y 表示：把一小段时间分成八等份，在一个周期内，先是 X 份时间的高电平，然后是 Y 份时间的低电平，且要求 $X + Y \leqslant 8$。这样可以有 1.1、…、1.7；2.1、…、2.6；…；6.1、6.2；7.1 共 28 种位模式。FTGS - 917 型只使用其中的 15 种。这些高、低电平不断循环就构成了位模式脉冲。

由位模式脉冲把区段的中心频率调制成移频键控信号（FSK），其中上边频频率为：中心频率 +64 Hz；下边频频率为：中心频率 -64 Hz。调制后的信号可以抵抗钢轨牵引回流中谐波电流的干扰。

图 4 – 24 所示为用位模式 2.3 调制 9.5 kHz 频率而得到的 FSK 波形。

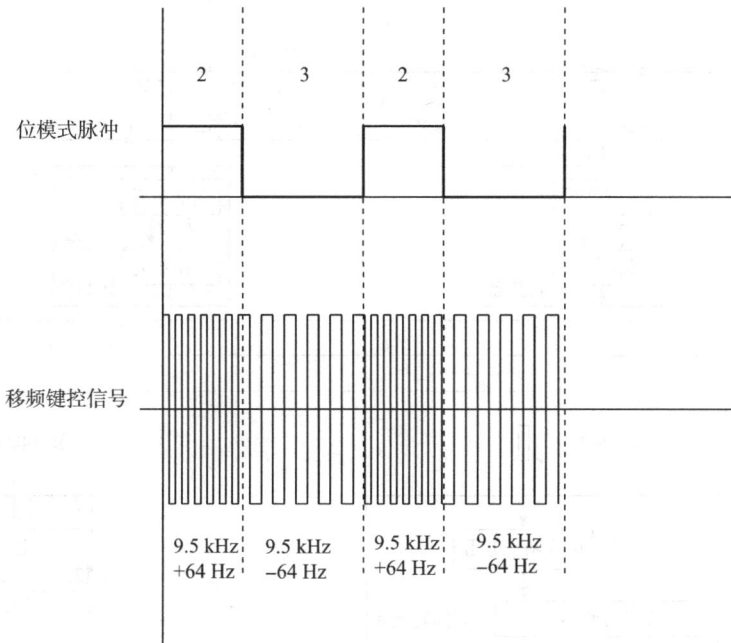

图 4 – 24   位模式 2.3 调制 9.5 kHz 频率所得的 FSK 波形

3. FTGS 数字轨道电路的组成

数字轨道电路主要由室内设备和室外设备两部分组成,中间通过电缆联系。室外部分由连到钢轨内的棒和轨旁盒组成。轨旁盒内含有调谐单元和方向转换电路。棒及部分钢轨同轨旁盒内的元件构成谐振回路。室内发送部分包括发送、放大和滤波等电路;接收部分包括接收、解调和轨道继电器等电路。室内部分的发送和接收组成一个轨道电路组合,每一组合有一专用电源为它提供 +12 V 和 +5 V 电压。允许室内到室外的最大传输距离为 6.5 km。FTGS 数字轨道电路的结构框图如图 4 – 25 所示。

(1) 室外设备

1) 电气绝缘节

电气绝缘节由短路棒和轨旁盒内的调谐单元共同组成。除道岔本身和终端棒必须采用机械绝缘节外,其他轨道电路都采用电气绝缘分割。它一般有 S 棒、短路棒、终端棒和中间馈电横 "8" 字形棒四种。

①S 棒。大多数的轨道区段(正线区间的轨道区段)采用 S 棒予以隔离,如图 4 – 26 所示。S 棒是镜像对称的,以 S 棒为中心线作为轨道区段的物理划分。S 棒长度为 7.8 m 左右,模糊区段长度≤3.9 m。S 棒还起到平衡两个走行轨牵引电流的作用。

②短路棒。该电气节用于一端为轨道电路区段,而另一端为非轨道电路区段的情况。如图 4 – 27 所示,该棒长度约为 4.2 m。

③终端棒。该电气节由终端短棒和一个机械绝缘节共同组成,如图 4 – 28 所示。它主要应用在双轨条牵引回流区段,棒长约为 3.5 m,距机械绝缘节为 0.3 ~ 0.6 m。

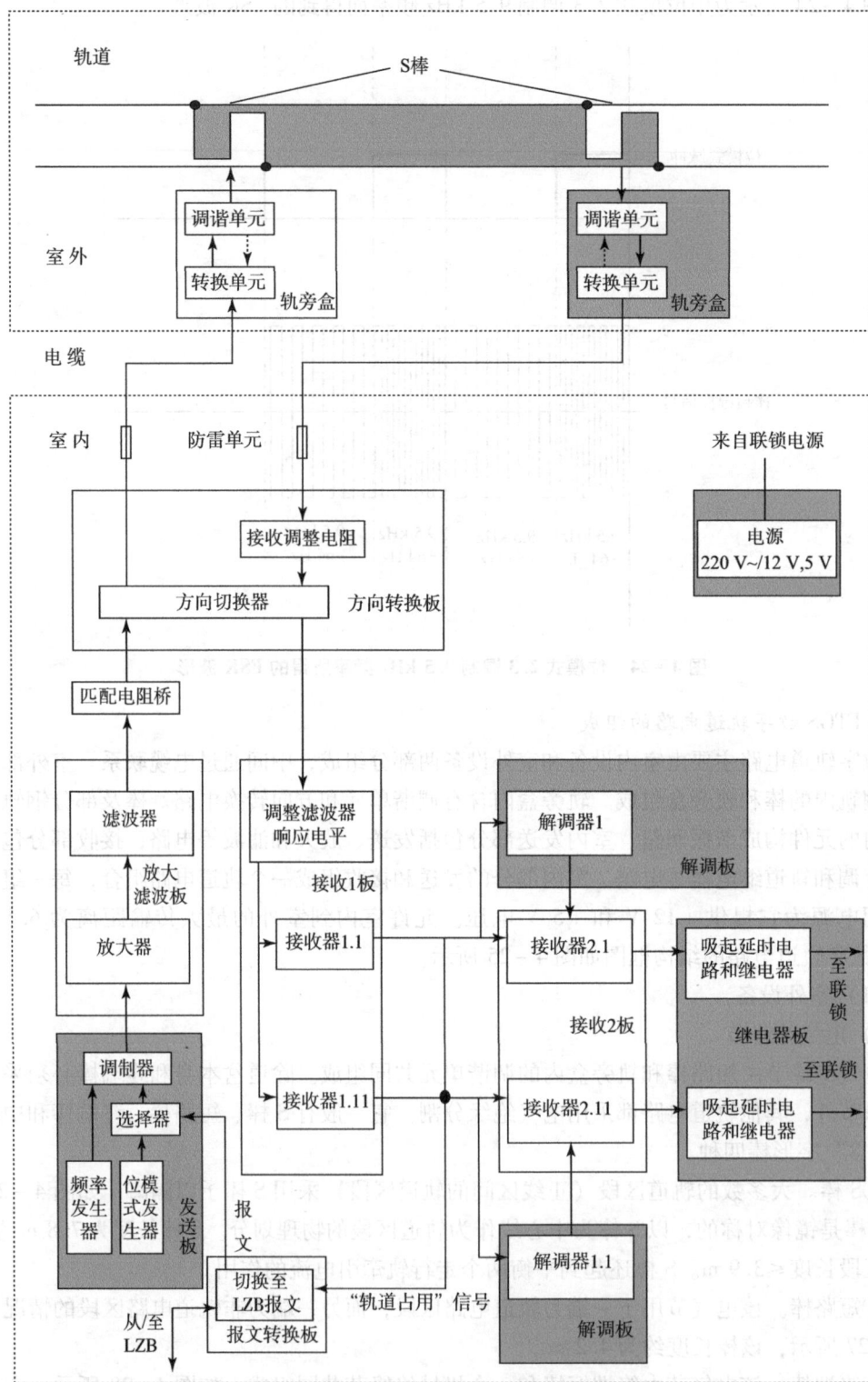

图 4 – 25　FTGS 数字轨道电路的结构框图

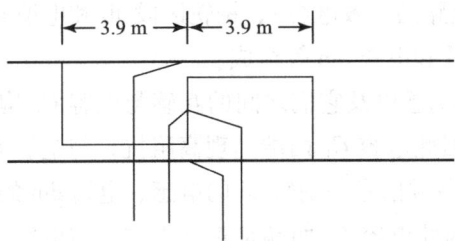

图 4 – 26　S 棒示意图

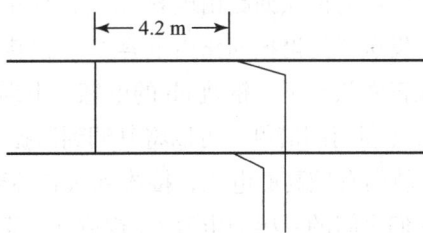

图 4 – 27　短路棒示意图

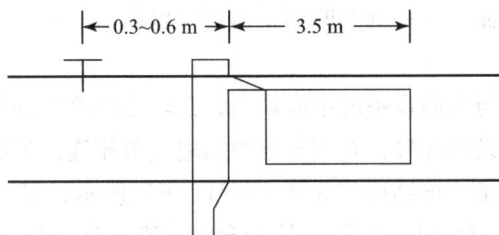

图 4 – 28　终端棒示意图

④中间馈电横"8"字形棒。中间馈电横"8"字形棒适用于中间馈电式轨道电路的中央，如图 4 – 29 所示。

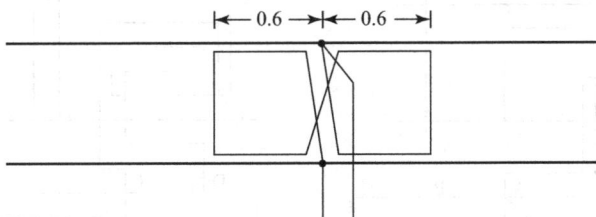

图 4 – 29　中间馈电横"8"字形棒示意图

下面以 S 棒为例，介绍电气绝缘节原理，如图 4 – 30 所示。

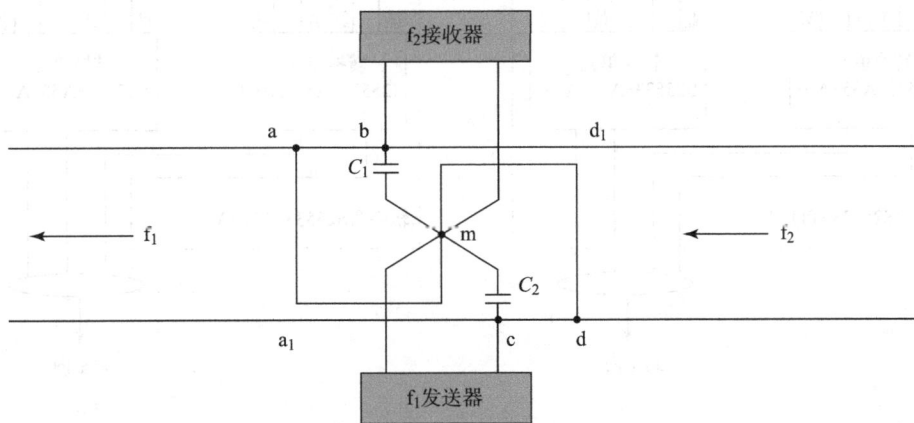

图 4 – 30　电气绝缘节原理

接收器的谐振回路由电容 C_1（调谐单元上电路的等效电容）、钢轨区段 ab 和电缆 am 等组成。发送器的谐振回路由电容 C_2、钢轨区段 cd 和电缆 dm 等组成。

在正常状态下，钢轨 ab 的电感、电缆 am 的电感以及它们之间的互感与电容 C_1 构成并联谐振（利用调谐单元可以将其调到谐振点），因此电容 C_1 两端呈现高阻抗，与电容 C_1 两端 d_1d 轨间有较高的电压，接收到从右端输入的载频信号。钢轨 cd 的电感、电缆 dm 的电感以及它们之间的互感与电容 C_2 构成并联谐振，因此电容 C_2 两端呈现高阻抗，与电容 C_2 两端 a_1a 轨间有较高的 f_1 电压，此电压可以向左传输。

S 棒的 1/4 到 3/4 处（约 3.9 m）为分路感应的模糊区段。此区段内有车占用左右两边的区段都允许显示占用，而无法精确判断列车占用的区段。

2）轨旁盒

轨旁盒是连接电气节与室内设备的中间设备，是轨道电路室外的发送、接收设备。每个轨旁盒有一根电缆与室内设备连接，有四根电缆与电气节相连，另有一根地线。轨旁盒主要有两种不同的结构：一种是 S 棒结构，如图 4-31（a）所示；另一种是双轨条牵引回流区段的终端棒结构，如图 4-31（b）所示。轨旁盒内一般可分为左右两部分，对称结构布置。每部分都由一个调谐单元（S 棒和调整短路棒使用的调谐单元型号不同）和一个转换单元组成；若一部分作为一个区段的发送端，则另一部分作为相邻另一个区段的接收端。每一部分的调谐单元接电气节，转换单元接室内设备。

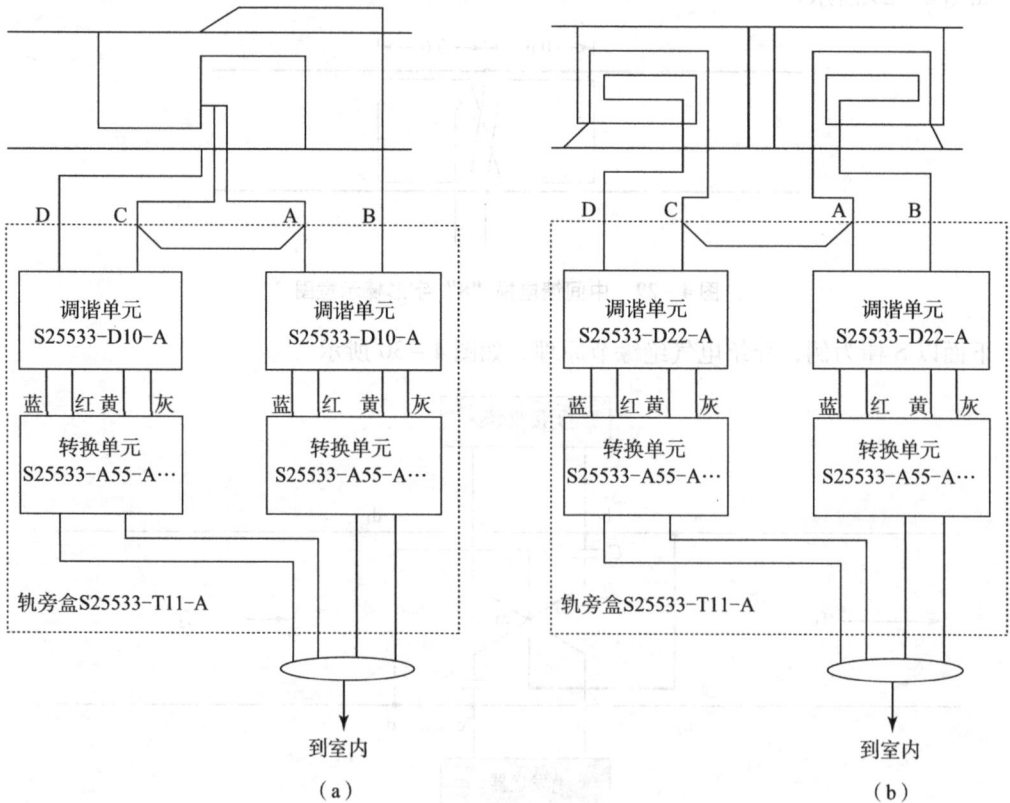

图 4-31　轨旁盒结构示意图

（a）S 棒结构；（b）双轨条牵引回流区段的终端棒结构

（2）室内设备

FTGS 轨道电路室内设备安装在信号机械室内。每一个轨道组合对应一个轨道区段。每个轨道区段组合背面有一个独立的直流稳压电源。每个轨道区段组合由发送单元、接收单元、继电器单元组成。另外，组合上有多个状态及故障表示灯及测试孔，以便及时处理故障及日常检测。

室内设备由 FTGS 组合框架构成。每个组合框架有正反两面，每面可分为 A、B、C、D、E、F、G、H、J、K、L、M、N 共 13 层，如图 4 – 32 所示。

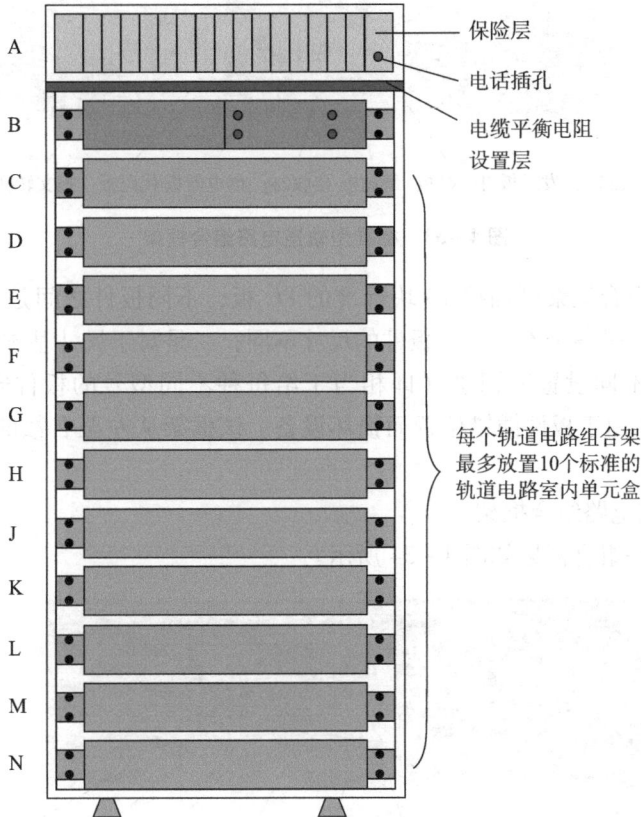

图 4 – 32　FTGS 数字轨道电路组合架正视图

正面：

A ~ K 层：轨道电路标准框架层，每一层代表一个轨道区段。每层都与 L 层的一块方向转换板相对应：A 层轨道电路与左数第一块方向转换板相对应；B 层轨道电路与左数第二块方向转换板相对应……

L 层：方向转换板框架层。

M 层：24 V 电源层及保险层。

N 层：230 V 电源入线、各轨道电路电源分线排。

反面：

A ~ K 层：轨道电路电源模块层，每个电源模块输出 12 V 和 5 V 直流电供给两个区段使用。

L 层：电缆补偿电阻设置层。

M 层：信息输入、输出层。

FTGS – 917 数字轨道电路有标准型和道岔型两种结构。

1）标准型轨道电路组合框架

标准型轨道电路组合框架如图 4 – 33 所示。

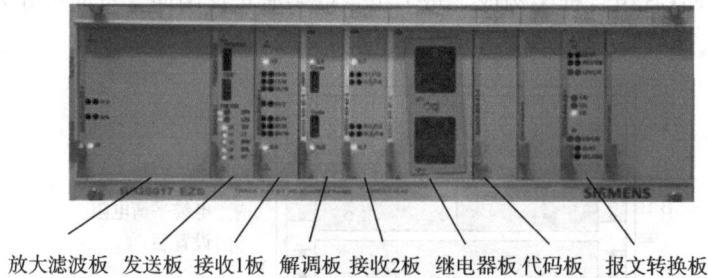

放大滤波板　发送板　接收1板　解调板　接收2板　继电器板 代码板　报文转换板

图 4 – 33　标准型轨道电路组合框架

每个标准型的组合框架可插接 10 块标准的 PC 板，不同板件之间是不能混插的，这可从两方面来保证：一是各个不同型号板件的尺寸不同；二是对于尺寸基本相同的不同型号板件可通过插接键的不同设置来识别（即相当于给每种不同型号的板件安装了一种硬性的"识别码"），以防止由于板件插错位置而损坏设备。该框架从左至右数的第 8 块和第 10 块为空置。

2）道岔型轨道电路组合框架

道岔型轨道电路组合框架如图 4 – 34 所示。

放大滤波板　发送板　接收1板　解调板　接收2板 继电器板　接收1板　解调板 报文转换板

图 4 – 34　道岔型轨道电路组合框架

每个道岔型的组合框架也可插接 10 块标准的 PC 板，不同板件之间也是不能混插的，可通过插接键的不同设置来识别，以防止插错而损坏设备。该框架从左至右数的第 10 块为空置。

道岔型与标准型不同之处在于多了一块接收 1 板和一块解调板，这是因为标准型是"一送一受"型轨道电路，而道岔型是"一送二受"型轨道电路。只有少数道岔区段采用道岔型，在特殊情况下，道岔型可向标准型转换，即将道岔型中的第 7 块板和第 8 块板拔出，再将标准型中的代码板插入道岔型的第 7 块板位置处即可（按从左至右的顺序数）。

4. FTGS 数字轨道电路工作原理

（1）标准型轨道电路工作原理

轨道电路空闲时，由室内发送器发送带有一定频率和位模式的交流音频信号至室外轨旁发送端设备，再馈送至 S 棒经由钢轨至接收端 S 棒，再由室外接收端设备馈回室内接收器，形成闭合的信息回路。

当轨道电路占用时，室内发送器通过一个信号切换开关，开闭轨道电路的频率和位模式信号，接通由轨旁 ATP 设备传来的报文信号。

S 棒和轨旁设备在信息回路中形成的谐振回路使相邻区段相当于高阻状态，迫使信号电流按规定方向传输；同时，相邻区段采用不同的频率和位模式，有效避免了串频干扰；S 棒还起到平衡钢轨中牵引电流的作用。

（2）FTGS/EZS 中间馈电式轨道电路工作原理

FTGS/EZS 中间馈电式轨道电路结构框图如图 4-35 所示，其与 FTGS-917 型轨道电路的不同之处在于：在一个轨道区段采用三个电气绝缘节——两头各一个 S 棒，中间一个横"8"字形棒，平时由横"8"字形棒的中心线为触发时间，切换该轨道区段的发送/接收方向，改由列车前方的 S 棒为发送端，横"8"字形棒为接收端，这样就能不断地接收地面的 ATP 报文。

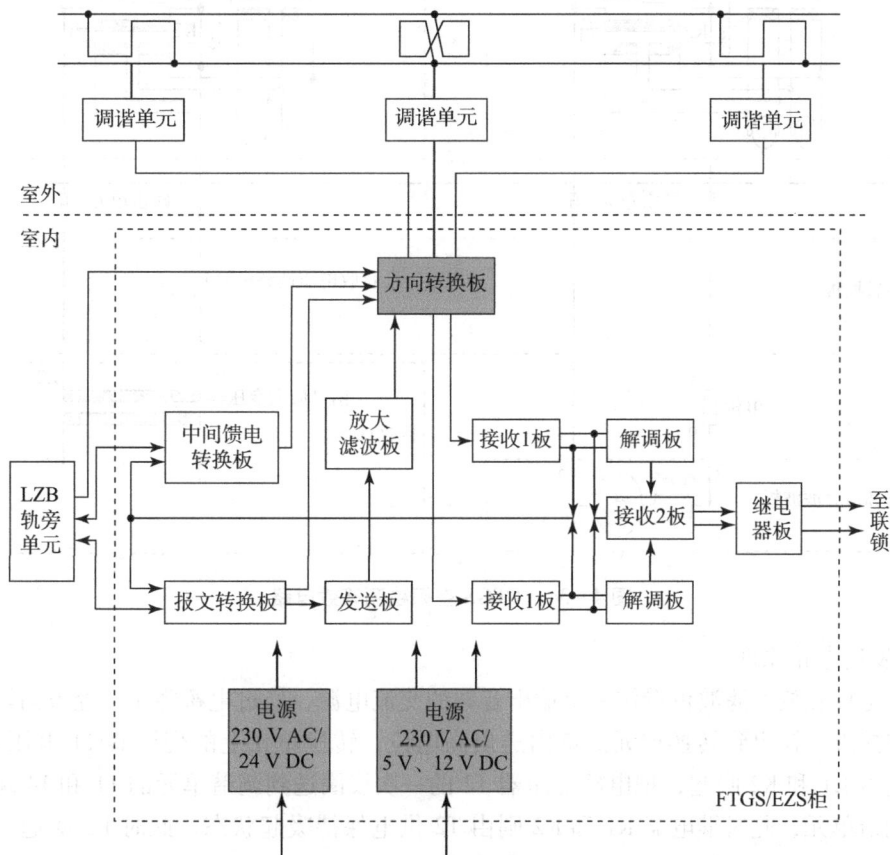

图 4-35 FTGS/EZS 中间馈电式轨道电路结构框图

5. FTGS 电气特性分析

（1）FTGS 空闲检测等效电路

项目 4 轨道电路的检测与维护

在日常维护轨道空闲检测设备中，常见的电路图样有设备原理图、设备安装配线图、设备电气回路连接图以及各种流程图等。FTGS 空闲检测等效电路如图 4 - 36 所示。

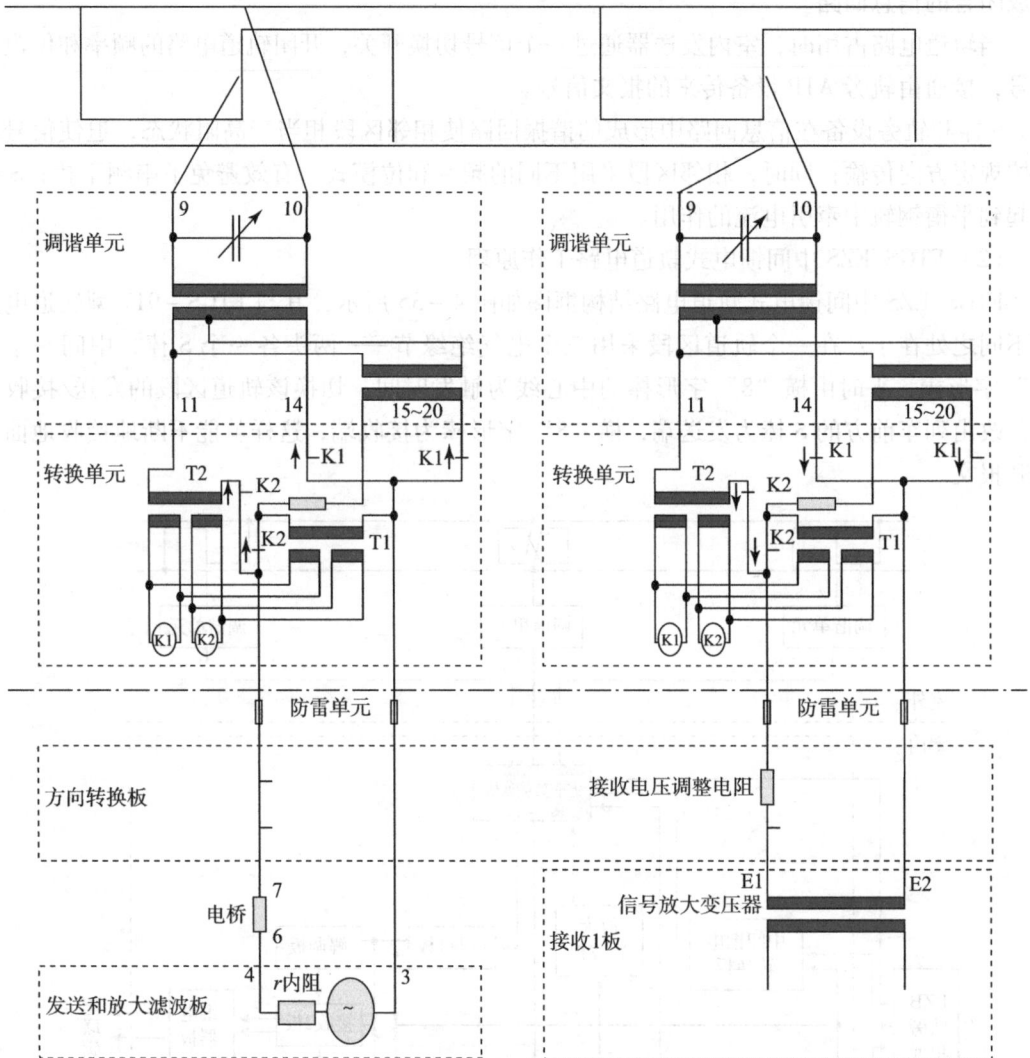

图 4 - 36　FTGS 空闲检测等效电路

1）发送电路原理

把发送板和放大滤波板看作一个输出音频的交流电源，经过电桥降压，经方向转换板上的继电器接点，输出到转换单元。室内送出高电位，转换单元上的变压器 T1 电压足够高，导致继电器 K1 和 K2 吸起，把电经变压器 T2 的一次线圈送到调谐单元的 11 和 14 端，把电压输到调谐单元，此时继电器 K1 和 K2 则由 T2 供电保持吸起状态。此时 K2 吸起，断开了通往 T1 的电路。发送端等效电路如图 4 - 37 所示。

调谐单元中的调谐部分可以等效为一个可变电容，各种绝缘棒可以等效为一个电感，则调谐单元和绝缘棒的电路转化为一个并联谐振回路。调整调谐单元上的可变电感器（也就是改变调谐单元的电容值），可以改变并联谐振回路的谐振频率，以适合轨道电路的各种工作频率。当谐振频率与当前区段工作频率一致时，整个并联谐振回路阻抗最大，分压最高，

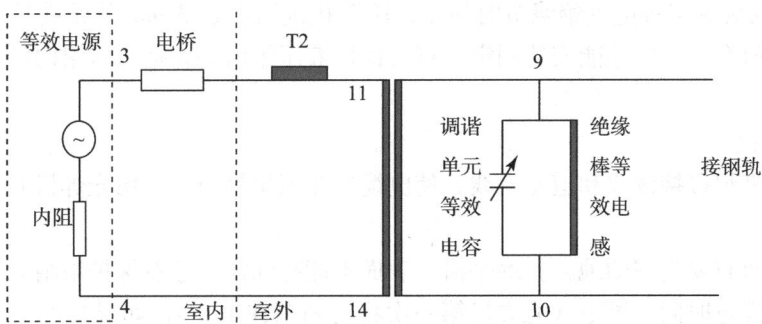

图 4 – 37　发送端等效电路

因此发送到轨面的电压最高（即 9/10 端电压最高）。

2）接收电路原理

接收端等效电路如图 4 – 38 所示，因为接收端的绝缘棒与调谐单元形成的谐振回路的谐振频率也与当前区段工作频率一致，所以从轨面接收回来的电压最高。接收电压经过两个耦合变压器调整为约 0.6 V，经转换单元直接送回室内。

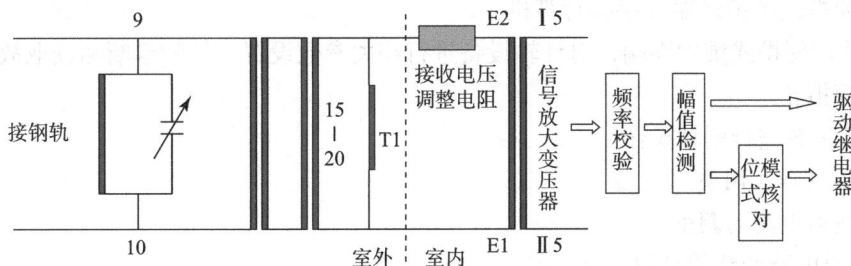

图 4 – 38　接收端等效电路

接收电压经防雷单元，经方向转换板中的调整电阻，进入接收 1 板。接收 1 板上有可调的耦合变压器对电压进行放大，然后把放大了的电压送去频率校验，再进行幅值检测，然后送到解调板核对位模式，位模式正确由接收 2 板驱动继电器板上的继电器吸起，区段空闲；否则接收 2 板不送电，继电器落下，区段占用。

4.3.2　FTGS 型数字编码式轨道电路故障检测与维护

1. 主要维修工具和测试仪表使用

（1）主要维修工具和仪表

各种规格扳手、套筒、旋具、铁锤、联系电话、数字万用表、专用测试仪表、液压钳、光焊机、分路夹及标准分路电阻线、模拟轮及专用诊断软件或工具。

（2）专用工具和仪表的使用

1）FTGS 专用电压表

使用 FTGS 专用电压表时只有先调到测试区段的频率，才能正确得到测试区段的测试值。FUKE87Ⅲ型表只有当轨道区段频率与表相适应时，所测数值才有效。

2）液压钳

在 FTGS 安装 S 棒等电气绝缘节时使用，用钻孔机钻出 φ13 mm 的钻孔后，需对该钻孔液压钳拉一个衬套，然后才能安装固定螺钉。使用液压钳前要先把液压钳内的气放掉，然后再进行操作。

（3）光焊机

光焊机用来焊接接续线和道岔跳线，使电缆接在钢轨侧面。使用光焊机时，应注意以下几点：

①用角磨机将要光焊的地方打磨平滑，表面不能有油污。注意保护眼睛。

②调整好发电时间。蓄电式光焊机第一次将时间调在 1.2 s，如果打不上去就逐次增加 0.2 s；如果焊接头完全熔掉，就说明放电过度，则将时间减少 0.1 s。电容式光焊机第一次将时间调在 1.1 s，如果打不上去就逐次增加 0.1 s；若放电过度，则将时间减少 0.1 s。

③持焊枪进行焊接的作业人员要注意用双手握焊枪，一只手握在焊枪的前部帮助固定位置，手握在焊枪手柄上。先检查焊枪卡爪的弹头和磁环是否接好，接着调整焊枪的位置，保持焊枪与焊接面成垂直角度。

④焊接完成后，用铁锤先向接触面方向用力打几下，再慢慢用力向垂直方向打断留在钢轨上的弹头。

（4）便携式维护终端（手提计算机）

正确使用便携式维护终端，对计轴设备进行相关参数设置、故障诊断和读取故障信息。

（5）模拟轮

使用模拟轮进行刷轴操作。

2. 设备操作、调整

（1）轨道电路的调整

1）轨道电路调整的目的

轨道电路调整是指按照一定的程序和方法，调整送、受电端电压，以满足轨道电路对调整状态和分路状态的要求。一旦调整好，无论道床如何变化、各种参数如何波动，轨道电路都能稳定可靠地工作，不需要经常进行调整。

2）轨道电路调整参数标准

轨道电路调整目前有两种方式，一种是调整表和调整曲线；另一种是单纯的门限值。

影响轨道电路的主要因素是道砟电阻。轨道继电器的端电压随道砟电阻的变化关系，用表格的形式列出来称调整表，用曲线描绘出来称调整曲线。调整表和调整曲线是依据轨道电路的转移阻抗公式，求得不同的道砟电阻值时的终端电流值，再根据终端电流值和轨道继电器的端电压的特征，用计算机编制出的调整表和调整曲线，是日常维修的依据。

3）轨道电路的调整步骤

①电气绝缘节调谐。无绝缘轨道电路特有的调整步骤，使电气绝缘节处于谐振状态，逐一完成每一个电气绝缘节的调谐工作。

②送端调整电压。通过调整变压器的变比或者可调电阻的大小，送电端电压可达标准范围。

③受端调整电压。通过调整变压器的变比或者可调电阻的大小，受电端电压可达标准范围。

若轨道电路的发送方向需随列车的运行方向改变，则应对每一个电气绝缘节进行送端和受端的电压调整。

④分路测试。对已初步调整的区段，分路测试一般包括受电端内、外部分路和送端内、外部分路。对于道岔区段，还需进行特定位置的分路测试。对于绝缘节分割的送电、受电端，只需完成内部分路即可，无须进行外部分路。内部分路电阻必须按要求进行，外部分路直接短路即可。

⑤比较分路后的残压。比较分路后的残压是否符合有关的技术标准，符合则完成了调试，不符合则继续调整。

⑥电压的微调。对不满足分录要求的电压进行微调。调整后再进行分路测试，直至满足分路要求。

3. 轨道电路的安装

（1）一般规定

①轨道电路区段的各种绝缘装置，应保证绝缘良好，配件齐备，完整无损。螺母应拧紧，无松动。

②塞钉式轨道电路的塞钉孔形成后，应及时安装。塞钉头不得打弯、打堆；打入钢轨后，头部露出钢轨腰部立面不得大于 4 mm。

③采用焊接方式连接的轨道电路，焊接前应将钢轨焊接部位的锈蚀层磨光亮。

④焊接时钢轨接续线的安装应符合以下要求：

第一，铜绞线应采用纯铜线，焊接方式可选用自熔焊剂焊接、电弧钎焊及爆压焊接。

第二，焊接线焊接处不得影响钢轨正常使用。

第三，每个焊接头与钢轨的实际焊接面积不大于 200 mm²。

第四，焊接线的截面积应符合设计要求。

⑤轨道电路的限流装置调整适当，严禁拆除电阻器的止挡。

⑥通过牵引电流钢轨的钢轨接续线应采用镀锌钢绞线，其面积不得小于 42 mm²。

（2）发送、接收设备安装

①变压器、变阻器、电容器、防雷元件等设备应安装在继电器箱、变压器箱或电缆盒内，安装位置符合要求。

②变压器箱、电缆盒内设备配线应采用截面积 1.5 mm² 多股铜芯塑料绝缘软线。

③设备配线线头宜采用爪形线环、冷压端子或绕制线环，且均应固定在端子上。配线应绑扎整齐，理顺线芯。

（3）钢轨绝缘安装

钢轨绝缘安装要符合钢轨绝缘的设置原则。

（4）钢轨引接线安装

①钢轨引接线塞钉孔距夹板边缘应为 100 mm 左右。

②安装后的钢轨引接线，应涂机械油；塞钉与塞钉孔应涂漆封闭。

③变压器箱、电缆盒与钢轨之间应设小混凝土枕，将钢轨引接线的余量固定在小混凝土枕上，且小混凝土枕应埋设牢固。

④对于采用长钢轨的引接线，其延轨枕敷设部分应平直、固定良好；当穿越钢轨时，距轨底应不小于 30 mm。

⑤绝缘片、绝缘管应完整无破损，保证绝缘良好。

（5）钢轨接续线安装

1）塞钉式钢轨接续线

①塞钉式钢轨接续线一般安装在钢轨外侧，塞钉孔距夹板边缘两端应均匀；接续线与夹板紧贴，高度不超过轨头底部；道岔辙叉根部，可以反向安装在钢轨内侧，钢轨接续线应平直，无弯曲和隆起。

②塞钉式钢轨接续线安装后，塞钉与塞钉孔应涂漆封闭。

2）焊接式钢轨接续线

①材质符合要求。

②焊接线焊在钢轨两端，两焊点中心距离在70～150 mm，焊接接头应低于新钢轨平面11 mm，与夹板固定螺母竖向中心线间距不得小于10 mm。

③焊接接头应满足焊接工艺要求。

（6）道岔跳线的安装

①按规定位置安装，敷设应平直。

②跳线无断股和腐蚀现象，焊接牢固。

③安装后的跳线应涂机械油，塞钉与塞钉孔应涂漆封闭。

④道岔跳线穿越钢轨时，距轨底应不小于30 mm，并不被道砟埋没。

⑤单开道岔的长跳线，宜安装在道岔绝缘节后第三、第四轨枕间距处。

4. 更换轨道空闲检测设备电子板件

①在拔、插电路板前，必须先断电。

②将电路板放在与地相连的绝缘垫上。

③在拿、放电路板前，手先要触摸地以达到电荷平衡。

④在拿、插电路板前，先触摸机笼或机柜的裸露金属器件，以达到电荷平衡。

⑤在拿电路板时，应拿电路板的边缘或前面。

⑥在拔电路板时，应拉电路板面上的手柄。

⑦未安装使用的电路板，储存或运输过程中必须包装好。

⑧电路板在无任何包装的情况下，从一个人手中传递到另一个人手中前，必须先握手，以达到电荷平衡。

5. 轨道空闲检测设备的维修

轨道空闲检测设备的维修项目基本一致，见表4-4。

表4-4 轨道空闲检测设备的维修项目

维修内容	维修方法	维修标准
室内设备状态检查	连接线检查	（1）焊点不脱落，断股不超过1/5，固定在枕木或其他专用装置上，不得埋入土中。 （2）送、受电端引接线完好，卡钉要牢固无锈、包扎良好，穿越钢轨处距离轨底应不小于30 mm。 （3）塞钉的打入深度最小与轨腰平，露出不超过5 mm
	跳线检查	（1）焊点不脱落，断股不超过1/5，固定在枕木或其他专用装置上，不得埋入土中。 （2）道岔区跳线完好，卡钉要牢固无锈、包扎良好，穿越钢轨处距离轨底应不小于30 mm。 （3）塞钉的打入深度最小与轨腰平，露出不超过5 mm

维修内容	维修方法	维修标准
检修外部件	接续线检查	钢轨接续线达到平、紧、直
	绝缘检查	装有钢轨绝缘处的轨缝应保持在 6 ~ 10 mm，两轨头部应在同一平面，高低相差不大于 2 mm
	编号检查	编号自己清楚
除锈、涂油	钢丝绳除锈	无锈蚀、无断股（断股不超过 1/5）
	油面整修	各种引线油润，卡钉要牢固、油润
检修轨旁设备箱盒内、外部	箱体检查	(1) XB 箱安装牢固、无裂纹。水平倾斜度不超过 10 mm。箱体无积灰。 (2) 锁鼻及加锁设备良好
	熔断丝检查	熔断丝安装牢固，螺钉紧固，不变形、拉丝，符合设计容量（1.5 ~ 2 倍）
	节能器检查	节能器安装牢固，螺钉紧固，不变形，符合设计容量
	变压器检查	(1) 变压器安装牢固，螺钉紧固，无严重锈蚀。 (2) 端子板无裂纹，绕组不过热。 (3) 当输入额定电压变压器空载时，二次侧电压的误差不大于端子额定电压值的 ±5%
	限流电阻检查	限流电阻安装稳固，螺钉紧固。电阻值应在规定值范围内。可调接点接触良好，不松动，弹力适当
	端子配线检查	(1) 配线整齐、不磨、不卡、不破皮。 (2) 配线连接牢固，无伤痕。 (3) 螺钉牙不滑牙，螺母需拧紧、牢固，螺栓应伸出螺母外，至少与螺母平，弹簧垫圈等防松配件能起到应有的作用。每个端子柱的上部应用两个螺母紧固
	铭牌标识	端子号码牌固定良好、清晰，配线图清楚完整
测试、调整	回送电压	12 ~ 22 V
	限流电阻	调整不能小于规定阻值的 1/2
清扫、防尘、防水	清扫内部	内部干净，无尘土
	清扫外部	外部保持清洁平整、不积水、无杂草
	检修防尘措施	门、盖严密，盘根要良好，不进雨水与尘土，防动物进入。电缆、电线引入孔封闭
电气特性测验	测试（防雷元件）地线	(1) 地线应小于 10 Ω，接地体埋设深不小于 700 mm。 (2) 引接线可采用铜或铁导线，截面积不小于 20 mm^2。 (3) 参数符合标准
	分路实验	用 0.5 Ω 的分路线在送电、受电端以及分支线上分路，继电器落下，残压低于 7 V

维修内容	维修方法	维修标准
设备除锈、油漆	除锈	除去锈点及漆斑，使箱盒无锈蚀、平顺
	油漆	油漆平滑、平整
	印标识	标记清楚、字符符合标准
设备整治	基础地面硬化	良好
	更换不良配件	良好
配线整治	换配线	更换配线后，要做极性交叉测试
更换电缆配线端子	更换电缆配线端子	重做电缆配线端子

6. FTGS 轨道电路故障处理

（1）防雷单元电压判断故障方法

①各方向发送电压约为 0 V 或偏低。

各方向发送电压约为 0 V 或偏低是室内发送部分故障。当没有发送电压时，检查发送部分的元件：电源电压、熔断器、发送板、放大滤波板、电桥、方向转换板及沿途接线；当发送电压不正常（偏低或偏高）时，检查电源电压（5 V/12 V/220 V）、发送板、放大滤波板、电桥，重点检查放大滤波板和电源电压。

②某个方向发送电压约为 0 V。

某个方向发送电压约为 0 V 是室内发送部分故障。其他方向正常说明发送板、放大滤波板、电桥和各接线都正常。只有方向转换板继电器的状态不良，才会出现此现象。此种情况可以直接更换方向转换板。

③某个方向发送电压偏高（60~80 V），其他方向发送正常，但无接收电压。

某个方向发送电压偏高，其他方向发送正常，但无接收电压是室外发送端故障。这是由防雷单元到室外接线、转换单元中的耦合变压器 T1 前的元件故障造成的。检查发送端的防雷单元到室外的接线及转换单元。

④某个方向发送电压偏低，其他方向发送正常，但无接收电压或电压偏低。

某个方向发送电压偏低，其他方向发送正常，但无接收电压或电压偏低是室外发送端故障。这是典型的发送端谐振回路故障引起的，检查绝缘棒的绝缘，绝缘棒的安装螺钉及 S 棒中间连接部分是否接触良好，调谐单元是否不良。

注意：轨面靠近谐振回路处出现短路、断轨、绝缘破损都会影响谐振回路。

⑤各方向发送正常，但各方向都无接收电压或接收电压偏低。

各方向发送正常，但各方向都无接收电压或接收电压偏低是室外钢轨故障。这是轨面有问题，特别是道岔区段要检查道岔安装绝缘、钢轨上的机械绝缘和道岔跳线绝缘。

⑥某个方向发送电压偏低，其他方向发送和接收都正常。

某个方向发送电压偏低，其他方向发送和接收都正常是室外发送端发送回路故障。这是发送端的转换单元故障或 11/14 接线松脱造成的，此时在发送端防雷单元测得约有 12 V 电压，室外发送端转换单元的继电器会反复吸合并产生"嘀嗒嘀嗒"的声音。

⑦某方向发送接收正常，但其他方向发送正常，接收1或接收2（一送两受区段）无接收电压。

某方向发送接收正常，但其他方向发送正常，接收1或接收2无接收电压是室外发送端接收回路故障。检查15~20端子接线、转换单元和调谐单元。

⑧各方向发送接收正常。

各方向发送接收正常是室内接收部分故障。当继电器落下时，检查室内方向转换板中接收部分板件；当继电器吸起但显示红光带时，检查与SICAS相连的空闲/占用信息的信息反馈线。

⑨故障情况判断速查如表4-5所示。

表4-5　故障情况判断速查

某方向发送	某方向接收	另外方向发送	另外方向接收	原因
无	无	无	无	检查电源电压、发送板、放大滤波板、电桥、方向转换板及沿途接线
无	无	正常	正常	检查方向转换板
偏高	无	正常	无	检查发送端防雷单元到室外的线和转换单元
偏高	偏高	偏高	偏高	检查电源电压、发送板、放大滤波板、电桥
正常	低或无	正常	低或无	检查轨面情况、道岔跳线、绝缘
正常	正常	正常	低或无	检查发送端15~20端子接线、调谐单元、转换单元
偏低	偏低	偏低	偏低	检查电源电压、发送板、放大滤波板、电桥
偏低	低或无	正常	正常	检查发送端11/14端子接线、转换单元
偏低	无	正常	无	检查绝缘棒的绝缘、绝缘棒的安装螺钉、S棒中间连接部分、调谐单元
正常	正常	正常	正常	检查室内接收部分板件、方向转换板、空闲/占用信息的信息反馈线

注：a. 发送（接收）端是指某方向发送（接收）端。

b. 发送端电压正常为30~50 V，偏高时为60~80 V，偏低时为10~30 V。

c. 接收端电压正常为0.3~0.7 V，当低或无时通常会小于0.3 V。

（2）FTGS信息反馈电路电气特性分析

轨道电路空闲/占用信息采录了轨道电路的继电器接点状态后，经过室内分线架分三路（XA）直接送入SICAS的A、B、C三个通道的输入板（MELDE2）。

空闲/占用信息分别使用不同的线路，两条线路的状态一定不一致，其中的一条为高电平（24V）时，另一条一定为低电平。空闲与占用信息不能同时存在或消失，当出现这种情况时，联锁都作为占用处理。

空闲/占用信息回路故障最大的特点是：轨道电路中的继电器是吸起状态，而LOW单个区段红光带（全红是轨道电路供电故障）。连续三个区段粉红光带，常常是由空闲/占用信息回路接触不良造成的。

（3）FTGS供电电路电气特性分析

轨道电路主要由交流1柜提供受UPS保护的230 V交流电，再通过每个区段后面的电源单元转换为5 V、12 V的直流电，供轨道电路工作用，FTGS柜前M层有24 V整流器，把230 V交流电转换为24 V供中间馈电板使用。当其中交流1柜内一个FTGS电源（QF11 ~ QF16）断开时，会造成所有区段占用，LOW上所有区段会变红色。当其中一个FTGS柜230 V供电不正常时，会影响整个FTGS柜轨道电路的供电。

轨道电路供电的检测在交流1柜中完成，然后把信息送到VVM架，再由VVM架分三路，并分别与轨道电路空闲/占用信息一起送入SICAS柜A、B、C三个通道的输入板（MELDE2），当供电不正常或此路信息为低电平时（有可能是信息回路中断），会使所有区段占用，LOW上所有区段变为红色。

（4）FTGS报文传输电路电气特性分析

轨旁ATP与轨道电路之间的传输信息主要有区段空闲/占用信息、报文信息和方向转换控制信息。

报文信息是ATP直接通过电缆由STELA板送入FTGS的报文转换板，每4个区段对应一块STELA板。当接收电压过低时，接收1板输出低电平给报文转换板，报文转换板收到信号延时85 ms后，把LZB传来的报文信息经光电耦合器转送到发送板，并同时发出转换信号。发送板收到转换信号，切断位模式的发送，改为向轨道发送报文信息。当报文发送故障时，联锁上显示轨道区段正常，但列车经过此区段都会因接收不到报文而产生代码"1"的紧停。

方向转换控制信息是ATP根据联锁排列进路的信息控制轨道电路方向的信息，此信息由ATP直接送到方向转换板，控制转换板上的继电器动作。当ATP发送控制信息出错或方向转换板收到信息没动作时，会造成排列进路区段不能转换，列车在某方向行驶时会产生代码"1"的紧停。

中间馈电式轨道电路的方向转换是通过中间馈电转换板控制方向转换板来实现的，列车接近"8"字形棒时中间馈电转换板不能控制方向转换板转换方向，列车经过该区段"8"字形棒5 s后会产生代码"1"的紧停。

报文传输故障的检查要注意以下两点：列车紧停位置；各板块继电器动作时序。当STELA板存储一个故障信息时，Err灯会亮（红色），应复位ATP。

7. FTGS故障处理常用方法

（1）电压法

在通电状态下，按轨道电路发送—接收电路逐段测量各关键点电压，与标准值进行比较来判断故障点；也可以用二分法，从电路中间测量，判断是测量点前方还是后方故障，然后用同样方法逐段缩小范围来找出故障点。

二分法比较常用，特别是在运营期间，能在不影响行车的情况下进行故障判断。

（2）电阻法

用电阻挡测量判断线路的通断，当接线过长而无法测量时，可在线的另一端与另一条线短接，形成一个回路，再进行测量。注意：一定要在断电状态下进行测试。

（3）开路法

断开后边级联电路，测前端输出电压，如果电压正常，则说明前级设备正常；如果电压不正常，则说明前级设备有故障。

注意： ①断开部分端子会造成部分继电器反复动作，应尽量避开此情况。如果必须如此则应尽快测量，尽快接上。

②断开后级会造成负载变化，影响前级电压，易造成故障点的误判。

③使用 FLUKE 表测电压时，可能会出现串频现象，因此要先确认测得电压是否为当前区段频率的电压。

（4）替代法

当无法确定具体哪块模块故障时，用已知完好的模块替换怀疑故障的模块，可以使用备用模块替换，也可以与正在使用的设备对调。

注意： ①更换、对调时要注意模块的型号、插塞、开关、跳线是否一致。

②更换、对调后要测量各关键点电压是否正确。

③更换、对调与频率相关的模块，一定要重新进行调谐，分路实验，并更新该驱动的数据表。

（5）比较法

对某模块工作但对电气参数不熟悉的情况下，测量另一个正常的相同设备同样工作状态下的电气参数作为参考数值，以判断模块是否工作正常。

（6）干扰法

人为地对棒件各部分进行敲打、振动，并观察其现象，以诊断因接触不良而造成的不稳定性故障。注意：敲打、振动时要注意用的力度和方向，以免造成新的故障。

（7）转换方向法

①在室内可以通过转换方向，测防雷端的接收和发送电压，可以大致判断故障点在接收端、发送端还是在钢轨上。

②某些情况下，转换方向可以使电压变化更明显，故障点更明显地显示出来。

③如果经过多次转换方向，都会出现同一方向故障，而且正常时电压与正常时完全吻合，就能肯定故障出在转换模块与调谐模块之中的接收部分或发送部分。

注意： ①当 LZB 把轨道电路设置为"A"或"B"方向时，不要用改变跳线的方法来转换方向，只能用排列进路方法，否则可能会损坏设备。

②中间馈电式轨道电路转换为"A""B"方向后会使轨道继电器落下。

③强行转换与行车方向不一致的方向后，会使列车接收不到报文。

（8）粉红光带处理方法

粉红光带出现比较多，产生原因复杂，而且处理时几乎无迹可寻，对此也没有什么好的方法处理，以下的方法只能供参考。

①遇到粉红光带一定要了解清楚当时情况，排除由于施工造成的粉红光带，这是我们处理故障的唯一线索。

②测量接收电压（Ⅰ5/Ⅱ8 端）。

若偏低，则按红光带处理方法处理。

若正常，则根据了解的情况按第 3 点进行判断处理。

③粉红光带出现一般有 5 种情况。

第一，车过后连续 3 个区段出现粉红光带。这是中间那个区段状态不稳定造成的。出现此现象的原因：可能中间区段分路状态不良、继电器板继电器性能不佳、信息反馈电路电气特性不良等。

第二，某区段突然出现红光带，过一段时间消失，不管有无车经过。此现象说明：设备曾经出现一小段时间故障，但肯定不是分路状态不良造成的，这往往是室外某处接触不良、绝缘破损瞬间短路或带继电器的板件上的继电器性能不良造成的。

第三，某区段车过后出现粉红光带。出现此现象的可能原因：区段分路状态不良，钢轨生锈，室外某处接触不良、绝缘破损瞬间短路或带继电器的板件上的继电器性能不良造成的。

第四，某区段无车情况下突然出现粉红光带。由于无车经过，所以肯定也不会是分路状态不良造成的。这往往是室外某处接触不良、绝缘破损瞬间短路或带继电器的板件上的继电器性能不良造成的。

第五，排列进路过程中出现粉红光带。排列进路某些区段会进行方向转换，方向转换板、转换单元上的继电器接点不良和转换时间过长会造成粉红光带；出现道岔区段故障时，要检查道岔的绝缘情况。

④处理方法。

第一，根据轨道电路的电路走向逐块板、逐根线、逐个接头进行检查。

第二，反复排列正反方向通过故障区段的进路、室内监测电压。目的：捕捉故障一瞬间电压参数。此方法对转换电路的故障有效，更换部分板块后进行检测。

（9）临时应变措施

临时应变措施是指在故障情况下，临时采取的用来缩小故障影响面或暂时恢复以应付行车需要的措施。这要求处理人非常熟悉设备性能状况，并能根据故障情况灵活运用各种方法。

主要方法有：调整电压法、回避法、转换方向法、改变接收端法等。

由于存在一定的局限性及危险性，因此在此不做详细介绍。

4.3.3 FZL 数字无绝缘轨道电路

1. FZL 数字无绝缘轨道电路组成

数字轨道电路的系统结构如图 4-39 所示，室内设备包括发送板、功放板、接收板、衰耗隔离板、通信板、防雷设备等；室外由调谐匹配区、S 棒电缆（终端站采用 O 棒）、防雷设备组成；室内外设备信号传递通过信号传输电缆实现。

（1）发送板

发送板根据区域控制中心的数据产生高精度、高速率的调制信号，然后发送给功率放大器，同时检测功率放大器的放大信号是否符合标准。

（2）功放板

功放板把发送板送来的调制信号放大后传输到轨道电路上。

（3）接收板

接收板从轨道电路上接收信号，进行幅度判决，解调和识别帧，将解调后识别的帧的内容和发送板来的信号提取的帧的内容进行一致性比较，正确地判定轨道电路占用或者空闲，并将这些状态传送给通信板。

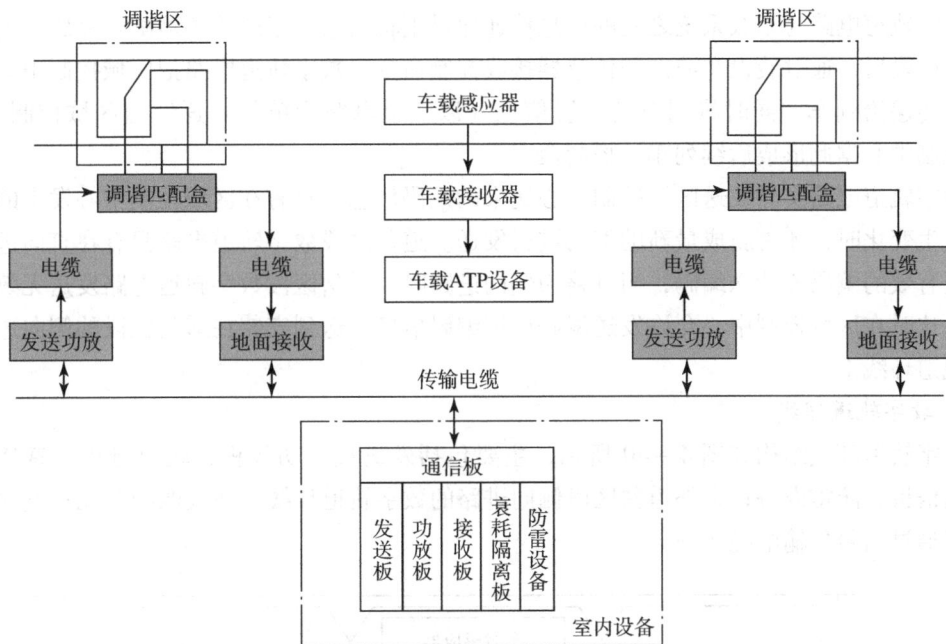

图 4 – 39　数字轨道电路系统结构

（4）衰耗隔离板

衰耗隔离板对轨道接收回来的信号进行衰减后送给接收板进行检测。

（5）通信板

通信板配合 ATP 区域控制中心更及时有效地和轨道电路（或环线）通信，通过 CAN 总线接收 ATP 区域控制中心发送来的数据，经数据分包后发向各轨道电路（或环线），同时接收各轨道电路（或环线）的状态信息，编码后发送给区域控制中心。

（6）调谐区

调谐区实现两相邻轨道电路的电气绝缘。

（7）调谐匹配盒

调谐匹配盒实现轨道电路和传输电缆的连接。

（8）传输电缆

传输电缆实现信号传输。

2. FZL 数字无绝缘轨道电路工作原理

数字轨道电路主要由 R、C 等电气元件组成，采用谐振式电气隔离方式。电气分隔接头的主要作用是对相邻轨道电路的频率起电气隔离作用。相邻轨道电路采用不同载频。

FZL 数字无绝缘轨道电路工作原理：FZL100 数字轨道电路室内设备通过 CAN 总线实现相互间通信。通信板接收区域控制中心发出的列控命令，将数据解包后，分送给各个轨道电路发送、接收设备。发送板根据通信板送来的列控命令形成 DTC 信息，调制后送功放，经传输设备、钢轨回送至接收板。接收板对信号解调并判断轨道电路区段是否有列车占用，将此信息报告给通信板。通信板把轨道电路状态报告给区域控制中心。同时为了使区域控制中心及时了解 DTC 设备的工作情况，各单元设备将自身的工作状态报告给通信板，然后由通信板将数据打包发送给区域控制中心。列车进入轨道区段后，通过装设在前部的传感器接收控制命令。

数字轨道电路与车载系统之间的信息传递通过钢轨线路与车载传感器配合完成，列车进入轨道区段后，通过装设在前部的传感器接收控制命令。数字轨道电路把区域控制中心发出的命令传递给列车，同时将列车的位置信息（以轨道电路为单位）返回给区域控制中心，区域控制中心据此形成后续列车的控制命令。

数字轨道电路实时发送区域控制中心送来的编码信息。只有在区域控制中心发来的编码信息发生变化时，才更新成最新的编码进行发送。道岔区段数字轨道电路只有在直向进路时才发送有效的编码或特殊编码，当进路为侧向进路时，道岔区段数字轨道电路发送无效命令编码，这时在区域控制中心允许发送编码后把编码信息发送到安装在道岔区段的侧向进路的数字轨道环线上。

3. 数字轨道环线

数字轨道环线结构如图 4-40 所示，主要包括发送板、功放板、轨道母板、衰耗隔离板、通信板、防雷设备；室外道岔区段侧向进路的数字轨道环线、环线匹配单元；室内外设备信号通过信号传输电缆实现。

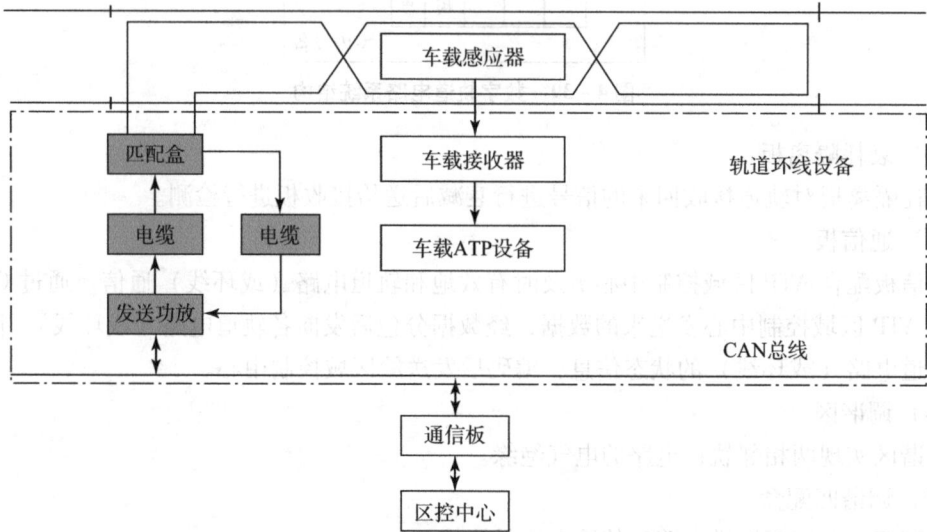

图 4-40　数字轨道环线结构

数字轨道环线工作原理：区域控制中心与环线之间的信息交换通过 CAN 总线实现。数字轨道环线内部不带通信板，与数字轨道电路合用通信板。环线发送设备接收通信板送来的列控命令后形成信息，调制后送功放，经传输设备、环线回送至发送板。发送板对信号的频率和幅度进行判断，由此得到环线的通断状态信息，并将此信息报告给通信板。与此同时，发送板还把自身的工作状态报告给通信板。通信板把所有的状态数据打包发送给区控中心。

环线与车载系统之间的信息传递通过环线与车载传感器配合完成，列车进入环线区段后，通过装设在前部的传感器接收控制命令。

数字轨道环线用来提供道岔侧向的地面控制信息发码。环线只把控制中心发出的命令传递给列车。列车的占用空闲状态由数字轨道电路提供。环线具备信息传递的功能。

4. FZL 数字轨道电路布置

FZL 数字轨道电路相邻区段按载频进行分割，正线上行轨道区段由远至近依次排列

（kHz）：10.5、14.5、12.5；正线下行轨道区段由远至近依次排列（kHz）：9.5、13.5、11.5；岔区环线采用两个载频：15.5、16.5。正线线路两侧每隔200~300 m设置一个区段。

单方向轨道电路迎着列车运行方向发码。双方向轨道电路根据列车运行方向迎着列车运行方向发码，并由方向继电器控制发码方向。

道岔区段多分支轨道电路采用分支并连接构。道岔两端及岔心均设置"跳线"；跳线采用带绝缘防护套的70 mm²的钢包铜线或合金线；为防止由单根天线折断引起轨道电路失去分路防护的作用，采用双跳线："道岔跳线"从道岔弯股末端（即道岔弯股的轨道绝缘节）起，向岔心方向（即道岔绝缘节）依次间隔设置，间隔不大于10 m，岔心间隔不大于15 m。

长春轻轨4号线道岔区段和3号线一期工程的轨道电路采用FZL数字轨道电路+环线方式，数字轨道电路实现占用/空闲检查。环线向车载系统传递信息。

长春轻轨3号线二期工程道岔区段采用50 Hz相敏轨道电路+环线方式。50 Hz相敏轨道电路实现占用/空闲检查，为了解决道岔区段地面至车载系统的ATP信息传输问题，在道岔区段铺设数字环线。

5. 技术参数

（1）FZL数字轨道电路参数

①信号载频共有八种：9.5~16.5 kHz，频率间隔为1 kHz，载频数字信息抗干扰能力强。

②频偏：±100 Hz。

③调制方式：MSK。

④传输速率：400 b/s。

⑤信息量：最大允许48 bits。

⑥电源电压：直流48 V。

⑦最小机车信号电流：不小于70 mA。

⑧最大电缆长度：2.5 km。

⑨最大轨道电路长度：350 m。

⑩调谐单元阻抗：不小于3 Ω。

⑪最大分路电阻：0.15 Ω。

⑫系统返还系数：0.6。

⑬设备返还系数：不小于0.85。

⑭功放输出：50 V·A。

⑮最小工作值：200 mV。

⑯系统正常工作值：虑入不低于240 mV。

⑰系统可靠不工作值：虑入不高于144 mV。

⑱系统工作时的牵引方式：直流（1 500 V/750 V），交流（50 Hz）。

⑲在1.0 Ω的道砟电阻条件下，发送或接收传输电缆长度为2.5 km时，轨道电路工程设计长度不大于350 m。

⑳1套通信板可以带8段数字轨道电路或者数字环线设备。

㉑轨道电路尽量只带1个分支，带分支的轨道电路最长150 m。岔区轨道电路分支长度不超过30 m。

㉒相应时间：轨道电路状态从空闲到占用的响应时间为2.0~2.5 s；从占用到空闲的响

应时间为 1.5~2.0 s。

（2）轨道环线技术参数基本与 FZL 数字轨道电路参数相同。

6. FZL 数字轨道电路的优点

系统采用双系结构和模块化设计，可以实现不停机更换故障设备，便于日常维护；二取二的结构，比较输出和闭环检查方式，减少了故障输出，室内防雷设备提高了系统的可靠性和安全性。由于采用无绝缘轨道电路，所以无须对钢轨进行机械切割，提高了钢轨以及车辆轮对的使用寿命，且车辆运行平稳，噪声低，传输信息量高，且传输可靠性高。

知识链接

1. FTGS–917 型轨道电路的养护与检修技术规范

FTGS–917 型轨道电路的技术指标如下：

①FTGS–917 型轨道电路使用 8 种频率和 15 种位模式。相邻区段必须使用不同的频率和位模式。

②使用正确的频率和位模式，而且频率无发生偏移。

③当列车占用当前区段时，能正确传送报文给列车。

④能根据列车行驶方向，由 ATP 控制自动转换发送/接收方向。

⑤标准分路灵敏度为 0.5 Ω。

⑥内部分路时轨道继电器应可靠落下，外部分路时轨道继电器应可靠吸起。

⑦空闲时接收电压（接收 1 板 I5/Ⅱ8 或Ⅱ5/Ⅱ8 端）要求大于 6.5 V，分路状态时接收电压（接收 1 板 I5/Ⅱ8 或Ⅱ5/Ⅱ8 端）要求小于 4.5 V。

⑧正常发送电压（放大滤波板 3/4 端）45~60 V。

⑨更换发送板、放大滤波板、方向转换板、转换单元、调谐单元、接收 1 板，重新安装各种绝缘棒时必须进行分路实验。

⑩每次进行分路实验后必须根据测试数据更新数据表。

2. FTGS–917 型轨道电路的养护与检修

一般在日常的设备维护中，只需要对室内的电气参数进行测试，所测的数据在标准值范围之内即可。但在故障处理、重新调整等特殊情况下，则需要同时进行室内外配合电气参数测量。室内的电气参数测试一般每周测量一次，在测量时选择关键参数测试即可。

（1）日常保养

日常保养，每日进行一次。

1）每日进行室内设备状态检查

①观察检查设备运营状态并记录，面板上指示灯显示正常。注意空闲和占用时不同的显示。

②向设备使用部门询问设备状况。

2）每周进行设备卫生清扫及室内电气测试分析

①用吸尘器、毛扫、白棉布等对设备进行卫生清扫，保持设备清洁无灰尘。

②用数字万用表的交流电压挡对 G 方向接收电压测试并记录，把记录的数据与原始数据表进行对照。测接收工（一送两收区段，两个接收工都要测）板的 I5/Ⅱ8 间的电压，测试值要求大于 6.5 V，且与原数据表值比较负偏差值不大于 15%。测试要求：相邻区段空闲。

（2）二级保养

二级保养，每半年进行一次。

1) 检修轨旁设备箱盒内、外部

①观察检查箱盒外观及内部防潮、防湿情况，箱盒外观及内部干燥。

②观察各螺栓，应无锈蚀、缺损现象，用扳手、螺丝刀检查紧固程度。螺栓（母）无松动、滑丝现象。

③观察设备标识，应清楚、无脱落。

2) 检修外部件

①手动检查安装装置，应牢固，无明显晃动；观察安装支架及基础，应完好无损。

②观察设备外观，应无绝缘破损，形状与安装要求基本一致，无变形。

③先观察各线、管有无绝缘破损、裂纹、老化、脱落、断痕及磨损现象，再用手扳、摇、拽试各线、管的牢固程度，有螺栓连接的可用扳手、螺丝刀试拧一下，查螺栓紧固程度。

导线、引接线、接地线连接牢固且无绝缘破损；防护管无裂纹及老化现象；轨端接续线无脱落、断痕和磨损；道岔区段跳线完好，卡钉牢固无锈、包扎良好，穿越钢轨处距轨底不应小于30 mm。

塞钉打入深度最小与轨腰平，露出不超过5 mm。

④手动检查接地线与接地端子，应接触良好，固定螺母紧固，不松动；观察地线连接处，应无锈蚀、打火痕迹。

⑤用眼观察各紧固件（轨底夹、轨枕夹、夹钉、绑带），应无缺失、脱落、损坏，用手扳、铁锤敲试各紧固件牢固。

3) 清扫、防尘防水

①观察密封条无移位、变形、老化、破损现象。

②清洁箱盒外部及内部，使箱盒外部无积尘、无堆积物；箱盒内部无积尘、无水、无污迹；设备区域内无明显垃圾。

（3）小修

小修，每年进行一次。

1) 设备除锈、油漆

对锈蚀的设备、装置进行除锈、油漆，除去锈点及漆斑使箱盒无锈蚀平顺。油饰光滑、平整。

2) 电气测试分析

①用数字万用表的交流电压挡对设备各方向的接收、发送电压进行测试并记录，把记录的数据与原始数据表进行对照。测接收工板的Ⅰ5/Ⅱ8间的电压，测试值要求大于6.5 V，放大滤波板3/4端测试值要求在45~60 V，且所有测试值与原数据表值比较负偏差值不大于15%。

测试要求：相邻区段空闲。

②在室内电气测试中有问题的区段进行室外电气测试分析（测调谐单元）、分路实验和调整：U11/14：30~40 V；U9/10（发送端）：S棒（3.5~8.0 V），MKV棒（18~30 V）；U9/10（接收端）：0.5~0.8 V；U15/20：0.6~0.9 V。

（4）中修

中修，每五年进行一次。

①全面检查各电子元件，清洁所有板件，并进行外观检查：电路板外观无变形，无烧黑等不良现象；电容外观完整，无发胀、爆裂、漏液；磁性元件外观完整，无过热；各类熔断

器安装牢固，接触良好；各接点接触良好，无虚焊、锈蚀和接触不良现象。

②使用放大镜等工具分解电源模块外观检查，检查温度检测元件符合测量要求。

③有条件的情况下进行模块电气特性测试。

（5）大修

大修，十五年进行一次。

设备到了规定年限，对全套设备进行的大规模检修，一般需进行器件、部件、设备的更换。

3. FTGS-917型轨道电路分路实验和调整

在室内电气测试中有问题的区段要进行室外电气测试分析、分路实验和调整。

数字轨道电路分路特性调整的作用是在调整后，使轨道电路区段满足在0.5Ω标准分路电阻进行内部分路时，轨道继电器可靠落下，而用0Ω标准分路电阻进行外部分路时，轨道继电器可靠吸起。

进行分路特性调整时从以下三个方面着手：

①对照图纸进行硬件一致性检查，内容包括：轨道电路的工作频率、位模式与硬件型号是否一致。

②对室外轨道电路的发送端、接收端进行调谐，对照图纸中的电压参数范围，确定室外轨道电路最佳工作电气参数值。

③在室外轨道电路的两端分别进行内部和外部分路，同时对室内轨道电路设备进行调整和测试，确定室内轨道电路最佳工作电气参数值。

4. FTGS故障处理流程框图

FTGS故障处理流程框图如图4-41所示。

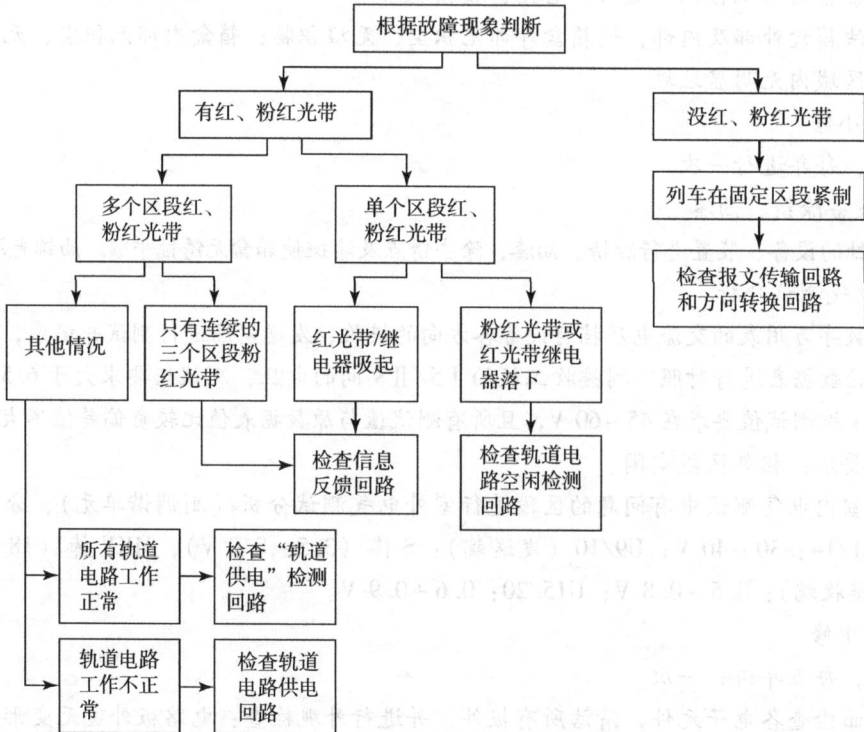

图4-41 FTGS故障处理流程框图

项目小结

通过本项目的学习，学生基本能够掌握50 Hz、25 Hz相敏轨道电路，50 Hz微电子轨道电路、FTGS数字轨道电路、FZL数字轨道电路的室内外设备组成及工作原理，熟悉相关轨道电路的检修过程，具备一定的动手操作能力。

技能训练

实验1 50 Hz微电子相敏轨道电路检测

1. 实验目的

认识WXJ50微电子相敏轨道电路结构组成。

会测试基本的电气参数。

能正确使用相关工具。

2. 实验设备

设备：一段完整的WXJ50微电子相敏轨道电路。

工具：数字万用表；活口扳手、手锤等通用工具；轨道测试盘（包括交流电压表、直流电压表和50 Hz相位表）；0.15 Ω分路电阻。

3. 实验内容

1）室内测试

①在室内利用轨道电路测试盘测量并记录空闲轨道电路的接收电压、相位角和继电器电压。

②轨道电路的接收电压范围一般为AC 24 V ±4 V。对于特殊区段可调整为特殊值，如对长期不走车、轨面锈蚀比较严重、分路残压高的区段，首先应定期安排车辆进行压轨除锈，为保证其可靠分路，其接收电压可适当调低，最低不应低于15 V。

③接收电压与局部电源的相位角范围为0° ±30°。

④轨道继电器电源范围为DC 25 V ±4 V，该电压为稳定电压，不随轨道接收电压的变化而变化。

⑤室外用0.15 Ω分路电阻对轨道电路分路，测量分路残压不大于3.5 V。

⑥对两套轨道电路接收器进行报警测试，确认报警显示正常。

2）室外测试

①在室外测量并记录送、收端轨面电压。

②测量并记录送端变压器和收端变压器的一次电压、二次电压。其中发送变压器二次电压范围5 V ±3 V，接收变压器二次电压范围与室内对应区段的相当，范围一般为AC 24 V ±4 V。

3）室内外配合测试

室外用0.15 Ω分路电阻对轨道电路分路，室内测量该轨道区段的分路残压不大于3.5 V。

4）极性交叉测试

相邻轨道电路必须做到极性交叉，因此应定期检查轨道电路极性交叉情况，特别是对于进行过涉及相位的维修作业的轨道电路区段，如更换引接线、变更变压器端子等，必须与相邻轨道电路进行极性交叉测试。极性交叉测试可使用轨道电路极性交叉测试仪进行测试，该测试仪有四条测试线，分别接于轨道电路绝缘节两端，可以非常方便地测试出该相邻两段轨道电路极性是否交叉。

4. 注意事项

①佩戴绝缘工具及防护工具，注意人身安全。

②按标准化流程进行，做好登记联系、销记训练。

实验2　50 Hz 微电子相敏轨道电路养护与检修

1. 实验目的

能够配合完成 WXJ50 微电子相敏轨道电路的养护与检修。

2. 实验设备

设备：一段完整的 WXJ50 微电子相敏轨道电路。

工具：数字万用表；活口扳手、手锤、尖嘴钳等通用工具；0.15 Ω 分路电阻。

3. 实验内容

1）设备日常保养

①日检：每日进行室内设备状态检查。

②周检：每周进行室内设备卫生清扫及室内电气测试分析。

2）二级保养

①轨旁设备箱盒内、外部检修。

②外部件检修。

③除锈、涂油。

④清扫、防尘防水检查。

⑤测试、调整。

3）小修

①电气性能测试。

②除锈、涂油。

③设备整治。

4）电气性能测试

测试内容与实验1相同。

4. 注意事项

①佩戴绝缘工具及防护工具，注意人身安全。

②螺栓紧固适当。

③靠近裸露端子作业时要小心谨慎，避免身体与其直接接触。

④按标准化流程进行，做好登记联系、销记训练。

实验3　FTGS 数字轨道电路养护与检修

1. 实验目的

①认知 FTGS－917 型数字轨道电路的各组成部件。

②能够对 FTGS−917 型数字轨道电路进行基本养护与检修。

③能够对 FTGS−917 型数字轨道电路的电气特性进行测量。

2. 实验设备

①一段完整的 FTGS−917 型数字轨道电路。

②手锤、活口扳手、尖嘴钳、螺丝刀等通用工具。

③数字万用表、选频电压表、兆欧表、示波器等。

④0.5 Ω 分路电阻。

3. 实训内容与步骤

（1）技术规范

①FTGS−917 型数字轨道电路使用 8 种频率和 15 种位模式。相邻区段必须使用不同的频率和位模式。

②使用正确的频率和位模式，而且频率无发生偏移。

③当列车占用当前区段时，能正确传送报文给列车。

④能根据列车行驶方向，由 ATP 控制自动转换发送/接收方向。

⑤标准分路灵敏度为 0.5 Ω。

⑥内部分路时轨道继电器应可靠落下；外部分路时轨道继电器应可靠吸起。

⑦空闲时接收电压（接收 1 板 Ⅰ5/Ⅱ8 或 Ⅱ5/Ⅱ8 端）要求大于 6.5 V，分路状态时接收电压（接收 1 板 Ⅰ5/Ⅱ8 或 Ⅱ5/Ⅱ8 端）要求小于 4.5 V。

⑧正常发送电压（放大滤波板 3/4 端）45～60 V。

⑨更换发送板、放大滤波板、方向转换板、转换单元、调谐单元、接收 1 板，重新安装各种绝缘棒时必须进行分路实验。

⑩每次进行分路实验后必须根据测试数据更新数据表。

（2）FTGS−917 型数字轨道电路的养护与检修

按照 FTGS−917 型数字轨道电路修程规定练习对其进行养护与检修，主要进行日常保养。

1）日常保养

每日进行室内设备状态检查。

每周进行设备卫生清扫及室内电气测试分析。

2）二级保养

检修轨旁设备箱盒内、外部。

检修外部件。

清扫、防尘防水。

3）小修

设备除锈、油漆。

电气测试分析。

4. 注意事项

①遵守设备安全守则，熟读维修手册。

②对标有严防静电图标的模块必须避免通过电开关造成的电荷泄漏。

③接触电开关前必须一直保持电荷平衡。

④取放设备框、柜或架中的模块时，必须清楚该模块是否允许带电插拔。

⑤不允许带电插拔的模块在插拔前必须将其供电电源关闭。

⑥测试必须使用 FLUKE87 型万用表或轨道电路专用表。

⑦分路调整后更新数据表。

⑧注意按标准化流程进行，做好登记联系、销记训练，调整中注意各作业人员的协调沟通。

⑨实训完成后必须实验良好。

思考与练习

1. 简述轨道电路的基本原理。它有哪两个作用？
2. 轨道电路是如何分类的？
3. 简述轨道电路的三种基本工作状态。
4. 什么是轨道电路的极性交叉？有何作用？
5. 音频轨道电路有什么特点？如何分类？
6. 简述 50 Hz 相敏轨道电路的结构组成。
7. 简述 50 Hz 相敏轨道电路的工作原理。
8. 简述 25 Hz 相敏轨道电路的结构组成及工作原理。
9. 简述 50 Hz 微电子相敏轨道电路组合的构成。
10. 简述 50 Hz 微电子相敏轨道电路的组成。它有何特点？
11. 50 Hz 微电子相敏轨道电路如何进行调整与测试？
12. 简述 FTGS 数字轨道电路如何划分。
13. 简述 FTGS 数字轨道电路的硬件组成。
14. 简述 FTGS 数字轨道电路的工作原理。
15. 简述 FZL 数字轨道电路的结构组成及工作原理。

项目 5

转辙机的检测与维护

项目概述

转辙机是重要的信号基础设备之一，是道岔控制系统的执行机构。转辙机通常设置于道岔尖轨的旁边，通过道岔控制电路及相应的机械结构实现对道岔解锁、转换和锁闭，并给出道岔状态表示信息。目前，在城市轨道交通及铁路系统中常用的转辙机有 ZD6 型电动转辙机、ZD（J）9 型电动转辙机、S700K 型电动转辙机、ZYJ7 型电动转辙机。

通过本项目的学习，学生可以掌握 ZD6 型电动转辙机、ZD（J）9 型电动转辙机的结构及工作原理，具备转辙机电气线路故障、机械故障检测与处理能力，会使用相应的检修工具，具有安全操作意识。

任务 5.1　ZD6 型电动转辙机的检测与维护

☞ 学习目标

◆ 掌握 ZD6 型电动转辙机的机构与工作原理。

◆ 会对电气故障进行检测、分析和处理。

◆ 能对转辙机进行拆卸、组装及调整。

◆ 能对机械故障进行检测、分析和处理。

5.1.1　ZD6 型电动转辙机

ZD6 型电动转辙机是我国城市轨道交通中广泛使用的系列电动转辙机。由于其采用内锁闭方式，故不适用于铁路中的提速路段，只适用于铁路中非提速路段或者提速路段的侧线。

1. ZD6 型转辙机的结构

ZD6 型转辙机主要由电动机、减速器、摩擦连接器、自动开闭器、表示杆、主轴、齿条、齿轮、动作杆、移位接触器、安全触点、壳体及相应的接线端子与电路组成。ZD6 型转辙机实物如图 5－1 所示，结构如图如 5－2 所示。

图 5－1　ZD6 型转辙机实物

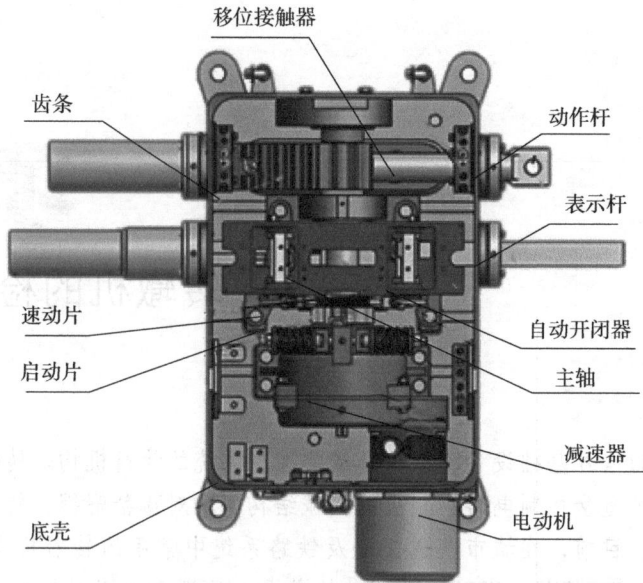

图 5 - 2   ZD6 型转辙机内部结构

（1）电动机

电动机是转辙机的核心组成部分，直接为道岔转换提供动力。

电动机一般采用 DZG 直流电动机，是直流、串激、可逆电动机，主要由定子绕组、转子绕组、换向器、碳刷和外壳组成。实物如图 5 - 3 所示。

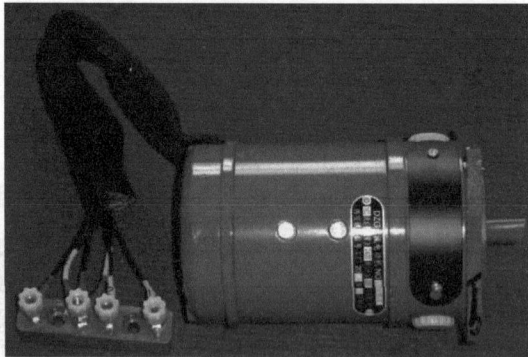

图 5 - 3   直流电动机实物

通过改变直流电动机中定子绕组或转子绕组的电流方向，电动机会正向转动或反向转动。为配合四线制或六线制道岔控制电路，直流电动机采用了定子绕组正转和反转分开使用的方式，如图 5 - 4 所示。两个定子绕组通过公共端子分别与转子绕组串联，电动机电路电流方向为：从 1 端子到 3 端子，通过碳刷、换向器、碳刷到 4 端子；或者从 2 端子到 3 端子，通过碳刷、换向器、碳刷到 4 端子。

直流电动机电气参数如下：额定电压 160 V；额定电流 2.0 A；额定转速 2 400 r/min；额定转矩 0.882 6 N·m；摩擦电流 2.3 ~ 2.9 A；短时工作输出功率≥220 V·A；20℃时，单定子工作电阻为（2.85 ±0.14）Ω×2；刷间总电阻（4.9 ±0.245）Ω。

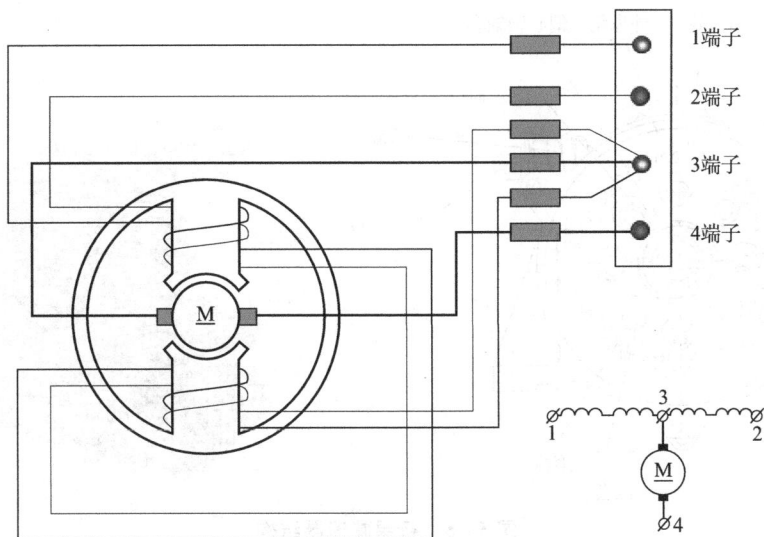

图 5 – 4　直流电动机内部接线

（2）减速器

减速器的作用是降低电动机输出转速，提高转矩，带动道岔转换。ZD6 型转辙机采用两级减速的方式，第一级为外啮合齿轮传动，称为齿轮减速器，电动机转动时，安装在电动机输出轴上的小齿轮转动，与之啮合的大齿轮转动，实现减速；第二级为一齿差行星内啮合齿轮传动，称为行星减速器。减速器总的减速比越大，机械转矩越大。各型转辙机减速参数如表 5 – 1 所示。

表 5 – 1　各型转辙机减速参数

机型	大齿轮齿数	小齿轮齿数	一级减速比	二级减速比
ZD6 – A	103	27	3.815	41
ZD6 – D/H	110	20	5.500	41
ZD6 – E/F/G/J	118	12	9.833	41
ZD6 – K	114	16	7.125	41

行星减速器主要由内齿轮、外齿轮、偏心轴、输出圆盘等组成。内齿轮靠摩擦连接器的摩擦带"固定"在减速器壳内。行星减速器结构如图 5 – 5 所示。内齿轮里装有外齿轮。外齿轮通过滚动轴承装在偏心轴的轴套上。偏心轴轴套用键固定在输入轴上。外齿轮上有八个圆孔，每个圆孔内插入一根套有滚套的滚棒。八根滚棒固定在输出轴的输出圆盘上。当外齿轮做摆式旋转时，输出轴随其旋转。

当输入轴随第一级减速齿轮顺时针旋转时，偏心轴套也顺时针旋转，使外齿轮在内齿轮里沿内齿圈做逐齿啮合的偏心运动。当输入轴旋转一周时，外齿轮也做一周偏心运动。外齿轮 41 个齿，内齿轮 42 个齿槽，两者相差一个齿。所以，外齿轮做一周偏心运动时，外齿轮的齿在内齿轮里错位一个齿。在正常情况下，内齿轮静止不动，迫使外齿轮在一周的偏心运动中反方向旋转一个齿的角度。当输入轴顺时针方向旋转 41 周时，外齿轮逆时针方向旋转一周，带动输出轴逆时针方向旋转一周，这样就达到了减速的目的。

内齿轮 外齿轮 偏心轴轴套
输入轴
弹簧
调整螺母
滚棒
滚套

图5－5　行星减速器结构

外齿轮既在输入轴的作用下做偏心运动，又与内齿轮作用做旋转运动，类似于行星的运动，即既有自转又有公转，所以外齿轮称为行星齿轮，该种减速器称为行星传动式减速器。

为了达到机械转动的平衡，内齿轮里有两个外齿轮，它们共同套在一个输出轴圆盘的八根滚棒上，两个外齿轮之间偏向成180°。

（3）摩擦连接器

摩擦连接器的作用是保护电动机和吸收转动惯量的连接装置。它主要由减速壳、摩擦制动板、摩擦带、弹簧、调整螺母等组成。当道岔因故转不到位时，电动机电路不能断开，电动机将接着旋转，但此时道岔已经不能动作，导致电动机将突然停转，电动机会因电流过大而受损。另外，在正常使用中，道岔转换到位，电动机的惯性将使内部机件受到撞击或毁坏。为防止上述情况发生，同时还要在正常情况下带动道岔转换，就要求机械传动装置不能采用硬性连接而必须采用摩擦连接。所以，ZD6型电动转辙机在行星减速器的内齿轮上安装了摩擦连接器。

ZD6－A型电动转辙机的摩擦连接器是在行星传动式减速器内齿轮延伸部分的小外圆上套以可调摩擦制动板，如图5－6所示。其他类型转辙机的摩擦连接器与ZD6－A型转辙机

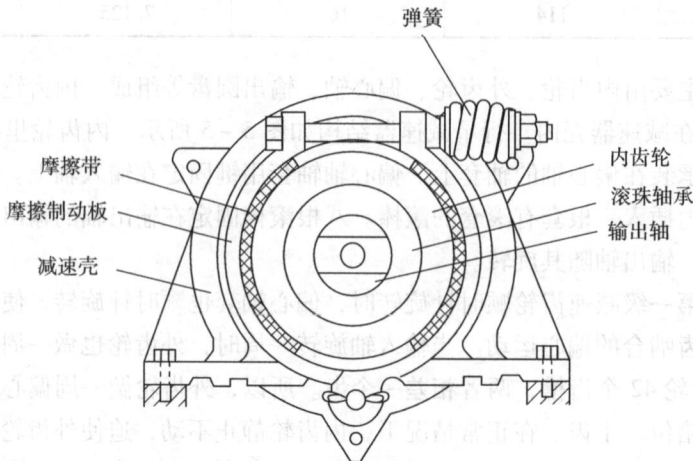

弹簧
摩擦带
摩擦制动板
减速壳
内齿轮
滚珠轴承
输出轴

图5－6　摩擦连接器结构

有所区别，有两个调整摩擦力的弹簧和螺母，调整道岔故障电流时，要分别进行。

行星减速器的内齿轮大外圆装在减速壳内，可自由滑动。内齿轮延伸的小外圆上安装带有摩擦带的摩擦制动板。摩擦制动板下端套在固定于减速壳的夹板轴上，当上端由螺栓弹簧压紧时，内齿轮靠摩擦力被"固定"。在正常情况下，依靠摩擦力，内齿轮反作用于外齿轮，使外齿轮做摆式旋转，带动输出轴转动，最终使道岔转换。当道岔尖轨发生受阻不能密贴和道岔转换完毕电动机惯性运动的情况下，输出轴不能转动，外齿轮受滚棒阻止而不能自转，但在输入轴带动下做摆式运动，这样外齿轮对内齿轮产生一个作用力，使内齿轮在摩擦制动板中旋转（称为摩擦空转），消耗能量，保护电动机和机械传动装置。

摩擦连接器的摩擦力要调整适当，过紧会失去摩擦连接作用，损坏电动机和机件；过松不能正常带动道岔转换。摩擦连接器的松紧用调整螺母调整弹簧压力来实现。一般情况下，额定摩擦电流应为额定动作电流的 1.3~1.5 倍。

减速器与摩擦连接器的装配结构如图 5-7 所示。

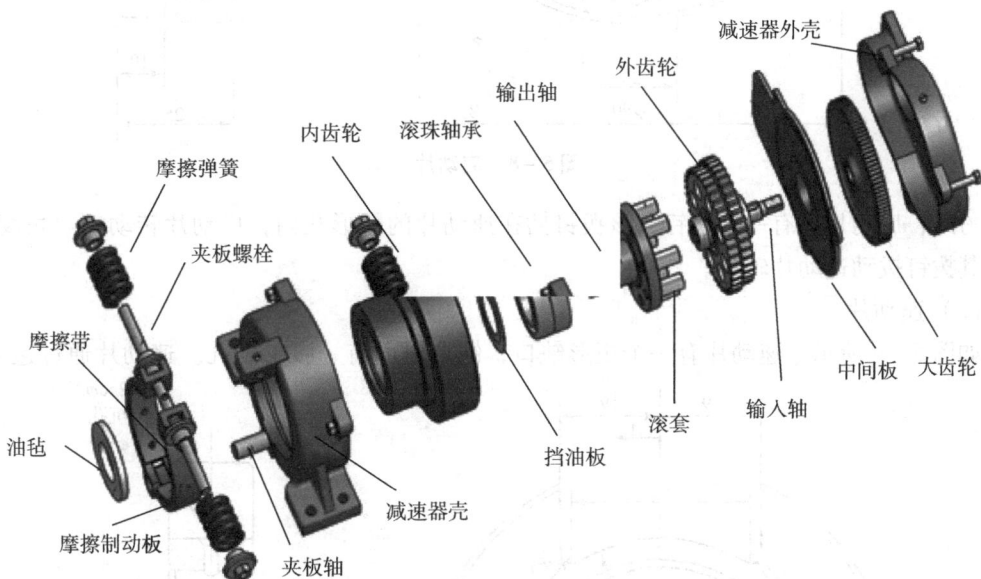

图 5-7　减速器与摩擦连接器的装配结构

（4）启动片

如图 5-8 所示，用启动片连接减速器的输出轴（输出圆盘）与转辙机主轴，利用其正、反两面互相垂直成"十"字形的沟槽，在旋转时自动补偿两轴不同心的误差。另外，启动片还与速动片相配合，对自动开闭器起控制作用。启动片与输出轴、主轴一起转动，因此能反映锁闭齿轮各个动作阶段（解锁、转换、锁闭）所对应的转角，用它来控制自动开闭器的动作。

启动片上有一梯形凹槽，道岔锁闭后总会有一个速动爪（速动爪上的滚轮）落入凹槽。道岔解锁时，启动片一方面带动主轴转动；另一方面利用其凹槽的坡面推动速动爪上的滚轮，使速动爪抬起，以断开表示接点。在道岔转换过程中，两个速动爪均抬起。当道岔接近锁闭阶段时，启动片的凹槽正好转到应断开道岔电动机电路的速动爪滚轮下方，与速动片配合，完成自动开闭器的速动。

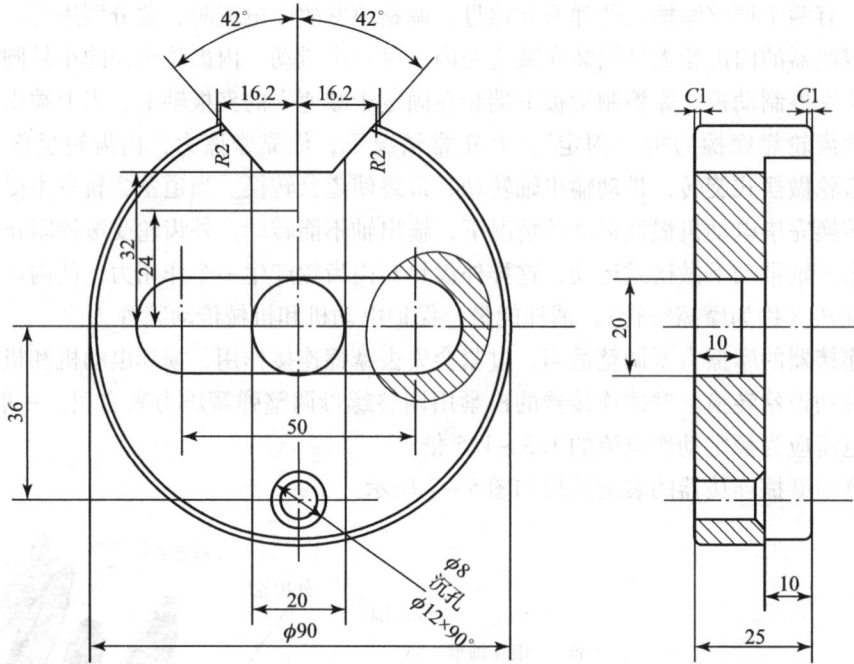

图 5 - 8　启动片

另外，启动片上有一个拨钉，该拨钉插在速动片的腰形孔内，启动片转动一定角度后，利用其拨钉拨动速动片转动。

（5）速动片

如图 5 - 9 所示，速动片有一个矩形缺口，缺口对面有一腰形扁孔。速动片通过速动衬

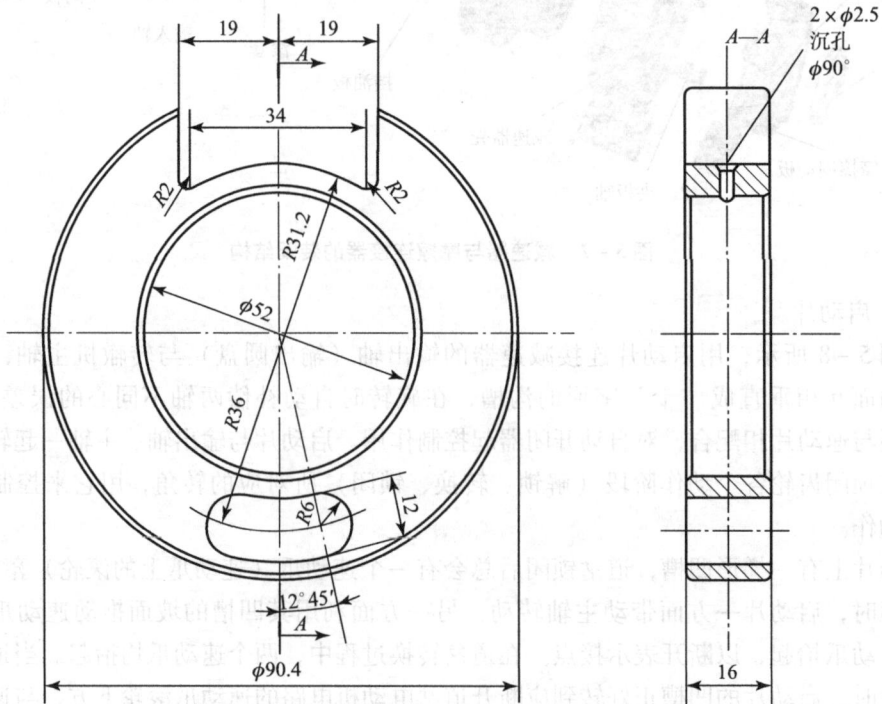

图 5 - 9　速动片

套套在主轴上。启动片上的拨钉插入速动片的腰形孔中。道岔锁闭后，拨钉总是在腰形孔的一端。当转辙机开始动作时，启动片旋转，启动片上的拨钉在腰形孔中空走一段后才拨动速动片一起转动。

速动片套在速动衬套上。速动衬套又卡在自动开闭器接点座上，不随主轴转动。速动片直径比启动片略大，当主轴转动时，速动片不会跟着转。它的转动只靠拨钉拨动进行。

在锁闭齿轮进入锁闭阶段时，齿条已不再转动，但为了完成内锁闭，主轴还在转动，启动片和速动片也在转动。这时启动片的梯形凹槽已经转到速动爪滚轮的下方，为速动爪的落下准备好条件。但是，速动片仍然支承着速动爪，使它不能落下。只有当速动片再转过一个角度，使速动爪突然失去支承，就在拉簧的强力作用下，迅速落向启动片凹槽底部，实现了自动开闭器的速动。

（6）主轴

主轴有六个零件（主轴套、止挡栓、锁闭齿轮、主轴、两个滚针挡圈）以及五个标准件［轴用弹性挡圈 30（GB 894—1986）、孔用弹性挡圈 62（GB 983—2012）、滚动轴承 206（GB 276—2013）、滚针轴承 4074107（GB 289—1964）］。如图 5 – 10 所示，主轴带动锁闭齿轮，通过与齿条配合完成转换和锁闭道岔。主轴上的止挡栓用来限制主轴的转角，使锁闭齿轮和齿条达到规定的锁闭角，并保证每次解锁以后都能使两者保持最佳的啮合状态，使整机动作协调。

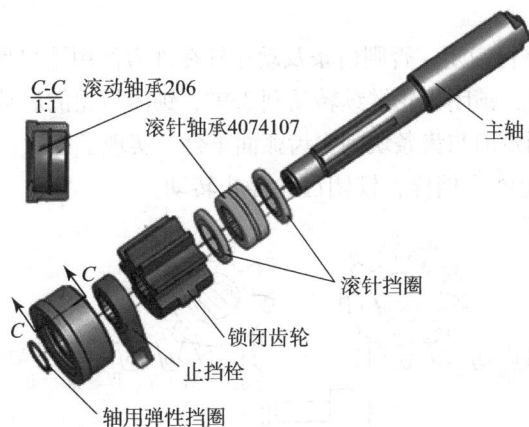

图 5 – 10　主轴

（7）锁闭齿轮和齿条

如图 5 – 11（a）所示，锁闭齿轮共有 7 个齿，其中 1 和 7 是位于中间的启动小齿，它

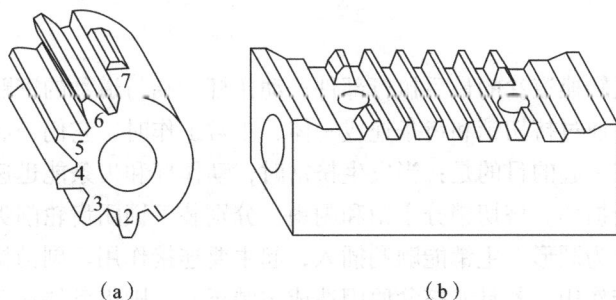

（a）　　　　　　　　　　　　（b）

图 5 – 11　锁闭齿轮和齿条

（a）锁闭齿轮；（b）齿条

项目 5　转辙机的检测与维护

133

们之间是锁闭圆弧。齿条上有 6 个齿、7 个齿槽，如图 5-11（b）所示，中间 4 个是完整的齿，两边的两个是中间有缺槽的削尖齿。缺槽是为了锁闭齿轮上的启动小齿能顺利通过而设置的。当道岔的尖轨与基本轨密贴时，锁闭齿轮的圆弧正好与齿条块的削尖齿弧面重合。当尖轨受到外力要使之移动时，外力只能沿锁闭圆弧的半径方向传给锁闭齿轮的中心，它不会转动，齿条及固定在其圆孔中的动作杆也不移动，这样就实现了对道岔的锁闭。

电动转辙机每转换一次，锁闭齿轮与齿条块要完成解锁、转换、锁闭三个过程。

1）解锁

假设图 5-12（a）所示为定位锁闭状态，要将道岔转换至反位，电动机必须逆时针旋转，输入轴顺时针旋转，使输出轴逆时针旋转，通过启动片带动主轴及锁闭齿轮做逆时针转动。此时，锁闭齿轮的锁闭圆弧面首先在齿条块的削尖齿弧面上滑退，锁闭齿轮上的启动小齿 1 从削尖齿 I 的缺槽经过。当主轴旋转 32.9°时，锁闭圆弧面全部从削尖齿上滑开，启动小齿 1 与齿条齿槽 I 的右侧接触，解锁完毕。

2）转换

启动小齿拨动齿条块齿槽 I 的右侧，锁闭齿轮带动齿条块移动，即将旋转运动变为直线运动。当锁闭齿轮转至 306.1°时，齿条块及动作杆向右移动 165 mm，使尖轨转换到反位，与另一基本轨密贴。

3）锁闭

道岔转换完毕必须进行锁闭，否则齿条及动作杆在外力作用下可倒退，造成道岔"四开"的危险。道岔转换完毕后，锁闭齿轮继续转动到 339°，锁闭齿轮的启动小齿 7 在削尖齿 Ⅵ 的齿槽经过，锁闭齿轮上的圆弧面与齿条块削尖齿弧面重合，实现了锁闭，如图 5-12（b）所示。此时，止挡栓碰到底壳上的止挡栓，锁闭齿轮停止转动。

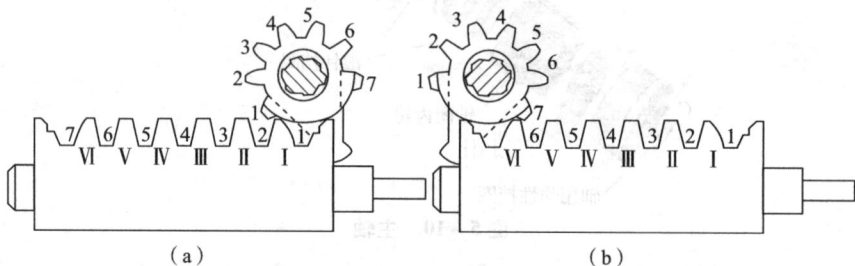

图 5-12　转辙机内锁闭

（a）定位锁闭；（b）反位锁闭

（8）动作杆

动作杆是转辙机转换道岔的最后执行部件。动作杆一端与道岔的密贴调整杆相连接，带动尖轨运动。动作杆通过挤切销和齿条连成一体，正常工作时，它们一起运动。用挤切销将齿条与动作杆连接在一起的目的是：当发生挤岔时，动作杆和齿条能迅速脱离机械联系，使转辙机内部机件不受损坏。挤切销分主销和副销，分别装于锁闭齿轮削尖齿中间开口处的挤切孔内。主销挤切孔为圆形，主销能顺利插入，起主要连接作用。副销挤切孔为扁圆形，副销插入，起备用连接作用。若是非挤岔原因造成主销折断，则齿条块在动作杆上有 3 mm 的动量。

（9）自动开闭器

ZD6 型电动转辙机所用的自动开闭器可以独立拆卸而不影响其他部分。它与表示杆（或锁闭杆）配合，利用接点的通断，及时、正确地反映道岔尖轨的位置，完成控制电动机和挤岔表示的功能。

在解锁过程中，由自动开闭器接点断开原表示电路，接通准备反转的动作电路；锁闭后，由自动开闭器接点自动断开电动机动作电路，接通新的表示电路。

1) 自动开闭器的组成

自动开闭器由 4 排静接点、2 排动接点、2 个速动爪、2 个检查柱及速动片等组成。静接点、动接点、速动爪、检查柱对称地分别装于主轴的两侧，但又是一个整体，如图 5 – 13 所示。

图 5 – 13 自动开闭器

自动开闭器分为接点部分、动接点传动部分及控制部分。接点部分包括动接点、静接点、接点座。静接点左右对称地安装在接点座上。两组动接点分别安装在左右拐轴上，拐轴以接点座为支承。动接点可以在拐轴转动时改变对静接点组的接通位置。

动接点传动部分包括速动爪及其爪尖上的滚轮、接点调整架、连接板和拐轴。这些部件左、右各有一套。调整接点调整架上的螺钉可以改变动接点插入静接点的深度。

控制部分由拉簧、检查柱、速动片（还应包括启动片）组成。拉簧连接两边的调整架，将两边的动接点拉向内侧，为动接点速动提供动力。检查柱在道岔正常转换时，对表示杆缺口起探测作用。道岔不密贴，缺口位置不对，检查柱不会落下，它阻止动接点块动作，不能构成道岔表示电路。挤岔时，检查柱被表示杆顶起，迫使动接点转向外方，断开道岔表示电路。

2) 自动开闭器的动作原理

自动开闭器的动作受启动片和速动片的控制。输出轴转动时带动启动片转动。速动片由启动片上的拨钉带动转动。它们之间的动作关系及受它们控制的速动爪的动作情况，如图 5 – 14 所示。道岔在定位时，启动片凹槽与垂直线成 10.5°角，将这个起始状态作为 0°，假设启动片逆时针转动，固定在左速动爪上的滚轮与启动片凹槽斜面接触，左速动爪随滚轮沿斜面滚动向上升，使 L 形调整架、连接板、拐轴、支架等相互传动。当启动片转至 10.2°时，自动开闭器第 3 排接点断开；转至 19°时，第 4 排接点开始接通，左速动爪的滚轮升至最高，左动接点完全打入第 4 排静接点。启动片转至 28.7°时，拨钉移动至速动片腰形孔尽头，拨动速动片随启动片一起转动，直到转止 335.6°时，速动片缺口对准右速动爪，在弹簧作用下，右速动爪迅速落入速动片缺口内带动右动接点，使第 1 排接点迅速断开，第 2 排接点迅速接通。同时，带动右检查柱落入表示杆检查块的反位缺口，检查道岔确已转换至反位密贴状态。

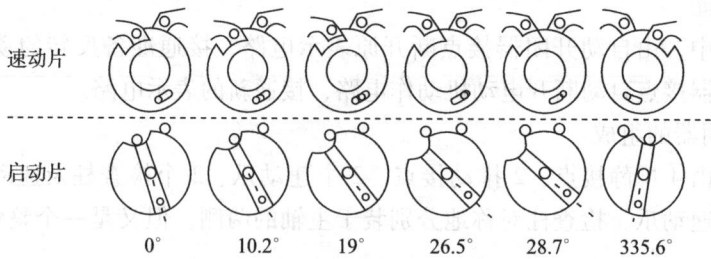

速动片

启动片

0°　　10.2°　　19°　　26.5°　　28.7°　　335.6°

图 5 - 14　启动片、速动片及速动爪的动作关系

自动开闭器有 2 排动接点，4 排静接点。静接点编号是，站在电动机处观察，自右至左分别为第 1 排、第 2 排、第 3 排、第 4 排接点，如图 5 - 15 所示。每排接点有 3 组接点，自远而近顺序编号，第 1 排接点为 11 - 12、13 - 14、15 - 16。其他排接点以此类推。

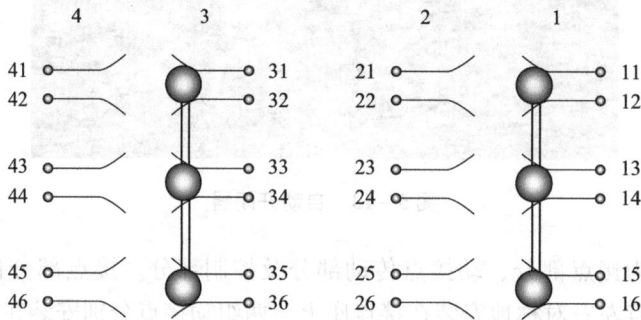

图 5 - 15　自动开闭器接点

假如转辙机定位时为 1、3 排接点闭合，当转辙机向反位转换时，左动接点先动作，断开第 3 排接点，切断道岔定位表示电路，接着接通第 4 排接点，为向回转换做好准备。当转换到反位后，右动接点动作，迅速断开第 1 排接点，切断电动机动作电路，接通第 2 排接点，接通道岔反位表示电路。

假如转辙机定位时 2、4 排接点闭合，当转辙机向反位转换时，右动接点先动作，断开第 2 排接点，接着接通第 1 排接点；当转换到反位时，左动接点动作，迅速断开第 4 排接点，接通第 3 排接点。

（10）表示杆

电动转辙机的表示杆与道岔的表示调整杆相连，随道岔动作而动作。利用表示杆可以检查尖轨是否密贴，以及道岔在定位还是在反位。

图 5 - 16 所示为 ZD6 - A 型电动转辙机的表示杆。表示杆由前（主）表示杆、后（副）表示杆及两个检查块组成，两杆通过固定螺栓和调整螺母固定在一起。前表示杆的前伸端设有连接头，用来和道岔的表示调整杆相连。固定螺栓装在后表示杆的长孔与相对应的前表示杆圆孔里。前表示杆后端有横穿后表示杆的调整螺母，后表示杆末端有一轴向长孔，内穿一根调整螺杆并拧入调整螺母内。在调整螺杆颈部时用销子将它与后表示杆连成一体，松开固定螺栓，拧动调整螺杆时，它带动后表示杆在调整螺母内前后移动。由于后表示杆前端与固

定螺栓相连的是一长孔，所以调整范围较大，为 86~167 mm，以满足不同的道岔开程的需要。为检查道岔是否密贴，在前后表示杆的腹部空腔内分别设一个检查块，每个检查块上有一个缺口，道岔转换到位并密贴后，自动开闭器所带的检查柱对准此缺口落下，使自动开闭器动作。若左侧检查柱落在后表示杆缺口中，则右侧检查柱将落在前表示杆缺口中。检查柱落入表示杆缺口时，两侧应各有 1.5 mm±0.5 mm 的空隙。

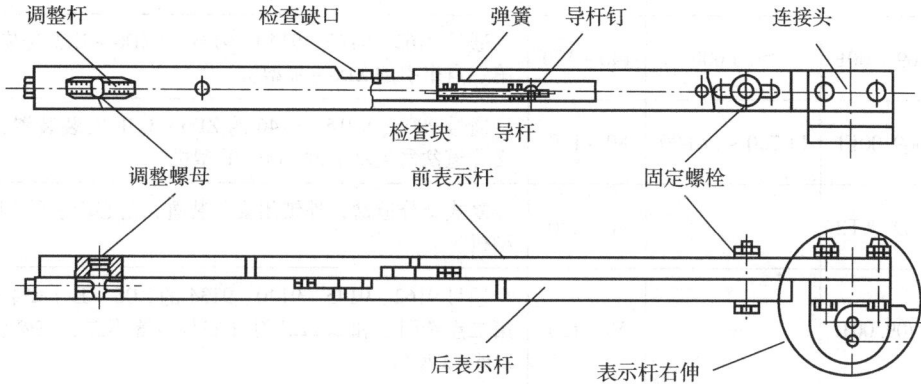

图 5-16　ZD6-A 型电动转辙机的表示杆

检查块轴向有一导杆，上面穿有弹簧和导杆钉，平时靠弹簧弹力顶住检查块，以完成对检查柱的检查。挤岔时，检查块缺口被检查柱占有，挤岔瞬间检查块动不了，挤岔的冲击力使表示杆向检查块运动，弹簧受到压缩，检查块和检查柱并未直接受到挤岔冲击力，不会损坏。另一方面，表示杆被挤，用表示杆缺口斜面迫使检查柱抬起，脱离检查块缺口，各部件不致受损。此时检查柱的抬起，导致自动开闭器的动接点立即退出静接点组，断开道岔表示电路。

目前，ZD6 型电动转辙机采用了新型加强式表示杆，其具有以下特点：表示杆采用了镀硬铬工艺，耐磨性能得到大大提高；主、副表示杆同时承担作用力，增加了整体强度；调整螺母整体横穿式，与两杆连接不另设螺母，消除了滑扣和主、副表示杆脱开失控的现象；加强式表示杆调整简单、方便，动程范围大。

ZD6-D、E、G、F 型电动转辙机的加强式表示杆，扩大了表示杆的功能，使之对尖轨也有机械锁闭作用，构成双锁闭。在表示杆检查块处增加一个销子（称为副锁闭销），使检查块与表示杆连为一体。当检查柱落入缺口时，道岔便被表示杆锁住。挤岔时副锁闭销切断，表示杆照常有挤岔断表示的功能。在前表示杆上设有前、中、后三个横穿孔，使后表示杆与之配合时有更大的选择余地，这样就扩大了表示杆动程的可调范围。

加强型表示杆匹配情况如表 5-2 所示。

表 5-2　加强型表示杆匹配情况

表示杆图号	表示杆副锁销抗挤切力/N	表示杆动程/mm	适用的机型及匹配的安装装置
X2346.209.00A1	—	135~185	电号 9070、9073 的 ZD6-A 安装装置，43 轨、50 轨单机牵引的 ZD6-A 型机
X2346.209.00A2	—	135~185	ZD7-A、ZD7-C 型机

表示杆图号	表示杆副锁销抗挤切力/N	表示杆动程/mm	适用的机型及匹配的安装装置
X2346.409G.00D1	14 700 ~ 17 600	135 ~ 185	通号 9173、9138、9086 的 ZD6 - D 安装装置，单机牵引的 ZD6 - D 型机。通号 9906、9916、9146 的 ZD6 - G 安装装置，复式交分道岔岔尖牵引的 ZD6 - G 型机
X2346.509G.00E	≥20 000	140 ~ 190	通号 9162、9145、9140、9134 的 ZD6 - E/J 安装装置，第一点牵引的 ZD6 - E 型机
X2346.609.00F1	14 700 ~ 17 600	80 ~ 130	通号 9906、9916、9146 的 ZD6 - G/F 安装装置，复式交分道岔岔尖牵引的 ZD6 - F 型机
X2346.609.00F2	—	80 ~ 130	复式交分道岔，外锁闭安装装置，岔心牵引的 ZD6 - K 型机
X2346.709.00J	—	50 ~ 130	通号 9162、9145、9140、9134 的 ZD6 - E/J 安装装置，第二点牵引点和 S0212E/J/J 安装装置第二、三牵引点的 ZD6 - J 型机
X2346.909.00H	—	80 ~ 185	电号 9100、9101、9102、9103 的 ZD6 - H 安装装置，复式交分道岔岔尖和岔心牵引的 ZD6 - H 型机

（11）挤切装置

挤切装置包括挤切销和移位接触器，用来进行挤岔保护，并切断表示电路。

1）挤切销

两个挤切销（主销和副销）把动作杆与齿条块连接在一起，如图 5 - 17 所示。当道岔在定位或反位时，齿条块被锁闭齿轮锁住，齿条块、动作杆不能动作，道岔也被间接锁闭。当发生挤岔时，来自尖轨的挤岔力推动动作杆，当此力超过挤切销能承受的机械力时，主、副挤切销先后被挤断，动作杆在齿条块内移动，道岔即与电动转辙机脱离机械联系，保护转辙机主要机件和尖轨不被损坏。一般情况下，挤岔后，只要更换挤切销即可恢复使用。

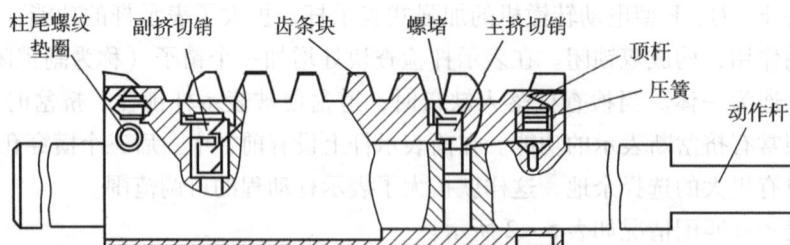

图 5 - 17 挤切销

2）移位接触器

自动开闭器检查柱和表示杆中段缺口都有斜面，挤岔时表示杆随道岔动作，表示杆缺口的斜面顺着检查柱的斜面移动，将检查柱顶起，使自动开闭器的第 2 排或第 3 排动接点离开静接点组，从而断开了表示电路。如果挤岔时表示杆无动程或动程不足，检查柱没有顶起来，表示电路就会断不开，这是相当危险的。为了确保断开表示电路，ZD6 型转辙机设置了移位接触器，将移位接触器接点串接入表示电路。

移位接触器安装于机壳内侧，处于动作杆、齿条块的上方。它由触头、弹簧、顶销、接点等组成，如图 5-18 所示。它受齿条块内两端的顶杆控制。平时顶杆下端圆头进入动作杆的圆坑内，移位接触器接点闭合。当挤岔时，齿条不动，挤切销被挤断，动作杆在齿条内产生位移，顶杆下端被挤出圆坑，使顶杆上升，将移位接触器的顶销顶起，断开它的接点，从而断开道岔表示电路。移位接触器上部有一按钮，挤岔后恢复时可按下此按钮，使移位接触器再次接通。

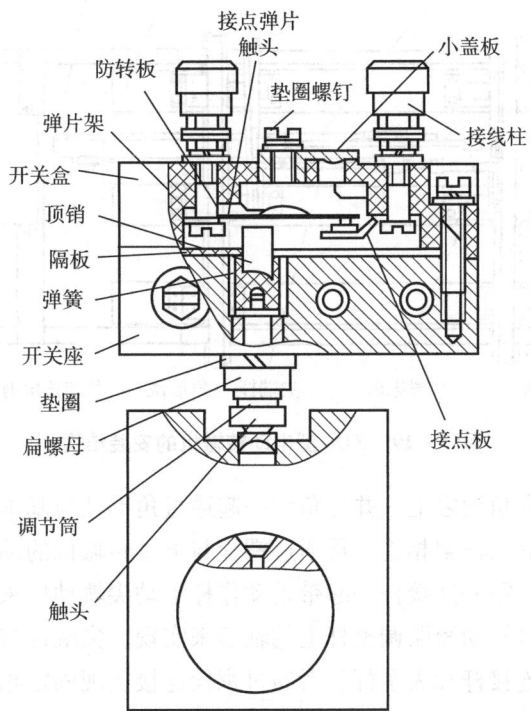

图 5-18　移位接触器

2. ZD6 型电动转辙机安装的技术要求

（1）对道岔的要求

在进行转辙机的安装前要对道岔进行全面的检查，掌握道岔的型号、基本尺寸及工作状况等信息，并做好记录。若发现有不符合道岔正常工作标准的地方应及时报请公务部门进行调整直至符合要求。

1）道岔型号及轨距型

道岔型号不同，尖轨的长度和尖轨理论尖端处的轨距也就不同；尖轨长度为 6 250 mm 及以上者，尖轨理论尖端在实际尖端前 50 mm 处时，尖轨尖端处的轨距一般都要加宽，在测量转辙机基础角钢尺寸时需注意。

2）道岔钢轨类型

根据钢轨类型选定角形铁。

3）尖轨开程

当 ZD6 型转辙机的安装动程为 156 mm 时，道岔尖轨开程应调整在 142～151 mm。

4）有关枕木位置调整

对普通单开道岔进行 ZD6 型电动转辙机安装时，尖轨第一连接杆中心与尖轨端枕木中心的距离以 330 mm 为宜，与岔心端枕木中心距离以 285 mm 为宜。

（2）ZD6 型电动转辙机的安装

图 5 – 19 所示为 ZD6 型电动转辙机的安装结构。从图上我们可以看出，转辙机的安装装置是由基础长角钢、密贴调整杆、连接杆、螺栓和螺母等构成的。

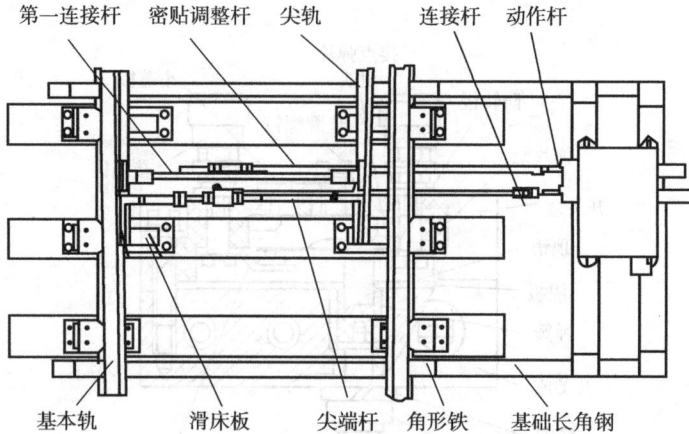

图 5 – 19　ZD6 型电动转辙机的安装结构

转辙机的机体固定在角钢之上，并与角钢一起通过角形铁与基本轨相连，密贴调整杆与道岔的第一连接杆通过立式杆架相连，再通过螺栓与电动转辙机的动作杆相连。道岔尖轨转换与密贴由密贴调整杆、第一连接杆一起带动动作杆推动尖轨动作来完成。另外，尖轨密贴情况的调整我们可以通过转动密贴调整杆上的轴套来实现。尖端杆与尖轨的固定是通过尖端铁来实现的。尖端杆、连接杆和表示杆三者通过螺栓连接实现固定相连。这样，表示杆位置就能够直接反应尖轨的位置。

（3）ZD6 型转辙机的安装方法

1）正装与反装

在安装过程中，为了不影响轨道电路的工作，两根尖轨之间的连接杆和两根角铁必须安装绝缘。站在电动机位置看，如果动作杆从电动机右侧伸出，则称为正装或右伸；相反，如果动作杆从电动机左侧伸出，则称为左装或反装。具体安装方式取决于现场的实际情况。

2）1、3 闭合，2、4 闭合

如图 5 – 20 所示，1、3 及 2、4 接点是指转辙机内自动开闭器的静接点组编号，而 1、3 闭合或 2、4 闭合指的是我们在安装道岔时规定道岔处于定位状态时的自动开闭器静接点组闭合的情况。

判定是 1、3 闭合还是 2、4 闭合时，要掌握电动转辙机内部件的动作规律，动作杆、表示杆的运动方向与自动开闭器的动接点的运动方向是相反的。在正装拉入为定位时，从反位向定位转换，因为表示杆向左运动，动接点向右运动，所以定位时 1、3 排接点闭合。反装伸出也是如此。而在正装伸出为定位时，从反位向定位转换，因为表示杆向右运动，动接点向左运动，所以定位为 2、4 排接点闭合，反装拉入与此相同。无论电动转辙机正装还是反装，在道岔定位时，都有动作杆伸出和拉入两种情况，如图 5 – 20 所示，有正装拉入为定

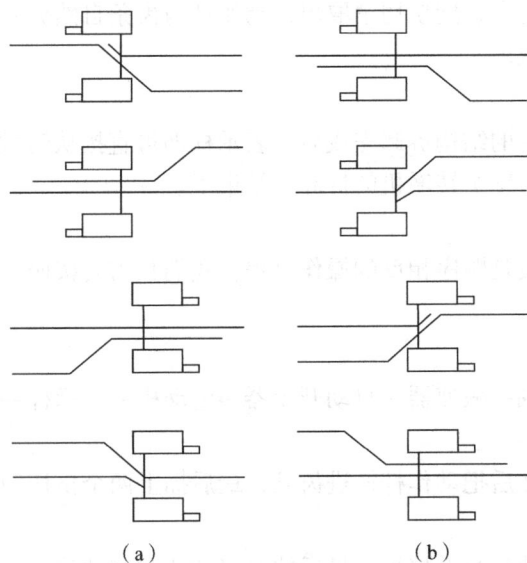

（a）　　　　　　　　　（b）

图 5 – 20　ZD6 转辙机安装

（a）1、3 闭合；（b）2、4 闭合

位、正装伸出为定位、反装伸出为定位、反装拉入为定位四种情况。其中在正装拉入和反装伸出为定位时，自动开闭器第 1、3 排接点接通；在正装伸出和反装拉入为定位时，自动开闭器第 2、4 排接点接通。据此来决定电动转辙机道岔电路采用何种类型。

3. ZD6 型电动转辙机的拆卸与组装

（1）转辙机拆卸

转辙机的拆卸一定要按照操作顺序完成，一般转辙机的拆卸顺序如下：

打开机盖→电动机→减速器→自动开闭器→主轴→动作杆→表示杆。

1）用钥匙打开机盖

2）直流电动机拆卸

打开机盖后，卸下位于转辙机机壳内右下方的电动机的外壳，整个电动机完全裸露在外。然后将电动机端子上的导线路松开，用螺丝刀拧下固定螺栓后，整个电动机即可从转辙机的机壳内取出。

3）减速器拆卸

减速器外有四个固定螺栓，我们只要用螺丝刀拧开螺栓后，减速器就可以从转辙机的机壳内取出。

4）自动开闭器拆卸

自动开闭器拆卸与减速器相同。直接拧开四个固定螺栓，就可以将自动开闭器从转辙机的机壳内取出。

5）主轴拆卸

首先，先将转辙机的机盖卸下；其次，取下主轴上的速动片、启动片及机壳外面的主轴挡板；最后，用起轴器（专门用来取主轴的工具）取下主轴。

6）动作杆拆卸

首先将安全机构中的主、副挤切销取出，动作杆与齿条自然分开；然后从齿条中抽出动作杆，同时也可将齿条取出。

7）表示杆拆卸

将前面转辙机内所有的结构拆卸完成后，表示杆即可直接从转辙机的机壳内抽出。

表示杆拆卸完成后，整个转辙机的拆卸就结束了。

（2）转辙机的组装

转辙机的拆卸与组装是顺序相反的操作过程，我们只需要按照与拆卸相反的顺序将转辙机组装上即可。

通常组装顺序如下：

齿条→动作杆→主轴→减速器→自动开闭器→电动机→表示杆→关闭机盖。

1）安装动作杆

先把齿条放到位，然后把动作杆插进齿条，最后插上两个挤切销。

2）安装主轴

先把主轴套进去，然后装上挡板，最后放好启动片和速动片。

3）安装减速器

放好减速器，并固定四个螺栓。

4）安装自动开闭器

放好自动开闭器，并固定四个螺栓。

5）安装电动机

放好电动机，拧紧固定螺栓和电动机端子。电动机安装好后再安装上电动机的外罩。

6）安装表示杆

安装表示杆的过程要注意拨动自动开闭器的动接点，只有这样才能把表示杆插进去。

经过以上组装，转辙机安装基本完毕，然后手摇转辙机，保证各部件动作灵活、顺畅，没有晃动现象。最后安装好机盖，并收拾整理好所有工具。

4. ZD6 型电动转辙机的调整

（1）道岔密贴与表示杆缺口标准

密贴标准：对应第一连接杆尖轨与基本轨之间夹有 4 mm 厚、20 mm 宽的钢板时，道岔不应锁闭；夹有 2 mm 厚、20 mm 宽的钢板时，道岔应锁闭。

表示杆缺口标准：道岔密贴，电动转辙机自动开闭器检查柱应自动落入表示杆检查块缺口，检查柱与检查块缺口边缘应有（1.5±0.5）mm 的间隙。

（2）道岔调整的过程与方法

1）尖轨密贴的调整

尖轨在转辙机的带动下到规定位置并完成机械锁闭后，必须与基本轨密贴，其密贴调整是靠调整密贴调整杆上的两个轴套来完成的。

当尖轨与基本轨不密贴时，拧开螺母，退出挡环，旋动轴套，将轴套间隙缩小。当动作杆处于伸出位置时，调整内轴套；当动作杆处于拉入位置时，调整外轴套。当尖轨已经密贴而转辙机不能完成机械锁闭（锁闭圆弧不能进入削尖齿内）时，将两轴套的间隙增大。当动作处于伸出位置时，调整内轴套；动作杆处于拉入位置时，调整外轴套。

转辙机动作杆动程＝尖轨开程＋密贴调整杆空动距离＋（销孔旷量＋杆类压力变形量）

密贴调整后要用厚 4 mm、宽 20 mm 的实验板夹在尖轨与基本轨间（第一连接杆处）进行 4 mm 不锁闭实验，最后要紧固螺母，并加防松措施。

这里有一点值得注意：调整道岔密贴必须在转辙机机械未锁闭状态进行，换言之就是检查柱已落入表示杆缺口的状态时，不能进行大动量和密贴调整。检查柱落入表示杆缺口，表示杆与检查柱间只有 3 mm 的相对位移间隙。当表示杆动量超过 3 mm 时，一个方向会使检查柱倾斜 45°斜面，检查柱上升，断开表示点（相当于挤岔时），而另一方向会使检查柱另一侧的立面与表示杆缺口的立面相卡，表示杆给检查柱水平方向横向的力，造成检查杆弯曲，损坏自动开闭器。

2）表示杆缺口调整

表示杆用来检查道岔尖轨密贴。

道岔密贴调整后调整表示杆，使检查柱落入其相应的缺口，并满足两侧间隙为（1.5 + 0.5）mm 的标准。

后表示杆装在前表示杆上，前表示杆直接与尖轨相联系。调整表示杆缺口时必须先调整表示杆伸出位置的缺口，后调整拉入位置时的缺口。

伸出位置缺口时调整表示连接杆杆架在尖端杆上的位置：当间隙大于（1.5 + 0.5）mm 时，松开螺母向靠近转辙机一侧调杆架；当间隙小于（1.5 + 0.5）mm 时，松开螺母向外侧（不靠转辙机侧）调杆架。调整标准后紧固螺母，并加防松措施。

拉入位置缺口时在伸出拉调标准后，道岔扳到拉入位置，松开前后表示杆的紧固螺母，旋转后表示杆尾部的调整母，当间隙过大时顺时针方向旋转；当间隙过小时逆时针旋转。调整标准后，将前后表示杆的紧固螺母拧紧。

注意：表示杆缺口必须在尖轨与基本轨密贴后才能调整，且先调伸出位，后调拉入位，这个顺序是固定的。

3）摩擦电流的调整

摩擦电流是道岔尖轨在变位中受阻，内齿轮在摩擦制动板内"空转"时的电动机电路中的电流。这是一级测试要求测试的项目，也是经常要调整的。调整应符合"维规"的要求：道岔正常转换时，摩擦连接器不应空转，道岔转换终了时应稍有空转。当调到规定摩擦电流时，弹簧各圈最小间隙不能小于 1.5 mm。若小于 1.5 mm，则说明弹簧弹力不足，应更换。

调整摩擦电流的方法如下：打开转辙机机盖，断开遮断开关，在安全接点间串入量程为 5 A 的直流电流表（注意：安全接点 05 群端子接红表笔，06 群端子接黑表笔）。同时，在第一连接杆处尖轨与基本轨之间插入厚 4 mm 以上的铁片类硬物。然后，接通转辙机电源，使道岔转换。当尖轨被卡阻时，直流电流表的读数便是摩擦电流值。

调整方法是调节夹板螺栓上弹簧外侧的螺母，当摩擦电流过小时顺时针旋动螺母，压缩弹簧；当摩擦电流过大时逆时针旋动螺母，放松弹簧。

最小摩擦电流是指将摩擦制动板弹簧压力减小，至再减小就不能启动道岔为止，此时，测试摩擦电流值即为最小摩擦电流。

最大摩擦电流是指将摩擦制动板弹簧压力逐渐增大，至再增加就会造成 4 mm 错误锁闭为止，此时测试摩擦电流值即为最大摩擦电流。

上述最小、最大摩擦电流均是不可取的极限值。

额定摩擦电流值是电动机额定电流值的 1.3 倍（2.6 A），是转辙机出厂时工厂检查摩擦连接器是否合格的标准。

实需摩擦电流是指各转辙机根据不同的实际情况，在保证道岔正常转换而又无过度机械磨耗的条件下调出的低于"额定摩擦电流"的实需摩擦电流值，根据实际经验，实需摩擦电流一般以 2.0 ~ 2.2 A 较为合适。

技术标准：转辙机的动作电流在 1.5 A 及其以下，摩擦电流 2.3 ~ 2.9 A，偏差小于 0.3 A（车辆段单动岔：2.3 ~ 2.6 A；车辆段交分岔及正线：2.6 ~ 2.9 A）。

（3）安装装置、转辙机方正检查

目测道岔长角钢与基本轨垂直，短角钢与基本轨平行，偏差量不大于 10 mm。

5. ZD6 型电动转辙机故障分析及处理

ZD6 型转辙机采用电动机，摩擦力不稳定等造成其故障发生频率较大。转辙机出现故障后，应该按照先室内、后室外，先启动、后表示，先机械、后电气的检修原则进行处理。

用万用表交流挡测量转辙机分线盘 X1 与 X3 之间，X2 与 X3 之间是否有交流 110 V 电压存在，若有，则是室外电气线路或机械故障；若没有，则是室内故障。转辙机内部电路如图 5 - 21 所示，X1、X2、X3、X4 是分线盘通往转辙机的接点，室内与室外联系用四条电缆芯线，其中 X1、X2 为启动和表示共用线，X3 为表示专用线，X4 为启动专用线。D1、D2、D3、D4 是与 X1、X2、X3、X4 相对应的转辙机室外电缆盒接点。

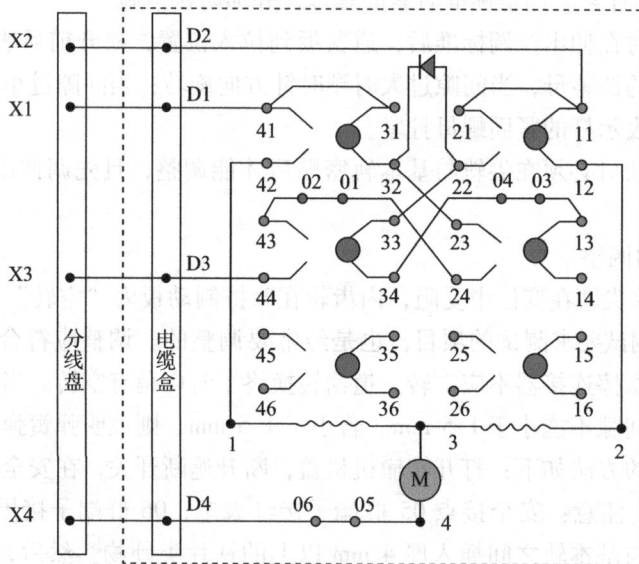

图 5 - 21 转辙机内部电路

ZD6 转辙机最常见的故障是内部机械故障及电气系统故障，故障发生时，转辙机不能正常工作，自动控制系统 ATS 显示终端给出报警。控制中心调度员需根据报警情况及时通知转辙机所属车站值班员、信号段维修人员及时抢修，并通知列车驾驶员故障情况，及时改变列车在故障区段的运行模式。

对故障原因的判断是故障检测的重要环节，高效的检测判断能够节约维修时间，提高工作效率，对线路正常高效运营具有重要意义。

（1）机械故障

机械故障是 ZD6 系列转辙机常见故障，表 5-3 对故障现象、原因及处理方法做了具体的介绍。

表 5-3　ZD6 转辙机机械故障现象、原因及处理方法

序号	故障现象	故障原因分析	处理方法
1	通电后，电动机减速器正常转动，主轴不动，道岔不能正常解锁	主轴堵孔板螺栓松动，致使锁闭齿轮与齿条的通过槽间隙变小，发生卡阻	拆下主轴堵孔板锤击主轴回位，紧固主轴堵孔板两根 10 mm 螺栓
		速动片发生变形，将速动爪卡死	更换新的速动片
		尖轨与基本轨之间密贴力过大	调整动作杆表示杆，使之符合 2 mm 锁闭、4 mm 不锁闭的原则
		道床滑板存在异物，将尖轨卡死	清理滑板
2	电动转辙机减速器输入轴不转动	减速器盖上方注油孔螺栓过长，顶住大齿轮	检查减速器上方注油孔螺栓，标准长为 16.2 mm，如超长应更换
		直流电动机左上角与减速器盖安装螺栓过长，顶住大齿轮	检查直流电动机左上角与减速器盖安装处螺栓是否过长，或是在安装中忘记加弹簧垫圈
3	调整摩擦电流时，紧固调整弹簧螺栓，但摩擦电流不上升	减速器、摩擦连接器、摩擦带与内齿轮伸出端摩擦面有油，造成摩擦力下降	拆下摩擦连接器左右夹板，彻底消除油垢
		摩擦带安装螺母高出摩擦带表面，顶住内齿轮伸出端	重新紧固摩擦带安装螺栓，使螺母低于摩擦带表面 2 mm 左右
		摩擦带与内齿轮伸出端接触面上，积留摩擦带金属粉末过多或者内齿轮伸出端摩擦面生锈	用砂纸打磨的方法除去金属粉末或锈迹，处理后的摩擦带厚度小于 4 mm 时，应更换摩擦带
4	移位接触器非正常断开故障	挤切销是否折断变形或移位接触器底座安装螺栓松动	更换挤切销，采用 1.5 mm 垫片调整底座高度，拧紧螺栓
		在检查挤切销无半折断变形的情况下，检查移位接触器接点压力是否发生变化，受外力振动断开	用万用表测量接线端 01-02、03-04 是否有交流电压，如有电压，则将移位器重新调整或更换移位器
5	道岔正常解锁转换，尖轨与基本轨不密贴，不能锁闭，设备无法给出正常表示	挤切销断裂	更换挤切销
		尖轨与基本轨之间存在异物	清理道床

（2）电气故障

道岔控制电路分为电动机启动电路和表示电路两部分。

1）表示电路故障原因检测及处理

故障现象：例如当从定位向反位操纵道岔时，在 ATS 显示界面上，定位表示灯熄灭，

反位表示灯不点亮，同时出现挤岔报警。

信号维修技术人员在排除机械故障的前提下，根据表示电路元件串联相接的特点、用万用表测试转辙机所属集中站分线盘中 X2 与 X3 端子，若存在 110 V 交流电压，则说明室内电路工作正常，室外电路出现故障。再用万用表检测转辙机电缆盒 D2 与 D3 端子，若存在 110 V 交流电压，则是转辙机内部电路故障；否则就是室内室外设备连接电缆出现断线故障，需及时更换。具体操作处理流程如图 5 - 22 所示。

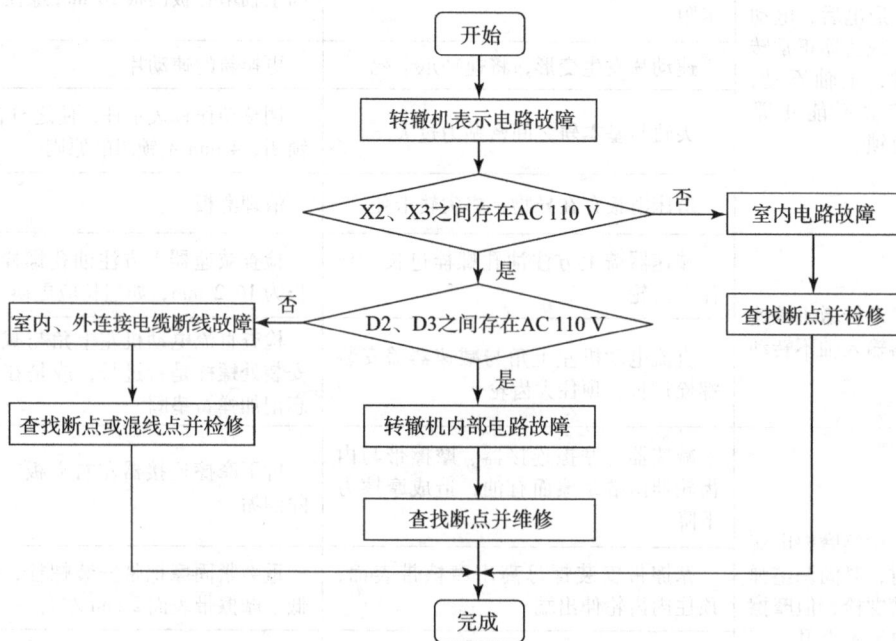

图 5 - 22　表示电路故障处理流程

因为电动道岔发生故障大部分都以无表示现象出现，如表示杆卡口、挤切销折断等机械故障的发生也都反映在表示电路上，所以发生无表示故障时，首先应在控制界面观察现象，然后在分线盘相应的端子上测量，根据测量出的电压值，分清故障性质，准确判断故障并处理。在故障排除的过程中，维修技术人员应遵守维修条例，与行车调度员、电力调度员、车站值班员、驾驶员配合，尽快完成对设备的检修。

室内电路故障分为四种情况：以道岔处于定位状态为例，若道岔定位无表示，定位向反位操不动，则 X2 断线；若道岔反位无表示，反位向定位操不动，则 X1 断线；若道岔定、反位都无表示，定位、反位操动正常，则 X3 断线；若道岔表示正常，定位、反位都操不动，则 X4 断线。信号技术维修员通过对故障现象的判断可以了解故障情况，用万用表测量、确认，能够快速、准确地找到故障点并排除故障。

2）启动电路故障原因检测及处理

启动电路由室内部分和室外部分组成。室内部分主要由 DZ220 电源，变压器，熔断丝 RD3、RD1、RD2、1DQJ、2DQJ（JYJXC - H135/220）及分线盘组成；室外部分主要包括连接电缆及转辙机内部电路。

启动电路故障的处理方法与表示电路故障处理类似，都先采用万用表电压挡或电阻挡测量逐段查找，再根据具体的断线、混线或短路故障具体分析处理，尽快使设备恢复到正常的工作状态。

3）电动机故障检测与处理

直流电动机小齿轮在其轴上安装不正，导致电动机小齿轮与减速器大齿轮啮合过紧，通电后电动机内部发出"嘎嘎"的响声。检修技术人员需要重新找正安装直流电动机小齿轮，压装小齿轮时加力适度。安装后的小齿轮应平、正良好。

电动机内部碳刷属于易损部件，当使用小于正常长度的3/5时，必须进行更换。碳刷与换向器表面应有良好的接触，接触压力为15~25 kPa，碳刷与刷盒之间应留有少量的间隙。碳刷磨损或碎裂时，应更换牌号、尺寸规格都相同的碳刷。碳刷与换向器表面接触面积的大小将直接影响到碳刷下火花的等级。新碳刷装配好后应研磨光滑，保证与换向器表面有80%左右的接触面。

6. ZD6 系列电动转辙机

ZD6 系列电动转辙机包括满足各种需求的 ZD6 型转辙机的派生型号，它们的参数如表5-4所示。各型 ZD6 电动转辙机的额定工作电压均为 160 V。

表 5-4 ZD6 系列转辙机参数

型号	额定负载 /N	工作电流 /A	转换时间 /s	动作杆动程/mm	表示杆动程/mm	主锁闭力 /N	副锁闭力 /N	特点及类型	适应范围
ZD6-A	2 450	≤2.0	≤3.8	165^{+2}_{0}	135~185	29 420 ± 1 961	—	单锁闭，可挤	单开道岔
ZD6-D	3 430	≤2.0	≤5.5	165^{+2}_{0}	135~185	29 420 ± 1 961	29 420 ± 1 961	双锁闭，可挤	单开道岔
ZD6-E	5 884	≤2.2	≤6.5	190^{+2}_{0}	140~196	49 033 ± 3 266	>88 254	双锁闭，不可挤	道岔第一点牵引
ZD6-J	5 884	≤2.2	≤9.0	165^{+2}_{0}	50~130	29 420 ± 1 961	—	单锁闭，不可挤	道岔第二点牵引

ZD6-A 型、D 型转辙机单机使用时，摩擦电流为 2.3~2.9 A；E 型和 J 型双机配套使用时，单机摩擦电流为 2.0~2.5 A。

（1）ZD6-D 型转辙机

ZD6-D 型转辙机是在 ZD6-A、B、C 型的基础上研制的，适用于牵引道岔尖轨。它扩大了表示杆的功能，对尖轨也有机械锁闭的作用，构成双锁闭。在表示杆中加一个销子，使检查块与表示杆连为一体，检查柱落入缺口，道岔便被表示杆锁住。挤岔时副锁闭销切断，表示杆同样有挤岔断表示功能。在前表示杆上设有前、中、后三个横穿孔，使后表示杆与之配合时有更大的选择余地，这样就扩大了表示杆动程的可调范围，使之既能适应普通道岔尖轨的动程，也能适应交分道岔和可动心轨道岔的动程需要。

（2）ZD6-E 型转辙机

ZD6-E 型转辙机在原有电流消耗的前提下，增大了牵引力，扩大了转换动程，具有双锁闭功能，还设计了与之配套的新型电动机。ZD6-E 型转辙机适用于特种断面的道岔和大号码道岔。

（3）ZD6 - J 型转辙机

ZD6 - J 型转辙机是 ZD6 - D 型的派生产品，适用于 AT 道岔的第二牵引点，用来辅助牵引尖轨。它与 ZD6 - E 型转辙机配合牵引 AT 道岔，称为"双机牵引"制式。它更换了 ZD6 - E 型转辙机的第一级减速齿轮，使之与 ZD6 - E 型动作同步。一般采用前表示杆的第一个横穿孔，以适用道岔第二点动程小的需要；取消杆内副锁闭销，使之顺利地实现挤岔报警。

5.1.2　直流道岔转辙设备的养护与维修

1. 技术规范

①道岔被挤时，同一组道岔上的表示接点断开，非经人工修复不得接通电路。

②正线道岔不锁闭时应在 13 s 内停止转换。

③ZD6 型转辙机的额定工作电压是 160 V。

④直流电动机的碳刷与换向器呈同弧面接触，接触面积不小于碳刷面的 3/4，工作时无过大火花。

⑤转辙机的动作电流在 1.5 A 及以下，摩擦电流为 2.3~2.9 A，偏差小于 0.3 A（车辆段单动道岔：DC 2.3~2.6 A；车辆段交分道岔及正线：DC 2.6~2.9 A）。

⑥手摇道岔，尖轨密贴锁闭后，减速器应有不小于 3.5 mm 的圈余量。

⑦单机牵引 5 号、7 号、9 号道岔：开口在（152 ±3）mm 内，左右偏差小于 2 mm。

2. 直流道岔转辙设备的养护与维修

二级保养主要对设备整体外观、道岔情况及转辙机内部部件及安装装置进行养护和检查，并进行基本电气参数的测量。

小修除对设备进行二次保养内容外，还对关键部件进行更换，并进行除锈和油漆处理。

中修将关键道岔与非关键道岔进行对调更换，并进行线缆整治。

大修依据转辙机的转换次数而定。

（1）二级保养

关键道岔每半月养护一次，其他道岔每月养护一次。二级保养内容如表 5 - 5 所示。

表 5 - 5　二级保养内容

项目	标准
道岔安装装置检查	①角钢安装装置方正，无裂纹，螺栓紧固，角钢外侧不与地面接触。转辙机所属线路侧面的两端与基本轨或中心线垂直距离的偏差不大于 10 mm。 ②道岔杆件均应与单开道岔直股基本轨或直股延长线、双开对称道岔股道中心线垂直。各杆件的两端与基本轨或中心线的垂直偏差不大于 20 mm。 ③道岔的密贴调整杆、表示杆、尖端杆、拉杆的水平方向的两端高低偏差应不大于 5 mm（以两基本轨工作面为基准）。 ④密贴调整杆、各种动作拉杆及表示连接杆的螺纹牙型均应符合标准，且具有足够的强度。密贴调整杆的螺母应有防松措施。 ⑤道岔转辙设备的各种杆件及导管等的螺纹部分的内、外调整余量应不小于 10 mm，表示杆的销孔旷量应不大于 0.5 mm；其余部分的销孔旷量应不大于 1 mm。 ⑥密贴调整杆动作时，其空动距离应在 5 mm 以上。 ⑦穿越轨底的各种物件，距轨底的净距离应大于 10 mm。 ⑧转辙机壳无裂损，蛇管完好无脱落，加锁良好，固定螺栓紧固。

项目	标准
道岔安装装置检查	⑨尖轨与基本轨开程，直尖轨应大于 142 mm，曲尖轨应大于 152 mm，AT 型应为 176～180 mm，复式交分道岔心轨应大于 90 mm，可动心轨应大于 110 mm，正线道岔刨切点开程不小于 60 mm，基本轨内侧无影响密贴的肥边。 ⑩尖轨爬行不超过 20 mm，单根尖轨前后窜动之和不超过 10 mm。 ⑪主、副表示杆连接螺栓不松动（除方钢表示杆外），连接铁固定良好，后盖紧固，表示杆缺口标记（刻度）无变化，防尘罩与各部不磨卡，罩上定位标记清晰
箱盒密封性检查	①箱盒内部密封良好，能防水、防尘、防潮。 ②机内无积水、积尘、积油及其他无关物。 ③机壳清洁、标识清楚，无尘、无污迹。 ④螺栓安装紧固，注油适当
转辙机内部检查	①遮断器：安全接点接触良好，接触深度大于 4 mm；安全接点断开距离大于 2 mm，非人工恢复不得接通电路。不合格时要更换遮断器。 ②机内配线：整齐、无磨卡、无破皮，多股线线环扎头断股不超过 1/5。线头焊接牢固，有防松螺母，无伤痕。 ③电动机：清洁电动机与换向器接触面；火花过大及有严重烧痕时要更换电动机。转子与磁极间不磨卡，换向器表面光滑干净，片间绝缘物低于弧面 0.3～0.5 mm。槽内清洁、无炭粉；碳刷与换向器接触面积不小于碳刷面积的 3/4；工作时无过大的火花，无严重烧痕；碳刷长度不小于碳刷全长的 3/5。 ④自动开闭器：自动开闭器安装牢固、完整、无裂纹；动、静接点不松动；静接点长短需一致，相互对称，接点片不弯曲、不扭斜，辅助偏作用良好；接点罩清洁明亮，无裂纹。速动爪的滚轮在传动中，应保证速动片上滚动，落下不得与启动片缺口底部相碰；在动作杆、表示杆正常伸出或拉入过程中，弹簧的弹力适当，作用良好，保证接点迅速转接，并带动检查柱上升和落下。 ⑤主轴、动作杆及移位接触器：动作杆与齿条块的轴向移位量和圆周方向的转动量（径向圆跳动）均不得大于 0.5 mm，齿条内各部件和连接部分应保证油润，各孔内不得有铁屑及杂物，挤切销应固定在齿条块圆孔内。台上不得顶住或压住动作杆；锁闭齿轮圆弧与齿条削尖齿圆弧应吻合，并无明显磨耗，接触面不小于 50%。在动作齿条处于锁闭状态下，两圆弧面应保持同圆心；表示杆检查块的上平面应低于表示杆上平面 0.20～0.88 mm，检查柱落入检查块缺门内两侧间隙为（1.5±0.5）mm；位接触器应能经常监督主销良好，与主销折断时，接点应可靠断开，切断道岔表示；当顶杆与触头间隙为 1.5 mm 时，接点不应断开；用 2.5 mm 垫片实验或用备用销带动道岔（或推拉动作杆）实验时，接点均应断开，非经人工恢复不得接通电路。其所加外力不得引起接点簧片变形。 ⑥表示杆：表示杆应平直，无锈蚀、油润油饰良好；检查柱落入检查块缺口内两侧间隙力（1.5±0.5）mm（此时尖轨须密贴，无反弹）；表示杆检查块的上平面应低于表示杆上平面 0.2～0.8 mm
道岔上密贴和表示缺口检查	①将动作杆和表示杆保持在伸出位置，保证尖轨与基本轨密贴后再检查尖轨上的表示杆，确保表示杆伸出端一方的检查柱落入检查块缺口，并达到（1.5±0.5）mm 的侧隙要求。同时须复查，与尖轨第一连接杆处 4 mm 实验锤夹入尖轨和基本轨之间，这时主轴不应转至锁闭状态，检查柱不应下落。 ②摇动手摇把，将动作杆和表示杆保持在拉入位置，再检查密贴调整杆，使另一方的检查柱和锁闭满足上述同样的要求为止

（2）小修

小修：每年保养一次。小修内容及流程如表 5-6 所示。

表 5 - 6　小修内容及流程

保养流程	保养内容
1. 完成二级保养内容	同二级保养内容
2. 设备整治	①移位接触器实验。拔出主销接点，可靠断开，切断道岔表示；顶杆与触头之间放置 1.5 mm 实验片，接点不应断开。更换不合要求的移位接触器。 ②更换挤切销。一般 ZD6 - D 型转辙机半年主、副销对调，一年更换；ZD6 - G 型转辙机半年主销对调，一年更换副销。 ③更换电动机。关键道岔的电动机需进行更换
3. 分解、检查安装装置绝缘	分解、检查安装装置绝缘，绝缘无破裂及碳化变形严重，更换不合格的绝缘
4. 设备的除锈和油漆处理	对转辙机、杆件、安装角钢等清扫，当出现锈蚀时，铲除锈蚀部分，整机涂上防锈油及外漆。油漆油层应完整，无剥落现象并保持鲜明；防锈油干透后才能涂上外漆；漆膜不能太厚
5. 配线端子对地绝缘检查	测绝缘电阻，各种电缆在环境条件最差情况下，其绝缘电阻不小于 0.5 MΩ。如果发现有不符合要求的要找出原因并进行整治，使其符合要求

（3）中修

中修：二至十年一次，根据转辙机转换是否频繁而定。中修内容及流程如表 5 - 7 所示。

表 5 - 7　中修内容及流程

保养流程	保养内容
1. 更换转辙机	关键道岔每两年更换一次，非关键道岔每十年更换一次，但每五年需更换减速器及电动机
2. 更换配线	关键道岔电缆盒与转辙机之间配线每五年更换，其他道岔十年需予以更换
3. 测电缆线间绝缘电阻	测绝缘电阻（每五年），各种电缆在条件最差情况下，其绝缘电阻不小于 0.5 MΩ。不合格的要检查，找出原因，进行整治
4. 线缆整治	对线缆线头发黑的，要重做线头。需要更换的进行更换，关键道岔每五年一更换，其他道岔十年一更换
5. 更换安装装置绝缘	安装装置绝缘需全部换新的（地面站五年）

（4）大修

大修依据转辙机转换次数而定，一般情况下不采用一次性大修，ZD6 型转辙机一般运转 250 000 次报废。

任务 5.2　ZD（J）9 型电动转辙机的检测与维护

☞ 学习目标

◆ 掌握 ZD（J）9 型电动转辙机的结构与工作原理。

◆ 能对电气故障进行检测、分析和处理。

◆ 能对转辙机进行安装及调整。

◆ 能对机械故障进行检测、分析和处理。

5.2.1 ZD（J）9 型电动转辙机

ZD（J）9 型电动转辙机是国内自行研制，完全国产化，具有独立知识产权的产品。它具有性能优、效率高、转换力大等特点。根据客运专线要求，派生了 K 系列转辙机，底壳采用高强度铝合金材料，重量轻、强度高、动作稳定可靠，寿命可达 1 000 000 次。K 系列转辙机有多种动程配置，锁闭（表示）杆也有全系列各种动程配置，完全可以适应我国各种提速道岔多机牵引的要求。

1. ZD（J）9 电动转辙机的特点

①模块设计、结构简单，既有交流系列，又有直流系列。

②既适用于分动外锁闭各种类型道岔，又适用于联动内锁闭各种类型道岔；既能左侧安装，又能右侧安装。

③转辙机有可挤型和不可挤型，有双杆内锁和单杆内锁，能满足不同牵引点的需求。有保持转辙机动作杆在终端位置的锁闭装置，并采用燕尾式内锁结构，提高了锁闭的可靠性。

④采用滚珠丝杠传动，效率高。

⑤两级减速传动，便于调整速比，满足多点牵引道岔同步转换的要求。

⑥有速动机构检测转辙机动作杆的终端位置。

⑦有挤岔表示功能。

⑧销孔和滑动面均用 SF2 复合材料衬套或衬垫，耐磨耗。

⑨机内传动系统设置了阻尼机构，动作平稳。

⑩采用不锈钢零件及热涂锌工艺，提高转辙机整体防护性能。

⑪外壳采用坚固耐用、抗腐蚀的铝合金材料。

⑫实验寿命 1 000 000 次以上，产品性能达到国际先进水平。

⑬有专门为复式交分道岔设计生产的双动作杆转辙机。

2. ZD（J）9 型电动转辙机的结构

ZD（J）9 型电动转辙机主要由电动机、减速器、摩擦连接器、滚珠丝杠、推板套、动作板、锁块、锁闭铁、接点座、动作杆、锁闭（表示）杆等零部件组成，结构采用模块化设计，便于维护和维修。ZD（J）9 型电动转辙机整体结构如图 5 - 23 所示。其主要零部件如图 5 - 24 所示。

（1）电动机及减速器

1）电动机

电动机有交流和直流电动机两种，均为短时、可逆电动机，绝缘等级为 F 级，具有过载

图 5 - 23 ZD（J）9 型电动转辙机
整体结构

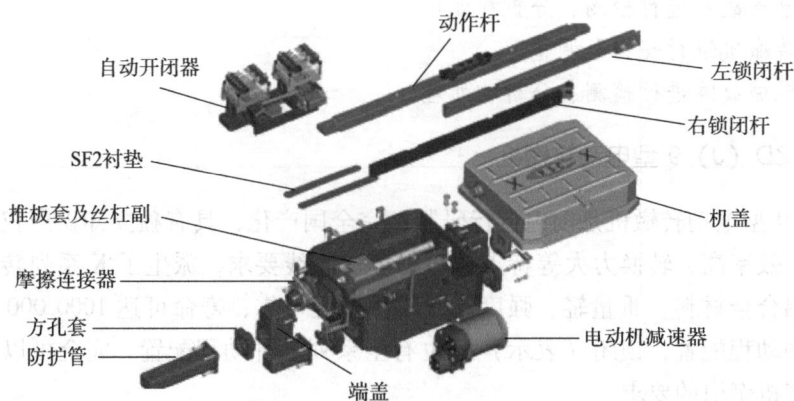

图 5-24   ZD（J）9 型电动转辙机主要零部件

能力强、在额定转矩的 1.5 倍情况下安全使用的特点。

　　交流电动机采用专用电动机，电压 AC 380 V，功率 0.4 kW，额定转矩 2 N·m，转速 1 330 r/min，F 级绝缘。轴承采用 NSK 双面密封轴承。直流电动机安装尺寸与交流相同，可直接替换，其特性为：电压 DC 160 V，工作电流 2 A，输出转矩 2 N·m，转速 980 r/min。电动机实物如图 5-25 所示。

　　改变电动机三相交流电的相序就可以改变电动机的旋转方向。三相交流电动机的优点是控制距离比较长；缺点是启动力矩小、缺相容易损坏。

　　2）减速器

　　减速器为两级减速，第一级减速为齿轮减速，以齿轮箱的形式与电动机结合在一起，如图 5-26 所示。齿轮箱中有摇把齿轮、电动机输出小齿轮、中间齿轮，中间齿轮啮合于摩擦连接器齿轮上，摇把齿轮用于手摇转辙机。第二级减速由滚珠丝杠、螺母及推板套完成，除了具有减速作用外，还可将旋转运动变为推板套的水平运动。

图 5-25   电动机实物

图 5-26   减速器实物

　　可以通过变动减速比来改变转换力或转换时间。ZD（J）9-A 型第一级速比为 38/26 = 1.46，第二级速比为 46/18 = 2.56，总速比为 i = 3.74。ZD（J）9-B 型第一级速比为 44/20 = 2.2，第二级速比不变，总速比为 i = 5.63。

（2）摩擦连接器

ZD（J）9 型电动转辙机摩擦连接器采用片式粉末冶金摩擦方式，其作用是使转辙机输出的转换力保持在规定标准内；当道岔转换阻力小于摩擦连接器的规定值时，电动机转动，摩擦连接器不打滑，牵引道岔尖轨（心轨）转换；当道岔阻力大于摩擦连接器的规定值或受到卡阻时，电动机转动，摩擦连接器打滑空转，保护电动机不烧损。

摩擦连接器采用干式摩擦，主动片是 4 片外摩擦片，被动片是 3 片铜基粉末冶金摩擦材料（HXFM10391）的内摩擦片，用 12 个弹簧加压，如图 5 - 27 所示。

图 5 - 27　摩擦连接器实物

（3）锁闭（表示）杆

ZD（J）9 型转辙机的锁闭（表示）杆分为左、右锁闭（表示）杆，分别与道岔的两根尖轨相连。当转辙机的表示杆具有锁闭功能时，通常情况下称其为锁闭杆，如图 5 - 28 所示。锁闭杆锁闭后能承受 30 kN 的轴向锁闭力；若转辙机的表示杆不具备锁闭功能，则称为表示杆。

转辙机的动作杆和表示杆均具备锁闭功能，简称双杆内锁；若转辙机只有动作杆具备锁闭功能，则称其为单杆内锁。

（4）滚珠丝杠

滚珠丝杠相当于一个直径 32 mm 的螺栓和螺母，如图 5 - 29 所示。当滚珠丝杠正向或反向旋转一周时，螺母前进或后退一个螺距。滚珠丝杠减速的同时，将电动机的旋转运动转变为丝杠的直线运动。

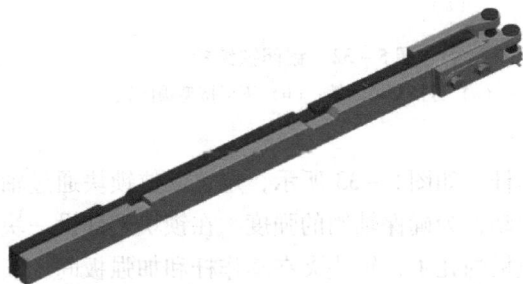

图 5 - 28　锁闭（表示）杆实物

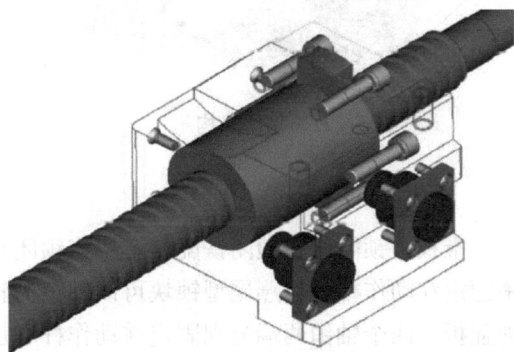

图 5 - 29　滚珠丝杠

正常动作时，滚珠丝杠上的螺母空动一定距离后才能顶住保持连接器，使动作杆随保持连接器动作而做直线运动。空动的目的是使锁闭块和锁舌正常缩入，完成机内解锁及速动开关的第二排或第三排接点断开，切断表示电路，接通通向回转的电路。同时空动克服了三相交流电动机启动力矩小的缺点。

ZD（J）9型转辙机采用滚珠丝杠传动，效率高。第二级减速传动，便于调整速比，满足多点牵引道岔同步转换要求，既适用于分动外锁闭安装，又适用于联动内锁闭安装。

ZD（J）9型转辙机的滚珠丝杠选用3210型多列阵磨削丝杠，直径为 $\phi32$ mm，导程为10 mm。由于导程大，滚珠也大，所以可靠性高。丝杠螺母采用法兰盘结构方式，便于选用标准结构，滚珠丝杠副如图5-29所示。

（5）动作板

动作板是固定推板套面上的钢板，有高低两个层面。高面两端有斜面，低面两端设两个可窜（弹簧弹力）的速动片，如图5-30所示。丝杠的转动会带动推板套平移，推板套动作的同时，安装在推板套上的动作板随着推板套一起移动。当动作板开始动作时，动作板滑动面一端的斜面推动与起动片连接的滚轮，切断表示接点，同时接通下一转换方向的动作接点；当动作到位后，滚轮从动作板滑动面落下，断开动作接点，接通表示接点。在这一过程中，滚轮通过左右支架的作用使锁闭柱（检查柱）抬起或落入锁闭（表示杆）槽，完成检测道岔状态的功能。

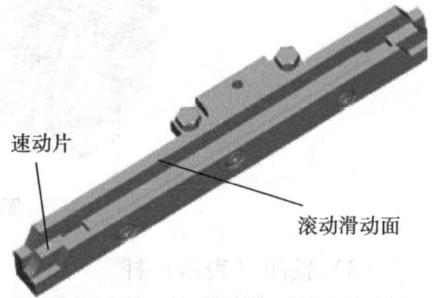

图5-30 动作板

（6）锁闭机构

ZD（J）9型转辙机的锁闭机构由锁块、锁闭铁、动作杆和推板四部分构成，其结构如图5-31所示。锁闭铁分为可挤型锁闭铁与不可挤型锁闭铁，结构如图5-32所示。

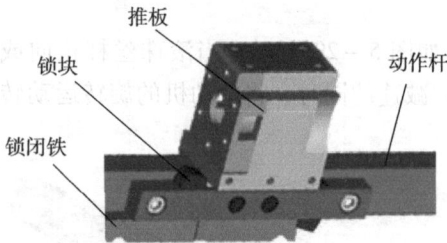

图5-31 锁闭机构

（a）   （b）

图5-32 锁闭铁结构

（a）可挤型锁闭铁；（b）不可挤型锁闭铁

推板、锁闭块、锁闭铁配合转换或锁闭动作杆。如图5-33所示，定、反位锁块通过轴销固定在动作杆上，燕尾型锁块可以轴销为轴转动，为确保轴销的强度，在锁块上部设一块加强板，四个轴销两端分别固定在动作杆和加强板的孔中，锁块夹在动作杆和加强板间。锁闭铁固定在机壳上，是一个长矩形钢板，端部斜面与锁闭块吻合。

当滚珠丝杠转动时，推板套做水平运动，推动安装在滚珠丝杠和推板套动作杆上的锁块，在锁闭铁的辅助下使动作杆水平运动，完成解锁、转换、锁闭的功能。

（7）自动开闭器（接点组）

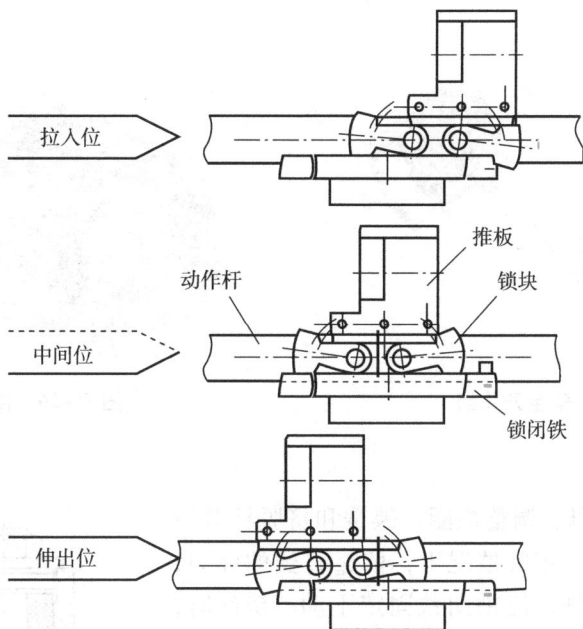

图 5 – 33 锁闭机构动作原理

自动开闭器与 ZD6 型相同,如图 5 – 34 所示,只是将动接点支架改为有两处嵌压连接的结构,因此左右调整板设在同侧,缩小了接点组尺寸,减少了零件品种。静接点用磷青铜制造,动接点用铜钨合金制造,使用寿命在 1 000 000 次以上。锁闭柱和检查柱在接点组外侧,以便于观察表示缺口。

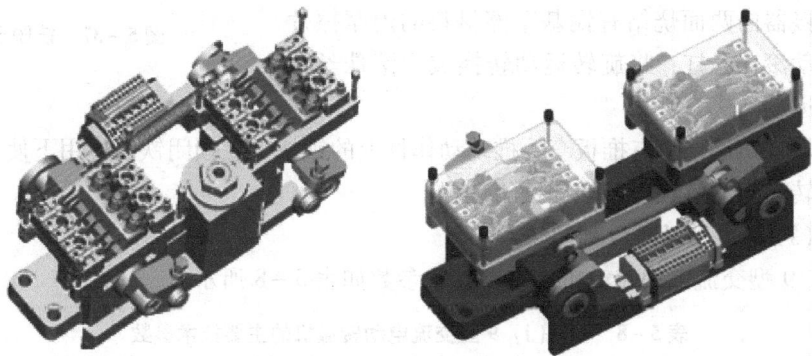

图 5 – 34 自动开闭器

(8)安全开关组

当需要人工摇动转辙机时,由于安全开关通过连接杆与电动机轴端的连板相连,因此必须打开安全开关后手摇把才能插入,如图 5 – 35 所示。安全接点采用与自动开闭器动静接点组同等的材质。

(9)接线端子

接线端子(图 5 – 36)采用免维护的万可(WAGO)公司的 280 – 901 型端子,其特点是接线端子的零件没有螺纹连接件,能抗振动和冲击,同时又不损及导线。

图 5-35　安全开关组

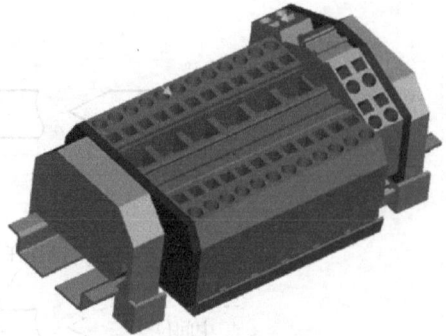

图 5-36　接线端子

（10）挤脱器

挤脱器由调整螺母、调整垫圈、碟簧和挤脱柱等组成，如图 5-37 所示。正常情况下，依靠碟簧的弹力，挤脱柱可以顶住锁闭铁，使锁闭铁固定不动。挤岔时，锁闭杆在动作杆上锁块的作用下脱开挤脱柱，在锁闭铁上的凹槽推动水平顶杆，竖顶杆推动动接点支架，从而切断表示，非经人工恢复不能接通表示电路。

3. ZD（J）9 型电动转辙机的动作原理

接通电源后，减速器把电动机的高转速、小转矩转换为低转速、大转矩输出到摩擦连接器。

摩擦连接器内两面烧结有铜基摩擦材料的内摩擦片通过花键传动滚珠丝杠，将旋转运动转换成为滚珠丝杠螺母的直线运动。

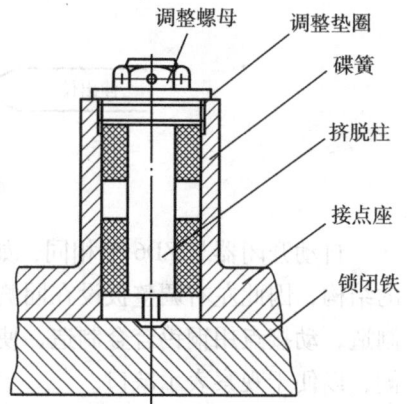

图 5-37　挤脱器

在滚珠丝杠螺母外套有推板套，推动动作杆上的锁块，在锁闭铁的作用下使动作杆水平运动，完成转辙机的解锁、转换和锁闭动程。

4. ZD（J）9 型电动转辙机的技术参数

ZD（J）9 型交流电动转辙机的主要技术参数如表 5-8 所示。

表 5-8　ZD（J）9 型交流电动转辙机的主要技术参数

型号	电源电压 AC 三相/V	额定转换力/kN	动作杆动程/mm	锁闭（表示）杆动程/mm	单线电阻/Ω	工作电流/A	动作时间/s	备注
ZDJ9-170/4 k	380	4	170±2	152±4	54	≤2.0	≤5.8	尖轨动程 152 mm 以下的道岔，双杆内锁，可挤
ZDJ9-A220/2.5 k	380	2.5	220±2	160±4	54	≤2.0	≤5.8	双机牵引第一牵引点，不可挤，双杆内锁

型号	电源电压 AC 三相/V	额定转换力/kN	动作杆动程/mm	锁闭(表示)杆动程/mm	单线电阻/Ω	工作电流/A	动作时间/s	备注
ZDJ9 - B150/4.5 k	380	4.5	150±2	75±4	54	≤2.0	≤5.8	双机牵引第二牵引点,可挤,单杆内锁
ZDJ9 - C220/2.5 k	380	2.5	220±2	160±20	54	≤2.0	≤5.8	联动道岔第一牵引点,不可挤,双杆内锁
ZDJ9 - D150/4.5 k	380	4.5	150±2	75±20	54	≤2.0	≤5.8	联动道岔第二牵引点,可挤,单杆内锁

ZD(J)9型直流电动转辙机的主要技术参数如表5-9所示。

表5-9 ZD(J)9型直流电动转辙机的主要技术参数

型号	电源电压 AC 三相/V	额定转换力/kN	动作杆动程/mm	锁闭(表示)杆动程/mm	工作电流/A	动作时间/s	备注
ZDJ9 - 170/4 k	160	4	170±2	152±4	≤2.0	≤8	尖轨动程152 mm以下的道岔,双杆内锁,可挤
ZDJ9 - A220/2.5 k	160	2.5	220±2	160±4	≤2.0	≤8	双机牵引第一牵引点,不可挤,双杆内锁
ZDJ9 - B150/4.5 k	160	4.5	150±2	75±4	≤2.0	≤8	双机牵引第二牵引点,可挤,单杆内锁
ZDJ9 - C220/2.5 k	160	2.5	220±2	160±20	≤2.0	≤8	联动道岔第一牵引点,不可挤,双杆内锁
ZDJ9 - D150/4.5 k	160	4.5	150±2	75±20	≤2.0	≤8	联动道岔第二牵引点,可挤,单杆内锁

　　交流系列转辙机在供给电源电压、线路串接54 Ω电阻、输出额定转换力和规定的维护条件下,其实验寿命应不小于1 000 000次(拉入或伸出各计算一次)。直流系列转辙机的电动机和接点开闭器应不小于50 000次(拉入或伸出各计算一次)。

　　摩擦连接器正、反方向摩擦转换力之差应不大于额定值的15%。ZD(J)9型转辙机自动开闭器动接点与静接点接触压力满足不小于4.0 N的要求。自动开闭器动接点在静接点片内的接触深度不小于4 mm。

　　道岔正常转换时,电动转辙机的摩擦连接器应不空转,摩擦连接器作用良好;道岔尖轨因故不能转换到位时，摩擦连接器应空转。转辙机各独立的导电部分之间及机壳之间的绝缘电阻，用 500 V 兆欧表测量，在实验的标准大气条件下，其绝缘电阻应不小于 25 MΩ。

若 ZD（J）9 型转辙机安装于道岔左侧（从道岔头部向道岔根部看），即左装，当动作杆伸出时，自动开闭器的第 2 排和第 4 排接点接通；当动作杆缩入时，自动开闭器的第 1 排和第 3 排接点接通。挤脱器挤脱力应调整为（28 ±2）kN，并用红漆标记。

5. ZD（J）9 型电动转辙机安装

ZD（J）9 型电动转辙机有角钢安装方式和轨枕安装方式两种。图 5 - 38 所示为转辙机安装，图 5 - 38（a）所示转辙机为右伸结构、道岔左侧安装、角钢安装方式；图 5 - 38（b）所示为左伸结构、道岔右侧安装、轨枕安装方式。

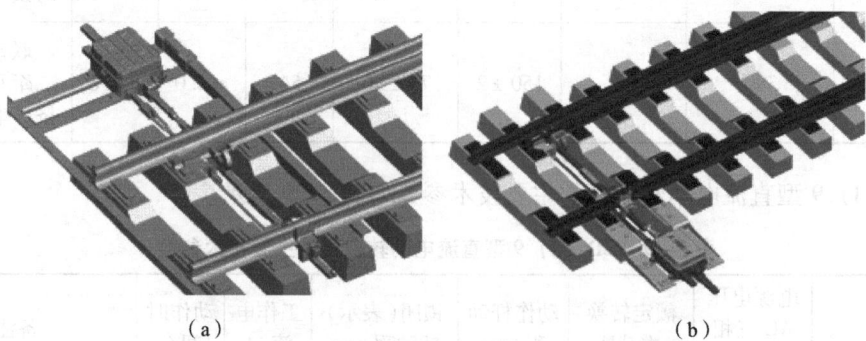

（a）　　　　　　　　　　　　（b）

图 5 - 38　转辙机安装
（a）转辙机为右伸结构、道岔左侧安装、角钢安装方式；
（b）转辙机为左伸结构、道岔右侧安装、轨枕安装方式

ZD（J）9 型电动转辙机在工厂装配是右伸结构，是在道岔左侧的安装方式。如果要在道岔右侧安装，则需要将转辙机的动作杆和锁闭杆的保护管、锁闭杆、毛毡防尘圈等更换方向。由于动作杆左、右侧均有连接孔，因此动作杆不需要更换方向。

6. ZD（J）9 型电动转辙机调整

（1）调整密贴

调整密贴可通过增减锁闭铁与锁闭框间的调整片的厚度和数量进行。尖轨与基本轨不应密贴过紧，应有 0.2 ~ 0.7 mm 间隙，当夹 4 mm 铁板时，转辙机不能锁闭；当夹 2 mm 铁板时，转辙机能锁闭。9 号道岔第二牵引点直线尖轨密贴时应有 3mm 间隙。

（2）表示调整

转辙机安装后，调整道岔尖轨密贴后，调整锁闭杆锁闭表示缺口与锁闭柱（检查柱与检查块）的间隙，一般 A、C 型为每侧 2 mm，其调整量为 0 ~ 4 mm，可从转辙机上方直接观察到缺口。第二牵引点用的 B 和 D 型表示缺口与检查柱的间隙为每侧 4 mm，其调整量为 0 ~ 8 mm；正常检查表示缺口与检查柱的间隙为每侧 2 mm。为了在第二牵引点因尖轨变形，允许在密贴时留有 4 mm 间隙，也可以调整使用。对于联动道岔表示缺口的调整，其调整次序为：先调整拉入的表示缺口，再调整伸出的表示缺口。

锁闭杆挤岔表示斜缺口与锁闭柱斜面间隙为每侧 18 mm，当在分动外锁闭道岔上使用时，其适应尖轨动程为尖轨标准动程 ±18 mm。当在联动内锁闭道岔上使用时，其左右锁闭杆或表示杆可以调整左、右两杆锁闭缺口的相互位置，如 ZD6 型电动转辙机的表示杆那样，

调整量为 ±20 mm，适应尖轨动程为尖轨标准动程为 ±20 mm。

（3）摩擦连接器的调整

转辙机摩擦连接器在出厂时，按照转辙机技术条件规定的不同型号的标准值已调整好。对符合标准的道岔，其转换力不超过标准值，本机摩擦连接器无须任何调整就能满足使用要求。

道岔在正常转动时，摩擦连接器不空转，摩擦连接作用良好，道岔尖轨因故不能转换到位时，摩擦连接器应空转，如道岔转换力过大（或有其他非正常情况），转辙机就会出现摩擦连接器打滑的现象。确认各部件工作正常，仅道岔转换力过大导致不能正常转换时，可用本机附带的专用工具进行调整，右旋调节可增大摩擦力，左旋可减小摩擦力。摩擦电流 ZDJ9 – A、C220/2.5 为 1.9 ~ 2.3 A，ZDJ9 – B、D150/4.5K 为 2.2 ~ 2.6 A。调整完成后，可用销式或无销式转辙机测力仪测试转换力及摩擦转换力。建议摩擦转换力不宜过大，否则有烧损电动机的可能。

（4）挤脱器挤脱后的恢复

松开调整螺母，取出调整垫、调整垫圈及挤脱柱（连带碟簧一起取出），然后用手摇把把转辙机摇到解锁位置，轻敲锁闭铁一端，使其恢复到挤脱前的状态，装入挤脱柱，调整垫圈，并旋紧调整螺母，最后用摇把转辙机恢复到终点位置。

注意：恢复时，当挤脱发生在转辙机的拉入状态，如果恢复时轻敲锁闭铁不能是锁闭铁移动，则有可能是挤岔时锁闭铁移动量过大，造成锁闭铁一端移动超过水平顶杆；恢复时，如果锁闭铁不能移动，想让此种情况恢复，就必须把接点座卸下。

5.2.2　交流道岔转辙设备的养护与检修

1. 技术规范

①检测杆表示缺口调整应为指示杆对准检测杆缺口标记中间，左右偏差小于 0.5 mm。左右位缺口均须按此规定调整。

②额定转换力测试达到第一牵引点大于 3 000 N，第二牵引点大于 4 500 N，正常转换阻力不大于 2 500 N，第二牵引点不大于 4 000 N。

③单机牵引 9 号道岔：开程量在（152 ±3）mm，左右偏差小于 2 mm；双机牵引 9 号道岔：开程量第一牵引点在（160 ±3）mm，第二牵引点直线尖轨开程在（73 ±3）mm，曲线尖轨开程在（70 ±3）mm；双机牵引 12 号道岔：开程量第一牵引点在（160 ±3）mm，左右偏差小于 2 mm，第二牵引点开程在（70 ±3）mm，左右偏差小于 2 mm；辙叉牵引点开程在（105 ±3）mm，左右偏差小于 2 mm。

④外锁闭装置及安装装置应安装平顺，可动部分在道岔转换过程中动作平稳、灵活，无卡阻现象。转辙机动作杆与弯头连接杆、锁闭杆成一直线。

⑤锁钩与锁闭杆接触的摩擦面及运动范围内无砂石、异物等，运动灵活、无卡阻。

⑥表示拉杆接头铁应紧固，不松动。

⑦锁钩、锁闭杆及锁闭铁应保持清洁、油润、无锈蚀。道岔转换时，锁钩连接轴横向轴窜动效果良好，能自动调节锁钩转角。

⑧单机牵引道岔的锁闭量不小于 35 mm；双机牵引道岔第一牵引点的锁闭量不小于 35 mm、第二牵引点的锁闭量不小于 20 mm、可动芯的锁闭量不小于 35 mm、外锁闭左右两

侧锁闭量偏差不得超过 2 mm。

2. 交流道岔转辙设备的养护与维修

交流转辙机的修程有二级保养、小修、中修和大修。

二级保养主要对设备机箱整体、道岔状况、外锁闭装置以及转辙机内部部件和安装装置进行养护和检查，并进行基本电气参数的测量。

小修对设备整体进行整治，并进行设备除锈、油漆处理。

中修将关键道岔与非关键道岔进行对调更换，更换安装装置绝缘，并进行线缆整治。

大修依据转辙机的转换次数而定。

（1）二级保养

二级保养：关键道岔每半月养护一次，一般道岔每月养护一次。二级保养内容如表 5 - 10 所示。

表 5 - 10　二级保养内容

项目	标准
机壳检查	①进行整机的清洁及密封检查，确定整机密封良好，密封圈保持弹性、无老化现象。 ②机内无积水、无积土、无杂物、无锈蚀；机盖密封良好、不松动。 ③封孔盖封闭严密，能保证防水、防尘；检查机壳、机盖有无裂痕或破损，机盖上道岔编号、字迹、标志是否清楚。 ④确定机盖无锈蚀、不松动，进线缆装置防护有效，而且机盖开启灵活，关闭时锁闭良好。 ⑤开关锁壳上的锁盖无锈蚀、脱落现象。 ⑥目测和用扳手检查各部螺栓是否紧固，紧固松动的螺栓，并且适量注油
转辙机内部检查	①机内配线检查。先观察各线、管有无绝缘破损、裂纹、老化、脱落、断痕及磨损现象，然后用手扳、摇、拽试各线、管的牢固程度，有螺栓连接的可用援手、螺丝刀试拧一下，确定机内配线、插接件状态良好，无破损、掉头、脱线现象，端子不松动。 ②检查遮断器。检查摇把挡板在遮断开关闭合时能否有效阻挡摇把插入；切断开关时摇把可顺利插入，挡板与齿轮之间的间隙不小于 1 mm；开关锁动作灵活，通、断电性能良好；检查接点是否发黑严重，接点电阻须不大于 30 Ω。 ③电动机检查。检查电动机各部件的固定螺栓不松动。 ④传动装置检查。检查摩擦连接器、滚珠丝杠是否清洁、动作平稳无噪声；摩擦连接器上的漆封是否完整，止动片、M4×8 螺栓位置是否正确、无脱落现象。 ⑤保持器检查。检查保持器上的铅封是否完好。 ⑥速动开关组检查。检查速动开关组是否完好、无异状；确定各部件的固定螺栓不松动；检查外壳有无开裂；接点是否发黑严重；测量接点电阻值，接点电阻值须不大于 30 Ω。 ⑦表示缺口检查。通过目测，检查密贴时检测杆缺口标记是否处于检测口中心位置，应使两侧间隙相等，左右偏差要小于 0.5 mm。若有偏离，则通过旋动表示杆的套轴和螺母调整表示杆的长度。 ⑧各类杆件检查。检查动作杆、检测杆、锁闭块是否正常，确定锁舌动作灵活，锁闭块的锁闭量大于 10 mm；机内检测杆表示缺口与指示标对中，左右偏差小于 0.5 mm；动作杆、检测杆、锁闭块操纵板均保持油润，有关注油孔能正常注油。动作杆罩塞无脱落迹象，螺栓紧固；检测杆导向套筒的固定螺栓紧固。机外检测杆无张嘴、错位现象，连接销螺栓紧固、不旷动；各部螺栓清扫干净，杠件及各连接销表面应油润，无污垢、无锈蚀

项目	标准
道岔检查	①使用钢直尺测量检查道岔开程,检查如有道岔开程不合要求,要联系工建联合对其进行整治,使其符合技术标准。 ②道岔尖轨与基本轨检查。目测道岔尖轨状况,尖轨无爬行、飞边的现象;检查岔尖根部螺栓紧固情况,螺栓紧固适当;目测或使用塞尺测量尖轨尖端与基本轨空隙,轨缝应有 5~10 mm 间隙,尖轨与基本轨螺栓不相碰
安装装置检查	①目测道岔长角钢与基本轨垂直,短角钢与基本轨平行,偏差量不大于 10 mm。电动转辙机与基本轨相平行,机体纵侧与基本轨垂直偏差小于 5 mm。 ②开口销检查。目测开口销是否符合标准,开口销安装符合标准、齐全,劈开 600~900 mm
转辙机手摇装置检查	①慢速手摇转辙机,感受道岔阻力和转换力的大小,听转换过程的声音,各杆件连接要平顺,无卡阻现象。 ②在密贴前瞬间观察密贴情况,密贴时尖轨直线部分与基本轨同时接触,无尖轨尖部或腰部先接触现象。 ③解锁过程中,锁舌与保持连接器无明显摩擦声;在解锁时,斥离轨无明显反弹
外锁闭装置检查	①锁闭框、锁闭杆检查。目测并使用钢直尺测量锁闭量,单机牵引锁闭量不小于 35 mm,双机牵引第一牵引点和辙叉牵引点锁闭量不小于 35 mm,第二牵引点锁闭量不小于 20 mm;外锁闭左右两侧锁闭量偏差不得超过 2 mm,超过时要进行调整。 ②锁钩检查。锁钩与锁闭杆接触面及动作范围内无砂石、杂物等,以防转换卡阻。锁钩涂油、油杯注油;销轴、各摩擦面保持油润。 ③锁闭框、锁闭杆偏移检查。目测左右锁闭框与锁闭杆垂直,偏差为 ±4 mm。 ④各部螺栓检查。各部螺栓安装紧固,螺栓注油适当

(2)小修

小修每年一次,具体内容如表 5-11 所示。

表 5-11 小修内容

维修项目	维修方法
设备整治	①导向套筒和导向法兰磨耗检查:检测杆导向套筒的磨耗小于 1 mm,导向法兰磨损量小于 0.6 mm。 ②摇把齿轮及齿轮组检查:摇把齿轮转动灵活,齿轮轴无缺油迹象,摇把齿轮的弹簧弹力足够,四个减速齿轮涂抹润滑脂。 ③电动机及速动开关组轴用挡圈检查:速动开关组、遮断开关等部件上的轴用挡圈不脱落。 ④滚珠丝杠检查:检查磨耗程度,并且加专用润滑脂。 ⑤排水塞检查:排水塞封闭完好,损坏的要进行更换
转换力测试	使用专用仪器测试转换力,检查其是否符合技术标准
设备除锈、油漆处理	转辙机、外锁闭装置、杆件、安装角钢等如出现锈蚀现象,则铲除锈蚀部分,整机涂上防锈油及外漆,油漆油层应完整,无剥落现象并保持鲜明。防锈油干透后才能涂上外漆,漆膜不能太厚

维修项目	维修方法
配线端子对地绝缘检查	测试电缆芯线对地绝缘电阻，应该不小于 5 MΩ
检查安装装置绝缘	检查、测试钢枕固定螺栓绝缘、外锁闭装置和各种杆件的绝缘性能是否符合技术要求
安装方正检查	①动作连接杆方正检查：用方尺检查或以一根方正的长角钢为基准，用尺测量；进行月检时可用肉眼进行观察。平行偏差均不大于 10 mm，高低偏差不大于 5 mm。 ②转辙机方正检查：转辙机侧面相对于直股基本轨用卷尺测量，平行偏差不大于 5 mm。 ③锁闭杆及长短表示杆方正检查：用方尺检查或以一根方正的长角钢为基准，用尺测量。进行月检时可用肉眼进行观察。平行偏差不大于 10 mm，高低偏差不大于 5 mm

（3）中修

中修每五到十年进行一次，具体内容如表 5 – 12 所示。

表 5 – 12　中修内容

保养项目	保养内容
更换安装装置绝缘	安装装置绝缘全部更换（地面站五年）
更换转辙机	折返道岔每五年与非关键道岔转辙机进行对调
更换配线	关键道岔电缆盒与转辙机之间的配线每五年更换一次，其他道岔十年需进行一次更换
测线缆间绝缘电阻	测绝缘电阻，各种电缆在环境条件最差的情况下，其绝缘电阻应不小于 0.5 MΩ（每五年），不合格的要检查，找出原因，处理好，使其符合要求
重做配线端子	维修标准：对线缆发黑的线头，要重做（关键道岔每五年更换一次，其他道岔十年更换一次）

（4）大修

大修依据转辙机转换次数而定，一般情况下不采用一次性大修，ZY（J）7 和 ZD（J）9 的报废时间目前还在研究。

知识链接

1. 四线制道岔控制电路

对于 ZD6 系列转辙机，目前应用广泛的是四线制道岔控制电路。图 5 – 39 所示为单动道岔四线制控制电路。

（1）技术要求

为了保证行车安全，道岔控制电路必须满足以下要求：

①道岔区段有车占用，或道岔区段轨道电路故障，该区段内道岔不能转换。

②进路在锁闭状态，进路上道岔不能转换。

③道岔一经启动，就应转换到底，不受机车车辆进入道岔轨道电路的影响。

④道岔启动电路接通后，电路故障导致的道岔未转动，应能自动断开启动电路。

⑤道岔转换中途受阻不能转换到底时，经操作应能转回原位。

⑥道岔转换完毕，应能自动断开启动电路。

（2）电路分析

ZD6 系列转辙机的控制电路采用四线制道岔控制电路和分级控制方式：首先由第一道岔启动继电器 1DQJ 检查联锁条件，然后由第二道岔启动继电器 2DQJ 控制电动机转动方向，最后由直流电动机转换道岔。图 5-39 中道岔在定位状态，当道岔转向反位时：

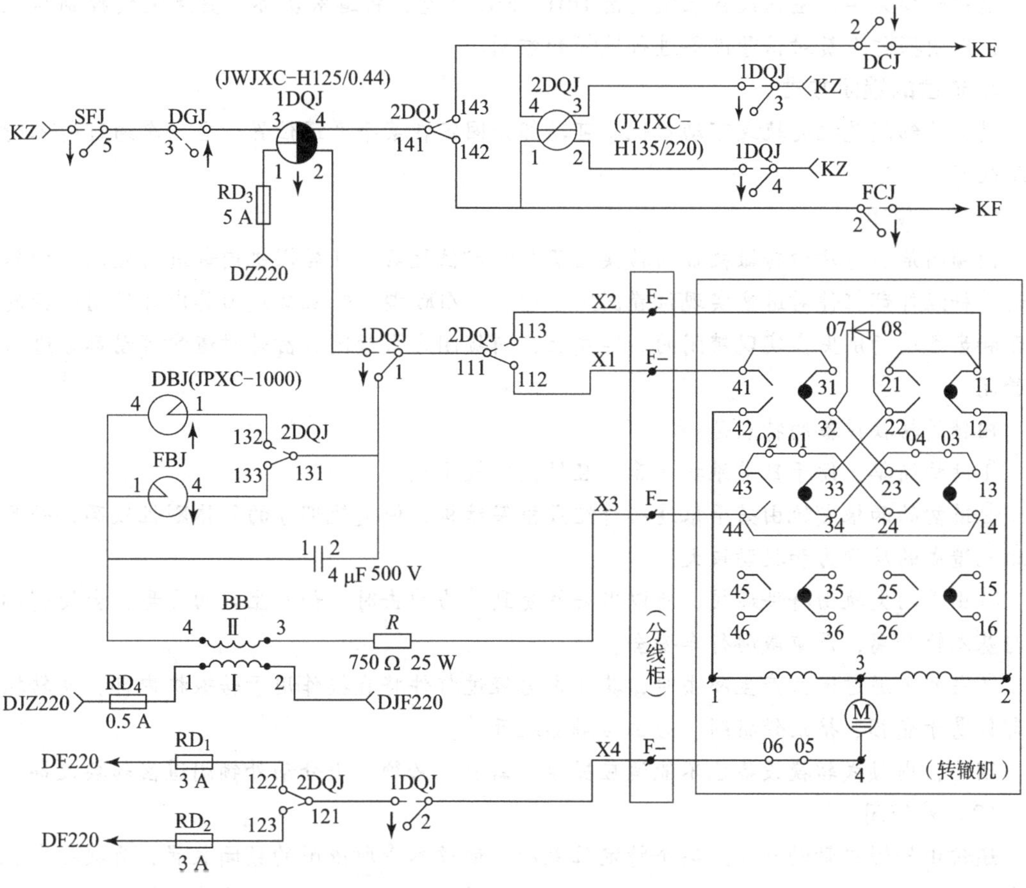

图 5-39 单动道岔四线制控制电路

①当 1DQJ 励磁道岔从定位转向反位时，操纵按钮或由进路命令控制 FCJ 励磁，接通 1DQJ 励磁电路：

KZ—SFJ$_{52511}$—DGJ$_{31-32}$—1DQJ$_{3-4}$—2DQJ$_{141-142}$— – FCJ$_{21-22}$— –KF。

②2DQJ 转极 1DQJ 励磁后，利用其第 4 组触点接通 2DQJ 转极电路：

KZ—1 DQJ$_{41-42}$—2DQJ$_{2-1}$—FCJ$_{21-22}$—KF。

③电动机转动（1DQJ 自闭电路）。

1DQJ 的励磁和 2DQJ 的转极，使 1DQJ 的 1-2 线圈的自闭电路接通，由于电动机绕组串接在该自闭电路中，因此 1DQJ 的自闭电路就是电动机电路：

DZ$_{220}$—BB—1DQJ$_{1-2}$—1DQJ$_{12-11}$—2DQJ$_{111-113}$—自动开闭器 11-12—电动机定子 2-3—

电动机转子 3 – 4—遮断器 05 – 06—1DQJ$_{21-22}$—2DQJ$_{121-123}$—DF$_{220}$。

电动机带动道岔尖轨转换，并带动自动开闭器动触点动作，断开道岔定位表示。

④反位表示继电器励磁道岔转换到位密贴后，由自动开闭器断开 1DQJ 自闭电路，并接通反位表示继电器励磁电路：

DJZ220—RD$_4$—FBJ$_{1-4}$—2DQJ$_{133-131}$—1DQJ$_{13-11}$—2DQJ$_{111-113}$—自动开闭器 11—自动开闭器 21 – 22—二极管 08 – 07—自动开闭器 32—自动开闭器 23 – 24—移位接触器 01 – 02—自动开闭器 43 – 44—电阻 R—BB—DJF220。

道岔转换完毕，室内设备采集道岔 DBJ、FBJ 状态，将道岔实际位置反映到控制台或显示器，以便操作人员对信号设备进行监督和控制。

2. 道岔的锁闭方式

道岔的锁闭是把尖轨或可动心轨等可动部分固定在某个开通位置，当列车通过时不受作用而改变。

（1）内锁闭

内锁闭是当道岔由转辙机带动转换至某个特定位置后，在转辙机内部进行锁闭，由转辙机动作杆经外部杆件对道岔实现位置固定。例如，ZD6 型转辙机就是由其内部锁闭齿轮的圆弧面和齿条块的削尖齿实现锁闭的。实质上，内锁闭方式锁闭道岔是对道岔可动部分进行间接锁闭。

内锁闭转换设备的特点是：

①结构简单，便于日常维护保养，且转换比较平稳。

②道岔的两根尖轨由若干根连接杆组成框架结构，使尖轨部分的整体刚性较高，而且框式结构造成的反弹力和抗劲较大。

③由于两尖轨由杆件连接，所以当杆件受到外力冲击时，如发生弯曲变形，会使密贴尖轨与基本轨分离，严重威胁行车安全。

④当列车通过道岔产生冲击时，其冲击力经过杆件将直接作用于转辙机内部，使转辙机内部件易于受损、挤切销折断、移位接触器跳开等。

因此，内锁式转换设备已不能适应提速的需要，必须采用分动外锁闭道岔转换设备。

（2）外锁闭

道岔由转辙机带动转换至某个特定位置后，通过本身所依附的锁闭装置，直接把尖轨与基本轨密贴夹紧并固定，称为道岔的外锁闭，即道岔的锁闭主要不是依靠转辙机内部的锁闭装置，而是依靠转辙机外部的锁闭装置实现的。

由于外锁闭道岔的两根尖轨之间没有连接杆，在道岔转换过程中，两根尖轨是分别动作的，所以又称分动外锁闭道岔。分动外锁闭道岔转换设备的特点如下：

①改变了传统的框架式结构，使尖轨的整体刚性大幅度下降。

②尖轨分动后，转换启动力小，而且一根尖轨的变形不影响另一根尖轨，由此造成的反弹、抗劲等转换阻力均减小很多。

③两根分动尖轨在外锁闭装置作用下，无论是在启动解锁，还是在密贴锁闭过程中，所需的转换力均较小，避免了两根尖轨最大反弹力的叠加时刻。

④同时承担两根尖轨弹性力的过程，是在密贴尖轨解锁以后到斥离尖轨锁闭以前这一较短的时间，而此时正是电动机功率输出的最佳时刻，使电气特性和机械特性得到了良好的

匹配。

⑤外锁闭装置一旦进入锁闭状态,车辆过岔时,轮对对尖轨产生的侧向冲击力基本上传不到转辙机,即具有隔力作用,有利于延长转辙机及各类转换部件的使用寿命。

⑥由于两尖轨间无连接杆,所以密贴尖轨很难在外力作用下与基本轨分离,可靠地保证了行车安全。

⑦由于密贴尖轨与基本轨之间由外锁闭装置固定,克服了内锁闭杆件推力或拉力使尖轨与基本轨密贴易造成4 mm失效的较大缺陷。

外锁闭装置先后出现了燕尾式和钩式两种。燕尾式外锁式装置在结构受力和安装调整方面不适合我国道岔的实际情况,对道岔尖轨故障的适应能力差,卡阻现象时有发生,故障率较高,产品工艺性差,质量不易控制,这促使了钩式外锁闭装置的研制成功。

3. 钩式外锁闭装置

(1) 钩式外锁闭装置结构

钩式外锁闭装置的锁闭方式为垂直锁闭。钩式外锁闭装置由锁钩、锁闭杆、锁闭框、锁闭铁、尖轨连接铁和销轴等组成,如图5-40所示。

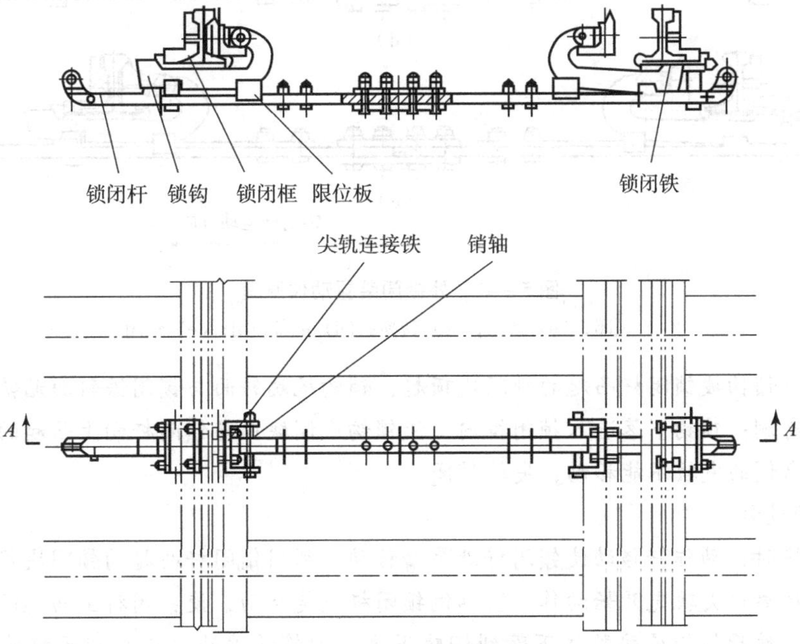

图5-40 钩式外锁闭装置结构

锁闭力通过锁闭铁、锁闭框直接传给基本轨。锁闭铁和锁闭框基本不承受弯矩,锁闭更加可靠。钩式外锁闭装置受力结构合理,能有效使用道岔尖轨的不良状态,锁闭可靠,安装调整方便。

(2) 外锁闭装置动作原理

操纵道岔时,转辙机动作杆动作,通过连接杆带动外锁闭装置的锁闭杆动作,实现道岔的解锁、转换和锁闭过程,如图5-41所示。

1) 锁闭

项目 5 转辙机的检测与维护

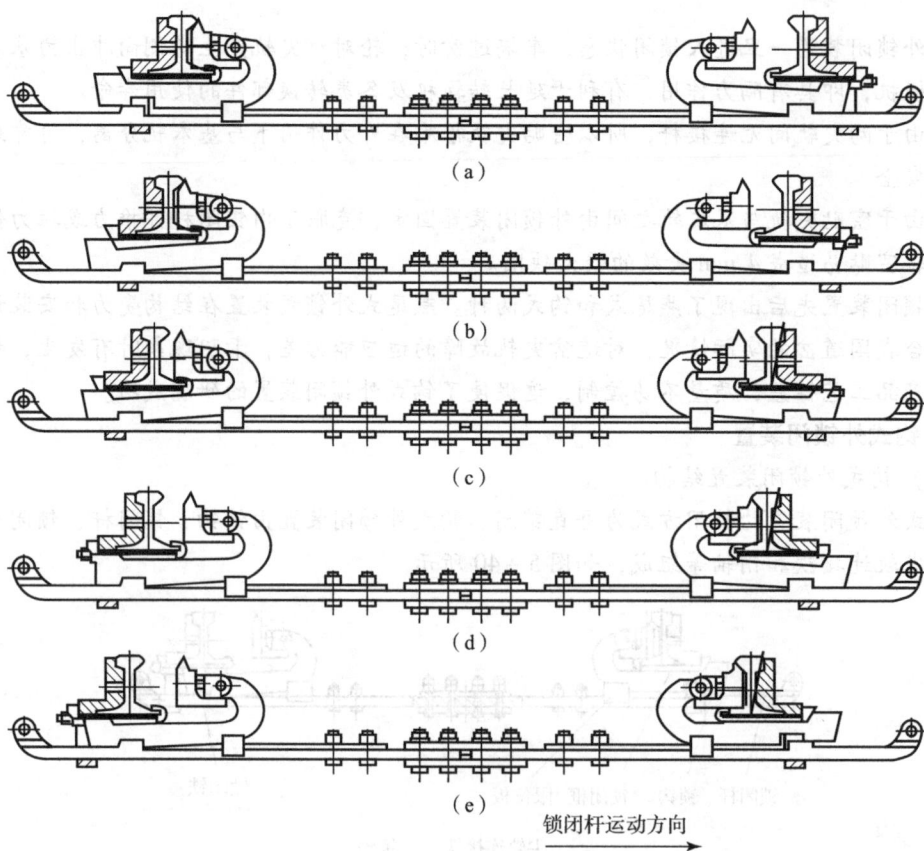

(a)

(b)

(c)

(d)

(e)

锁闭杆运动方向 →

图 5-41　外锁闭装置动作原理
(a) 锁闭；(b) 解锁；(c) 转换；(d) 准备锁闭；(e) 锁闭

　　密贴侧：锁钩被锁闭杆凸起的锁闭块顶起，锁钩尾端斜面与锁闭铁斜面贴紧，尖轨被牢牢锁住。斥离侧：锁钩下落进入锁闭框内，使锁钩底侧缺口与锁闭杆向上凸起的锁闭块交错重合，使斥离侧的尖轨不能移动，尖轨锁闭。

　　2）解锁过程

　　道岔转换时，动作杆移动使锁闭杆沿导槽移动，利用锁闭杆凸起的锁闭块推动斥离侧锁钩移动，使斥离侧尖轨先开始动作。密贴侧锁闭杆先是空动，使锁闭杆上凸起的锁闭块向锁闭框内移动，然后钩锁尾端整体下落到钢轨下方，钩锁低端的缺口与锁闭杆的锁块交错重合，这时尖轨正真解锁。

　　3）转换过程

　　解锁后，锁闭杆上两个凸起的锁闭块落入对应的凹槽，锁闭杆继续移动，带动两个锁钩同时移动，两个锁钩带动对应的尖轨同时转换。

　　4）锁闭过程

　　原斥离的尖轨密贴以后，锁闭杆继续移动，其向上凸起的锁闭块推动锁钩的尾端上升，使锁钩尾端的斜面与锁闭铁的斜面贴紧，该尖轨锁闭。此时，原密贴尖轨继续移动，直至原斥离的尖轨锁闭后停止动作。

项目小结

通过本项目的学习，学生基本能够掌握 ZD6 型电动转辙机和 ZD（J）9 型电动转辙机的工作原理、结构及各部分的作用，熟悉转辙机的维修流程及故障分析和处理方法，并能够对转辙机进行简单的维护和检修。

技能训练

实验1　认识转辙机基本结构

1. 实验目的

熟悉 ZD6 型电动转辙机内部结构。

掌握 ZD6 型电动转辙机各个组成部件的作用。

2. 实验设备

ZD6 型道岔控制台一套。

3. 实验内容

①打开转辙机机盖，观察其内部组成。

②观察各个组成部件，了解转辙机各个部件的作用。

③操纵转辙机动作，观察转辙机牵引尖轨转换的过程。

④判断转辙机的安装方式：站在转辙机侧看，根据动作杆相对于电动机的伸出位置，右伸为正装，左伸为反装，判断转辙机的安装方式。

4. 注意事项

在操作道岔控制台时，一定要互相通知，确保各人员安全后再操作，以防造成人身伤害。

实验2　练习手摇道岔

1. 实验目的

了解关于手摇道岔的相关规定。

能够熟练完成手摇道岔操作。

2. 实验设备

ZD6 型道岔控制台一套。

3. 实验内容

（1）利用手摇把摇动道岔，掌握手摇道岔的方法

①一看：看道岔开通位置是否正确，是否需要改变位置。

②二开：打开孔盖板及钩锁器的锁，拆下钩锁器。

③三摇：摇道岔转向所需位置，在听到"咔嚓"的落槽声后停止。

④四确认：手指尖轨"尖轨密贴开通×位"，并和另一人共同确认。

⑤五加锁：另一人在确认道岔位置开通正确后，用钩锁器锁定道岔尖轨。

⑥六汇报：向车站控制室汇报道岔开通位置正确。

（2）学习道岔故障时的处理方法及手摇把管理的有关规定

1）对手摇把的编号、保管

手摇把应统一编号。编号以区域为单位，由01~09两位数字组成，由车辆部安全技术室登记造册一式两份，车辆部安全技术室存档一份，手摇把存放室一份。

手摇把的保管。设加锁手摇把保管箱，由车辆部统一配置，设置在规定地点。信号楼手摇把保管箱的钥匙由车辆段/停车场值班员保管。

手摇把配备数量。车辆部根据道岔组数确定应配数量。

2）手摇把取出与收回

维修人员检修道岔或处理转辙机故障需使用手摇把时，由信号人员在《行车设备检查登记簿》上登记，写明用途、手摇把编号，经车辆段/停车场值班员签认后，方可开锁取出手摇把；使用完毕后，应由车辆段/停车场值班员清点数量、核对编号后签收加锁。

设备停电或故障需手摇道岔排列进路时与上述相同。

紧急处理故障时，可先应急使用，后补签手续。

3）手摇道岔排列进路的规定

信号维修人员负责手摇转换道岔，并确认道岔密贴。

车辆段/停车场助理值班员负责确认道岔位置开通正确，负责钩锁器的加固、加锁。

4. 注意事项

①小组各人员分工进行实训操作，实训中协调合作。

②按标准化流程进行，做好登记联系、销记训练，注意各作业人员间协调沟通。

③在对转辙机进行操纵时，一定要互相通知，确保各人员安全后方可操纵，以防造成人身伤害。

④实训完成后必须实验良好。

实验3　测试 ZD6 型转辙机

1. 实验目的

掌握 ZD6 型转辙机的电气性能测试步骤。

了解 ZD6 型转辙机的检修流程及标准。

2. 实验设备

ZD6 型道岔控制台一套、万用表若干个、十字螺丝刀若干把、尖嘴钳若干把、斜口钳若干把。

3. 实验内容

（1）电动转辙机电气参数测量

1）测试动作电压

用万用表直流250 V挡位测量动作电压，将黑色表笔放在电动机的1端子上，红色表笔放在电动机2端子上；测反位动作电压，将色表笔放在电动机的2端子上，红色表笔放在电动机4端子上，转换道岔时所测得的电压值应不小于160 V。

2）测试工作电流

将万用表放在直流5 V挡上，断开安全接点，将万用表两个表笔分别接在05、06端子上，操纵道岔控制台，在道岔转换时测得工作电流，应不大于2 A。

3）测试故障电流

将万用表放在直流5A挡,断开安全接点。将万用表表笔分别放在05、06端子上,并在尖轨和基本轨之间夹入4 mm安全锤,然后转换道岔,在摩擦连接器空转时测得的电流值即为故障电流值。

4)测量线圈电阻

将万用表放在R×1挡上,断开安全接点,将万用表表笔分别放在电动机1、3或2、3端子上即可测得两个定子线圈的电阻;将万用表表笔分别放在3、4线圈上即可测得转子线圈电阻。测试结束后,将结果填入表5-13中。

表5-13 线圈电阻

型号	动作电压		工作电流	故障电流	线圈电阻	
	定位	反位			定子线圈电阻	转子线圈电阻
ZD6型转辙机						

(2)转辙机检修作业流程及标准

①登记:按《行车组织规则》及作业标准化要求认真做好登记工作。

②现场联系:与室内工作人员联系,扳动道岔,核对道岔型号是否正确。

③根据检修标准对道岔安装装置、转辙机内部及电缆箱盒进行检查与维护。

④实验调整销记:扳动道岔,检查尖轨与基本轨是否密贴良好;对转辙机进行电气性能测试符合标准后,加盖机盖、固定螺钉。确认设备良好后,向车站值班员汇报注销。

4. 注意事项

①注意人身安全,能正确执行安全技术操作规程。

②实验完成后要保证工作场地的整洁,工具、工件摆放整齐。

③在操作工程中要保证工具不乱丢、不损坏材料。

🚗**思考与练习**

1. 试说明ZD6型电动转辙机的结构和各部件作用。

2. 试说明ZD6型电动转辙机电动机是如何实现正、反转的。

3. 试说明ZD6型电动转辙机的传动原理。

4. ZD6型电动转辙机的自动开闭器由什么构成?说明其动作原理。

5. ZD6型电动转辙机的挤切装置是如何起到挤岔保护作用的?当它所牵引的道岔发生挤岔时如何动作?是如何切断表示的?

6. ZD6型电动转辙机的摩擦连接器有何作用?

7. 试说明ZD6型电动转辙机的机械锁闭原理,并说明它是如何实现解锁、转换和锁闭的。

8. 试说明ZD6型电动转辙机的整体传动过程。

9. ZD6型电动转辙机的安装装置有哪些?

10. ZD6型电动转辙机如何安装?何为正装和反装?举例说明转辙机是1、3闭合的还

项目 5 转辙机的检测与维护

是 2、4 闭合的。

11. 简述几种 ZD6 型电动转辙机的机械故障及其处理方法。

12. 简述几种 ZD6 型电动转辙机的电气故障及其处理方法。

13. 试说明 ZD（J）9 型电动转辙机的结构和各部件作用。

14. 试说明 ZD（J）9 型电动转辙机的传动原理。

15. 试说明 ZD（J）9 型电动转辙机锁闭机构的动作原理。

16. 钩式外锁闭装置由什么组成？

17. 试说明钩式外锁闭装置的动作原理。

18. 如何调整钩式外锁闭道岔？

19. 简述几种 ZD（J）9 型电动转辙机的机械故障及其处理方法。

20. 简述几种 ZD（J）9 型电动转辙机的电气故障及其处理方法。

项目 6

联锁设备的检测与维护

项目概述

城市轨道交通信号系统的任务是保证城市轨道交通运营安全，协调列车运行，提高城市轨道交通运输效率。其中，联锁设备是保障正线全线运营的列车及车辆段调车作业安全的重要组成部分，其性能的优劣直接影响到整个城市轨道交通系统能否安全运营。

联锁是城市轨道交通信号保证行车安全的重要技术措施，是进路、信号设备与相关因素的制约关系。城市轨道交通正线及车辆段中都有很多线路，列车能否进入这些线路、开发信号是否会造成进路冲突等情况都是由联锁系统来判断并且给予控制的。

城市轨道交通信号系统中应用的联锁系统主要有继电集中联锁系统（又称电气集中联锁）和计算机联锁系统两大类。其中，6502 电气集中联锁是电气集中联锁设备最为突出的代表，是我国铁路系统中应用最广的联锁设备。计算机联锁系统以其良好的信号逻辑关系性能及快速的数据处理能力成为我国城市轨道交通系统中广泛使用的联锁系统。

通过本项目的学习，使学生能够掌握联锁系统的基本内容及原理，掌握 6502 电气集中联锁设备特点及计算机联锁设备的层次结构和特征，熟悉计算机联锁系统的检测手段，了解计算机联锁的故障维修处理方法。

任务 6.1 认识计算机联锁设备

学习目标

◆ 掌握联锁系统的基本内容及原理。
◆ 掌握 6502 电气集中联锁设备的特点。
◆ 掌握计算机联锁设备的层次结构及特征。
◆ 熟悉联锁设备的运行模式。

6.1.1 6502 电气集中联锁设备

1. 联锁

（1）联锁

在城市轨道交通的车站和车辆段，为保证列车的进路安全，高效率地指挥行车和调车，改善行车人员的劳动条件，利用机械、电气的自动控制和远程控制及计算机技术和设备，使正线、车辆段范围内的信号设备之间保持一定的制约关系，称为联锁关系。联锁是指通过某种技术手段，使信号、道岔和进路必须按照一定程序并满足一定条件，才能动作或建立起来的相互关系。

为了保证车辆段内的列车、调车作业安全，只有在进路空闲、道岔位置正确、敌对信号处于关闭状态时，防护进路的信号才能开放；信号开放后，进路上有关道岔不能再转换，其敌对进路不能建立、敌对信号不能开放，这种信号、道岔、进路之间相互制约的关系，称为联锁关系，简称联锁。

信号、道岔和进路是联锁对象；必须按照一定程序并满足一定条件是联锁规则；动作或建立起来的相互关系是联锁结果。联锁规则应该包括用户需求和技术条件；联锁结果就是产生的控制命令；联锁对象既是产生信息的源，又可能是联锁控制的点。城市轨道交通设备种类繁杂，是一个大联动系统。任何一个子系统发生故障都有可能影响行车，甚至导致行车事故。从列车运行角度看，联锁对象远非三个。联锁作为铁路及城市轨道交通专用名词，互锁中包含了对安全性的要求。

（2）联锁的内容及条件

联锁关系的基本内容包括以下三种：

1）防止建立会导致列车、机车车辆冲突的进路

防护进路的信号开放前，必须检查其敌对信号是否处于关闭状态，信号开放后，应将其敌对信号锁闭在关闭状态，不允许办理与之相敌对的进路。如果敌对进路信号开放，就可能会出现敌对进路同时建立的情况，以至于出现机车车辆相冲突的事故。

2）进路上的道岔必须被锁闭在与所办理进路状态相符合的位置

在开放信号时及在信号开放过程中，必须连续检查进路上的道岔开通位置在与所办理进路相符合的位置，并且确实被锁在规定位置，不能转换。因为如果进路上道岔开通位置不对，或者位置虽然正确，但在使用过程中不能对它进行操纵，却能开放信号，就有可能造成列车、调车车列进入异线或脱轨的危险。图6-1所示为某车辆段出入口信号平面图，当10道岔处于定位时，信号机D14不能开放。

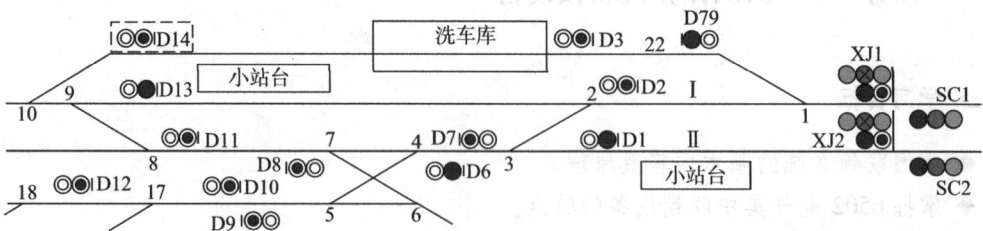

图6-1 车辆段出入口信号平面图（部分）

3）信号机的显示必须与进路的开通状态相符合

因为如果进路上有车占用，却能开放信号，则会引起列车、调车车列与原停留车冲突，这是绝对不允许的。通常情况下车辆段中，调车信号机的显示不代表进路的开通方向，但进段信号机的显示状态会指示防护进路开通方向。如图6-2所示，信号机XJ1显示一个黄灯，表示开通直向进路，列车可沿进路进入车辆段；信号机XJ1显示两个黄灯，表示开通侧向进路，指示列和进入洗车线。

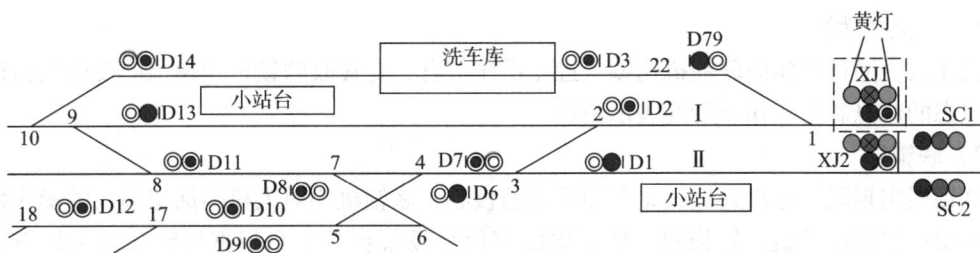

图 6 - 2　进段信号机示意图

在联锁设备中，防护信号开放表示进路已经准备好且允许列车进入。防护进路信号的开放应满足以下联锁条件：

①进路上各区段空闲时才能开放信号：如果进路上有车占用的时候开放信号，则会引起列车、调车车列与原停留列车发生冲突。

②进路上有关道岔在规定位置才能开放信号：如果进路上有关道岔不在规定位置却给出进路开放的信号，则会引起列车、调车车列进入导线或出现挤岔现象。信号开放后，进路上所有道岔必须被锁闭在规定的位置且不能转换。

③敌对信号未关闭时，防护进路的信号机不能开放：进路开放前检查到存在敌对信号时，防护信号机不能开放，否则可能造成正面冲突。信号开放后，其敌对信号也必须被锁闭在关闭状态不能开放。

（3）联锁的原理及结构层次

为了保证车站行车安全，必须制定一系列以制约信号的开放与关闭、道岔转动和进路的建立的联锁规则，而这些联锁规则必须通过信号技术手段来实现。联锁系统中，通常以电气设备或电子设备来实现其联锁功能，具体表现为以信号机、动力转辙机和轨道电路（或室外采用其他轨旁设备）作为检测设备三大件来体现联锁功能。

根据系统内各设备在功能上的分工和所在的位置，联锁系统的结构可分解成如图 6 - 3 所示的联锁机构（联锁层）、人机会话层和监控层三个层次。其中，联锁机构、监控层都必须符合故障—安全原则。其设备设在车站信号楼的机械室内。人机会话层相关设备安装在车站值班室，供运营管理人员及信号段工作人员使用。

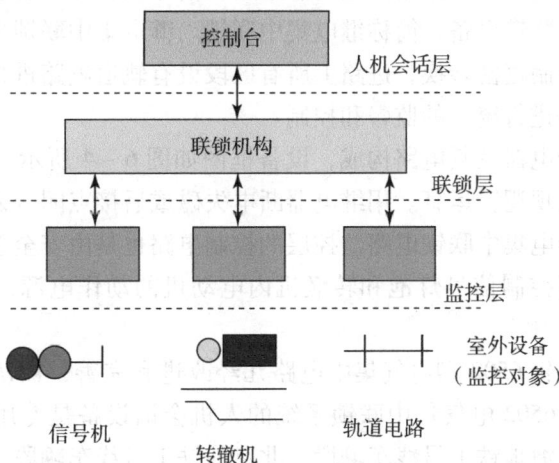

图 6 - 3　联锁系统层次结构

1）人机会话层

操作人员通过操作向联锁机构输入进路操作信息，并接收联锁机构输出的反应联锁设备工作状态的信息和行车作业情况表示信息。

2）联锁层

联锁层实现联锁逻辑处理，是联锁系统的核心。联锁机构对人机会话层输入的操作信息和监控层反馈的信号机、转辙机、轨道电路等信号设备状态信息根据联锁条件进行逻辑运算，改变联锁系统内部存储信息并产生相应的控制命令。

3）监控层

监控层接收联锁机构的控制命令，通过信号控制电路改变信号机显示，接收联锁机构的道岔控制命令，驱动道岔转换，向联锁机构反馈信号机状态、道岔状态和轨道电路状态信息。

2. 6502 电气集中联锁设备

控制联锁对象（信号机、转辙机、轨道电路）并实现它们之间的联锁关系的设备称为联锁设备。联锁设备可以采用机械、继电或电气的方式实现。其控制方式具有分散控制和集中控制两种。在城市轨道交通中，联锁设备是建立进路、控制道岔的转换和信号机的开放以及进路解锁，以保证行车安全的重要信号设备。根据使用位置不同，联锁设备分为正线集中联锁站联锁设备和车辆段联锁设备。联锁设备主要有继电集中联锁和计算机联锁两大类设备。

目前的城市轨道交通信号系统中，正线上通常几个车站的联锁控制集于一站，称为集中联锁站，该站仅设置一套联锁设备。该联锁设备与传统的车站联锁在原理上相似，即在信号机、道岔和进路之间建立一定的相互制约关系，以保证列车在进路上的运行安全。城市轨道交通的车辆段线路较多，道岔较多，信号机也较多，一般独立采用一套联锁设备；用以实现在车辆段内建立进路、转换道岔、开放信号以及解锁进路等作业，实现道岔、信号、进路之间的联锁关系，保证行车安全，提高作业效率；通过 ATS 车辆段分机与行车指挥中心交换信息。车辆段联锁设备早期使用的是继电集中联锁，目前均采用计算机联锁。

（1）继电集中联锁

用电气方法集中控制和监督全站的道岔、进路和信号机，并实现它们之间的联锁控制的设备是继电式电气集中联锁设备，简称继电集中联锁。继电集中联锁采用色灯信号机指示运行状态，通过转辙机控制道岔转换，进路上所有区段设有轨道电路进行区段占用检查。在信号楼内对这些信号设备进行统一的监督和控制。

继电集中联锁由继电器及其电路构成，设备框图如图 6－4 所示。其联锁机构由继电电路构成，能够较好地实现逻辑运算。用继电器断电失磁或后接点闭合来表达安全侧信息，具有故障—安全性能。继电集中联锁电路监控层的控制电路也是由安全型继电器构成的。它除了满足联锁条件外，还控制信号灯泡和转辙机内电动机的动作电源，使其符合故障—导向原则。

我国推广的继电联锁 6502 型电气集中电路几经改进和完善，被认为是继电器集中联锁中非常好的定型电路。6502 电气集中联锁系统的人机会话设备是专用控制台，控制台盘面上标有站场布置图。上海地铁 1 号线车辆段、北京地铁 1 号线车辆段、广州地铁 1 号线车辆段等均采用 6502 电气集中联锁。

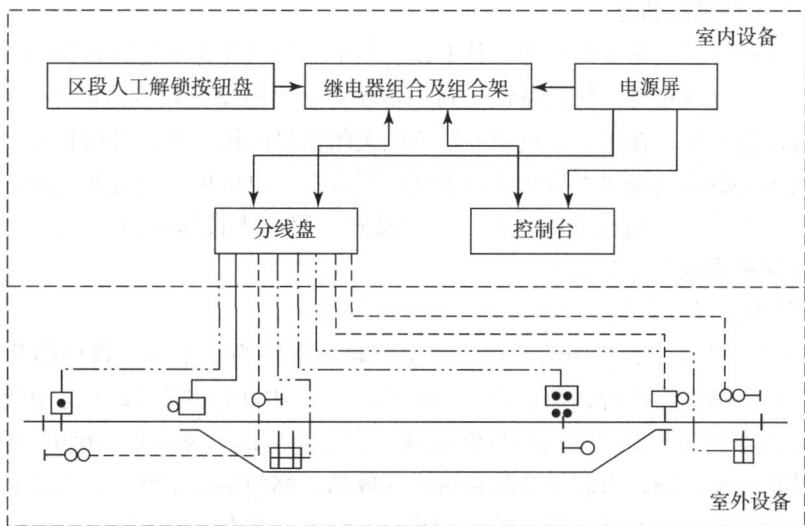

图 6-4　继电集中联锁设备框图

（2）6502 电气集中联锁的组成

6502 电气集中联锁被认为是较好的电路，在城市轨道交通当中得到了较广泛的应用。6502 大站电气集中联锁设备分为室内设备及室外设备两部分。

室内设备有安装在行车室内的控制台和区段人工解锁按钮盘、在继电器室或电源室的电源屏、继电器室内的继电器组合和组合架以及分线盘等设备。

室外设备有指挥列车及调车车列运行的信号机（透镜式或 LED 色灯信号机）、转换道岔的电动转撤机（或电液、电控转辙机）、监督轨道上有无车占用的轨道电路以及连接这些设备的电缆线路。

1）控制台

控制台设置于运转室内，如图 6-5 所示。控制台是车辆段/停车场值班员指挥列车运行和调车作业的控制中心。控制台由带有按钮及表示灯的单元块拼装而成，按照实际站场情况布置，模拟站场线路、进路方向、道岔及信号机位置，用光带单元（白光带和红光带）组成模拟站场线路图形。值班员利用控制台盘面上的按钮排列进路，达到转换道岔、开放信号和关闭信号的目的，并且通过控制台盘面上的表示灯监督室外道岔位置、线路占用情况及信号机的显示状态。控制台采用单元拼凑式，是为了便于生产和站场变更时的改建。

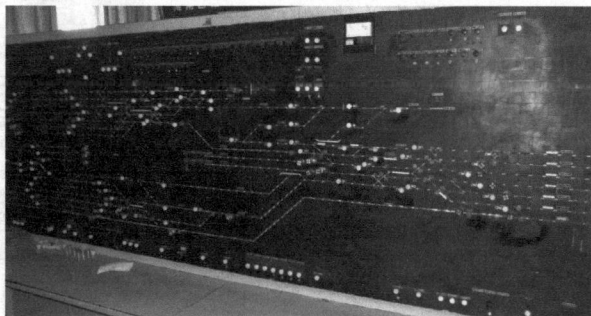

图 6-5　控制台

2）区段人工解锁按钮盘

区段人工解锁按钮盘是辅助设备。其上设有多个二位自复式带铅封的事故按钮，在更换继电器或停电后恢复设备时，使设备恢复到正常状态；当道岔区段因故障不能正常解锁时，用它可以办理故障解锁；在用取消进路办法不能关闭信号的情况下，可用它关闭信号。

用于区段人工解锁的按钮可以集中设置在控制台上，也可单独设置并与控制台隔开一定距离，操作时一人按压控制台上的总人工解锁按钮，另一人按压区段人工解锁按钮盘的按钮，避免单人误操作危及行车安全。

3）继电器组合及组合架

6502 电气集中联锁中，按照信号机、道岔和轨道电路为基本单元设计的几种继电器组成的定型电路称为继电器组合，简称组合。6502 电气集中联锁共有 12 个定型组合电路，每个定型组合电路均包含若干固定的信号继电器，完成相应的联锁功能。6502 电气集中联锁电路是按车站信号平面图，由若干个组合拼贴而成的，称为站场型网络，主要完成全站信号设备的联锁功能，执行对室外设备的控制和监督。继电器插在继电器组合中，组合安装在组合架上，如图 6-6 所示。继电器组合架设置在继电器室，组合架上下分为 11 层，1~10 层安装继电器组合，每层安装 1 个继电器组合，每层安装不超过 10 个继电器。

图 6-6 继电器组合及组合架

4）电源屏

电源屏是电气集中的供电设备，如图 6-7 所示。它必须保证能够不间断地供电，并且不受外电网电压被动的影响。在大站上，一般要求有两路可靠的独立电源——主电源和副电源。主、副电源在信号楼内要能够自动或手动互相切换，向电气集中的各种设备供电。电源屏应根据车站的规模大小选用合适的容量。

5）分线盘

分线盘一般设置于继电器室内，如图 6-8 所示，以实现室内外设备相互间的电气连接。

6）色灯信号机

城市轨道交通中在各进路规定位置的固定信号机，如

图 6-7 电源屏

图6-8　分线盘

进段信号机、出段信号机及调车信号机等，用来指挥行车，保证行车安全。车辆段咽喉区及运用库内的调车信号机均采用矮柱型信号机，进、出段信号机根据需要可采用高柱型信号机。

7）转辙机

联锁区内的每组道岔都设置转辙机，用来实现道岔的转换及锁闭，同时能够在道岔转换到位时给出道岔位置的表示，并在出现故障或"四开"状态时及时报警。

8）轨道电路

城市轨道交通中各线路均应装设轨道电路，用来反映列车、调车车列的对轨道区段的占用情况。通过实现对轨道继电器状态的采集，利用继电器后接点闭合条件，实现当列车占用某区段时该区段的表示光带亮红色。同时，防护该进路的信号机也会因轨道电路呈"分路状态"而关闭。

9）电缆线路

电缆线路连接在室内、室外设备之间，是室内控制控制条与继电器组合架之间的信息传送通道。电缆分为信号电缆、道岔电缆、轨道电缆三种，它们均采用地下电缆方式布置。如图6-4所示，信号电缆用虚线表示，道岔电缆用实线表示，轨道电缆用双点画线表示。

（3）6502电气集中主要技术特征

1）组合式电路

6502电气集中是组合式电路，也就是按道岔、信号机和轨道电路区段为基本单元设计成定型的单元电路，称为继电器定型组合。将各种组合按站场形状拼装起来即称为组合式电路。组合式电气集中具有简化设计、加速施工、工厂预制和便于维修等优点。6502电气集中几乎是用定型组合拼成的，只需设计少量零散电路。

2）双按钮选路

利用6502电气集中办理进路时，只需按压进路始端及终端两个按钮，就能将进路中的所有道岔转换到相应的位置并进行锁闭，同时开放该进路的防护信号。不论进路中有多少组道岔均能一次转换，简化了操作手续，提高了效率。

3）逐段解锁

6502 电气集中采用逐段解锁方式，把进路分为若干段，采用多次分段解锁方式，即列车或调车车列出清一段、解锁一段，实现进路建立后的逐段占用、逐段出清、逐段解锁。

4）逻辑清晰

6502 电气集中联锁采用继电电路作为室内外设备的控制电路，各网络线和继电器用途明确，具有良好的逻辑性能，联锁机构逻辑清晰。

5）显示直观

6502 电气集中联锁控制台上的各种显示清晰直观，有道岔位置表示灯、进路排列表示灯、进路按钮表示灯、信号复示器表示灯和光带表示灯等，用来监督办理进路时选择组电路和执行组电路动作层次是否正常及室外信号设备的状态。

（4）6502 电气集中联锁的特点

6502 电气集中电路是按车站信号平面图，用组合来拼接而成的。任何一个站场都可以按所布置的信号机、构成站场的道岔形状以及划分的轨道电路区段，选用相应的组合拼接起组成整个站场的电路。这种与站场相似的网络结构的优点有：简化电路结构，节省继电器接点，同样用途的继电器可以接在同一网络上，不用反复检查同样的条件；图形规律性强，与站场信号平面图相似，便于设计施工与维修；有利于组合单元电路的标准化和提高定型率，适于批量生产。6502 电气集中联锁具有操作简便、办理迅速、表示完善及安全可靠等优点。

但是继电集中联锁也存在如下缺点：控制台是专用产品，造价较高，兼容性差，无自诊断功能，设计、施工量大，且不利于维护及增加新功能，并且信号设备室建筑面积大，无进路自动设置功能。

正因为存在以上缺点，国内干线铁路上的继电集中联锁不能满足地铁运营的要求。地铁除了在车辆段有所运用外，正线上均采用计算机联锁。但不论是计算机联锁还是继电集中联锁，实现联锁的要求是基本相同的。

6.1.2 计算机联锁设备

随着计算机技术的迅速发展，尤其是对于可靠性技术和安全性技术的深入研究，出现了计算机联锁，正渐趋成熟并推广使用。它与电气集中联锁设备相比，在安全性、可靠性、经济性以及设计、施工、维修和使用等方面，具有明显的优势，更适应信号设备数字化、网络化、综合化和智能化的要求，被认为是车站联锁设备的发展方向。计算机联锁系统严密地继承了继电集中联锁的信号逻辑关系，减少了继电器检查工作量和系统设计，同时便于和列车自动防护（ATP）设备及列车自动驾驶（ATO）设备接口，便于对整个进路进行监督和管理。

1. 计算机联锁的发展及应用

20 世纪 70 年代后期，随着微电子技术、计算机技术、信息技术和容错技术的发展，各国相继研究计算机联锁，从系统软件入手，采用计算机的软硬件和其他一些电子、继电器件组成的冗余结构，研发具有"故障—安全"性能的实时控制系统来实现车站信号控制系统的联锁关系。计算机联锁系统的研制成功和推广使用使信号设备向数字化、网络化、综合化、智能化的方向发展。计算机联锁是信号联锁设备的发展方向，目前已逐渐取代继电集中联锁。

我国联锁技术的发展基本上遵循独立自主研发、生产及结合我国轨道交通特殊的运用需求，走技术引进再创新的道路。20 世纪 80 年代起，铁道科学研究院、铁道部通信信号总公司研究设计院、北京交通大学等科学研究机构及院校相继展开了计算机联锁控制系统的研制工作。1984 年，铁道部通信信号总公司研究设计院研制生产出的第一个车站计算机联锁控制系统成功应用于地方铁路；1989 年开始应用于国家铁路；20 世纪 90 年代予以推广。

目前，国内双机热备型的计算机联锁系统有 TYJL－Ⅱ型、DS6－11 型、JD－IA 型、VPI 型和 CIS－1 型等。2 乘 2 取 2 型计算机联锁有：EI32－JD 型、DS6－K5B 型和 iLOCK 型等。3 取 2 计算机联锁目前有：TYJL－TR9 型、TYJL－ECC 型和 DS6－20 型。此外，还有兰州交通大学、兰州大成自动化工程有限公司研制的全电子化计算机联锁系统，该系统模块实现了全电子化，具有闭环、反馈和可靠性高等特点。

北京地铁 1 号线四惠车辆段、广州地铁 2 号线车辆段、深圳地铁车辆段、南京地铁 1 号线车辆段、重庆单轨交通、北京 13 号线正线车站以及车辆段等采用 TYJL－Ⅱ型计算机联锁系统；上海地铁 2 号、3 号、4 号、5 号、6 号、8 号线停车场采用 VPI 型计算机联锁系统；上海地铁 3 号线正线采用 VPI－2 型计算机联锁系统；大连快速轨道交通 3 号线正线、长春轻轨 4 号线车辆段采用 DS6－11 型计算机联锁系统；西安地铁 2 号线采用 DS6－K5B 型计算机联锁系统。

西安地铁 2 号线正线和上海地铁 2 号线正线采用安萨尔多美国 USSI 公司的 MicroLok Ⅱ型计算机联锁系统；上海地铁 5 号线正线、广州地铁 1 号线和 2 号线正线、深圳地铁 1 号线正线、南京地铁 1 号线正线采用德国西门子公司的 SICAS（Siemens Computer Aided Signalling）型计算机联锁系统；上海地铁 6 号线、8 号线、9 号线正线采用上海贝尔阿尔卡特股份有限公司的 PMI 型计算机联锁。

2. 计算机联锁系统的组成

计算机联锁系统由硬件系统和软件系统构成。

（1）计算机联锁系统硬件结构

计算机联锁系统的硬件构成有控制台、电务维修机、联锁机、输入输出接口以及电源等。控制台是车辆段/停车场值班员办理各种行车命令，提供站场图形显示、语音和文字等及控制表示合一的设备，如图 6－9 所示。

电务维修机记录现场设备和列车运行情况，能够再现一个月之内系统的操作信息、故障诊断信息等，便于系统管理与维修人员分析和查找故障，如图 6－10 所示。

图 6－9　控制台

图 6－10　电务维修机

联锁机是计算机联锁系统的核心，主要实现信号设备的联锁逻辑处理功能。联锁机是计算机联锁系统的核心，放在联锁柜中，根据现场信号设备状态和控制台操作命令，实现信号设备的联锁逻辑处理功能，完成进路确定和锁闭，发出转换道岔和开放信号灯控制功能。联锁柜是用来放置联锁机、驱动板和采集板等设备的机柜，联锁机柜如图 6-11 所示。

输入、输出接口由继电路构成，实现对现场信号设备的驱动和现场设备状态信息的采集，并将其发送给联锁机，如图 6-12 所示。

图 6-11　联锁机柜

图 6-12　输入、输出接口

（2）计算机联锁的层次结构

计算机联锁系统设备从功能方面划分，主要由操作表示层、联锁逻辑层、执行表示层、设备驱动层和现场设备层五层组成，如图 6-13 所示。有的设备商将执行表示层和设备驱动层结合在一起，统称为执行表示层。

操作表示层是人机操作界面，接受操作员的操作指令并传给联锁逻辑层进行处理，并将设备工作状态和列车的运行情况予以表示。联锁逻辑层是系统的核心，主要进行联锁逻辑的运算处理。执行表示层是联锁逻辑层与设备驱动层之间的接口，其任务是分析、执行联锁逻辑层的命令，控制设备驱动层驱动现场设备，并采集设备驱动层的表示信号给联锁逻辑层。设备驱动层是现场设备的驱动设备，其功能是完成列车自动选路、列车自动跟踪、列车指示等功能。现场设备层主要指转辙机、信号机和轨道电路等。

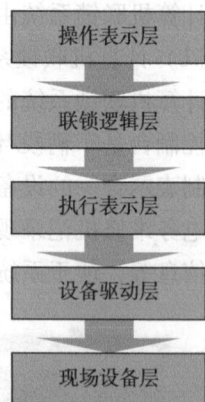

图 6-13　联锁系统层次结构

（3）计算机联锁系统的冗余结构

由于计算机联锁系统不但需要昼夜不停地连续运转，而且一旦出现故障就会对行车安全和效率产生不利影响，因此计算机联锁系统必须具有比较高的可靠性和安全性。

可靠性指的是系统在规定时间内、在规定条件下完成规定功能的能力。度量可靠性的定量标准是可靠度。可靠度用自身的平均故障间隔时间 MTBF 来表征。安全性是指当系统的任何部分发生故障时，其后果不会导致人身伤亡或财产重大损失的性能。度量系统安全性的技术指标是系统产生不安全性输出的平均间隔时间。根据有关技术标准，计算机联锁系统 MT-BF 应达到 10^6 h，计算机联锁系统产生不安全型输出的平均时间间隔为 10^{11} h 以上。

为达到上述要求，计算机联锁系统从核心硬件结构上一般都采用冗余结构。所谓冗余结构是指为了提高系统的可靠性、安全性而增加的结构。

图 6 – 14 所示为可靠性冗余结构，模块 I 和模块 II 经或门输出，两个模块只要有一个模块输出正常值即可保证整个系统正常工作，提高了系统工作的可靠性。图 6 – 15 所示为安全性冗余结构，模块 I 和模块 II 经与门输出，两个模块同步工作，只有两个模块同时输出正常值且保持一致才能使整个系统正常工作。如果模块 I 和模块 II 有个一个出现故障，整个系统将不能正常输出，提高了系统工作的安全性，有效减少了危险侧输出的概率。

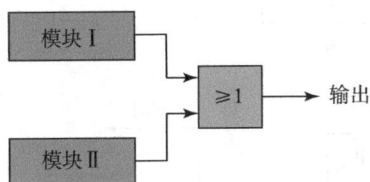

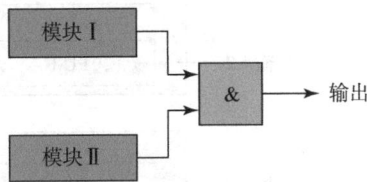

图 6 – 14　可靠性冗余结构　　　　　图 6 – 15　安全性冗余结构

（4）计算机联锁系统的软件结构

计算机联锁系统需要利用冗余技术，使其自身构成容错控制系统。为了保证提高系统的可靠性和安全性，保证计算机联锁系统符合故障—安全原则的措施是采用带有结果比较的计算机 2 次处理和采用带有结果比较的多机并行处理，即一硬二软结构和一软多硬结构（通常为 2 取 2 系统或 3 取 2 系统）。

1）双机热备系统

双机热备系统的结构如图 6 – 16 所示，采用双套相互独立、结构相同的计算机系统同步并行工作，完成相同的功能。其中对外输出的一台称为主机，处于接替状态的另一台称为备机（假输出），双机互为热备、相互监测，通过比较器确定系统正常工作后，才能输出控制指令。当一套系统发现自身出现故障时，就给出控制信号，自动切换到另一套系统上并给出故障报警和提示。

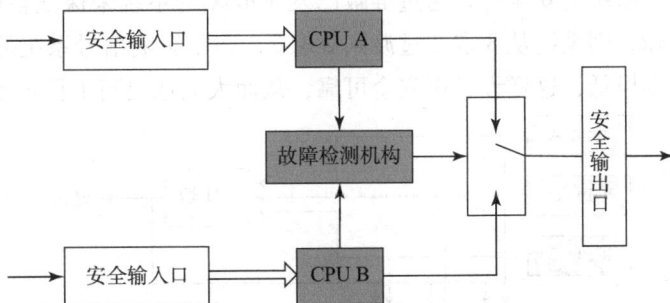

图 6 – 16　双机热备系统

双机热备系统的优点是切换的快速性和工作的连续性。这种结构对故障的处理是通过控制切换开关的换位达到系统重组的目的，并通过重组来提高系统的可靠性和可用性。采用双机热备系统提高可靠性、安全性的基础是：在极短的时间内，两台计算机同时发生错误而且错误呈现同一模式的概率极低。

2）2乘2取2系统

为了使计算机联锁系统既具有可靠性又具有安全性，可采用多重冗余结构。2乘2取2系统的结构如图6-17所示，采用了四套计算机构成系统I、系统II两个系统，双系互为热备关系。2乘2取2系统通过"单系保证安全，双系提高可靠性"，实现整体系统的安全性和可靠性。

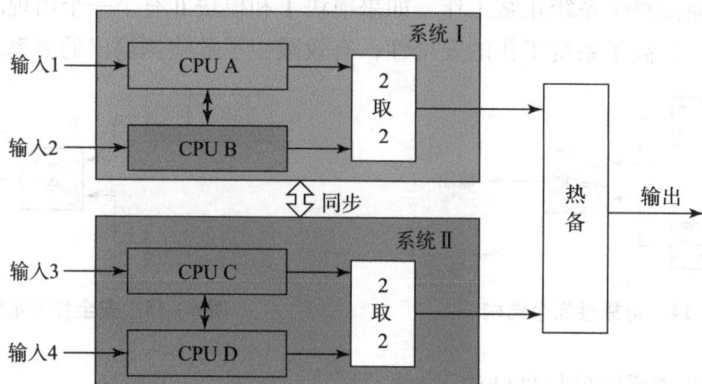

图6-17 2乘2取2系统

双系中的每一单系均包括两套计算机实时校核工作，每一单系中只有两套计算机工作一致才能对外输出，利用安全性冗余结构，实现整体系统的安全性。任一单系检出故障均可立即导向备系工作，双系之间构成可靠性冗余结构，实现全部系统的可靠性。这种结构通过"单系保证安全，双系提高可靠性"来实现整体系统的安全性和可靠性。

3）3取2系统

3取2系统又称三级表决系统，其结构如图6-18所示。三套计算机系统同时并行工作；三套系统的性能相同并分别执行同一套程序；三套系统的输出交由表决器进行表决，只要三套系统的任何两套的输出是相同的，表决器就有正确的输出。这种结构通过三个系统两两相互比较保证整体系统的安全性，通过屏蔽已发生故障的系统来保证整体系统的可靠性。若一套设备出现故障，则系统从3取2过渡到2取2，并不影响信号系统的使用。而两台计算机同时故障的概率极低，这样设备更安全可靠，从而大大地提高了行车效率。

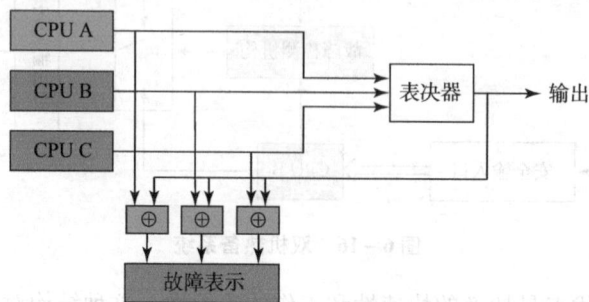

图6-18 3取2系统

3. 计算机联锁系统的基本功能

计算机联锁系统能够完成 6502 电气集中联锁设备所能完成的全部功能。计算机联锁系统和继电联锁系统相比，功能更加强大。其基本功能如下：

（1）联锁控制功能

接收 ATS 或车站值班员的进路命令，进行联锁逻辑运算，实现对道岔、进路和信号机的控制。

（2）显示功能

人机界面灵活，显示内容丰富，能够提供非常直观、清晰、形象的各种显示。如站场形状显示、现场信号设备状态显示、按钮操作提示、系统的工作状态和故障报警显示等。

（3）记录储存和故障诊断功能

计算机联锁系统储存容量大，具有较强的记忆功能，不但能够及时提供当前信息显示，还能提供历史信息；能够自动检测自身运行的状态，并及时给出报警提示，以便及时处理。

（4）ATS 系统对接功能

计算机联锁系统可以与 ATS 控制中心自动化系统直接进行数据交换和信息传送，也可以灵活地与其他系统结合，以实现多网合一，节省设备。

6.1.3 联锁设备的运营模式

城市轨道交通信号中，为了保证行车安全、提高运营效率，需要设置联锁系统来实现信号、道岔、进路之间的相互制约关系。城市轨道交通存在很多与传统铁路电气集中系统不同的情况。例如，多列车进路、追踪进路、折返进路、列车运行的三级控制、联锁监控区、保护区段和侧面防护等。

1. 城市轨道交通进路

城市轨道交通中，把列车或调车车列在站内运行时所经由的路径称为进路。如按作业性质不同，进路大体上可分为列车进路和调车进路两类。列车进路又可分为接车进路、发车进路、通过进路；调车进路又可分为调车接车方向的进路和调车发车方向的进路。

列车进路由进路防护信号机防护，但列车在进路中的运行安全则由 ATP 负责，这为城市轨道交通高密度的运行提供了安全保障。在城市轨道交通信号系统的设计中，ATP 与计算机联锁功能相结合，进一步提高了列车自动控制系统的安全性能。根据城市轨道交通运营的特点，城市轨道交通进路可分为多列车进路、追踪进路、折返进路、保护区段、侧面防护以及联锁监控区段六种。

（1）多列车进路

进路分为单列车进路和多列车进路，这主要是因为城市轨道交通运行间隔小、车流密度大，列车的运行安全由 ATP 系统保护，所以在一条进路中可能出现多列列车运行。如图 6 - 19 所示，S1→S2 为多列车进路，只要监控区空闲，以 S1 为始端的进路便可以排出，信号 S1 开放。

对于多列车进路，当第 1 列车离开进路始端信号机后的监控区后，可以排列第 2 条相同终端的进路。第 2 条进路排出，第 1 列车通过后进路中的轨道区段直到第 2 列车通过后才能解锁。多列车进路排出后，如果进路中有列车运行，则人工取消进路时，只能取消最后一次

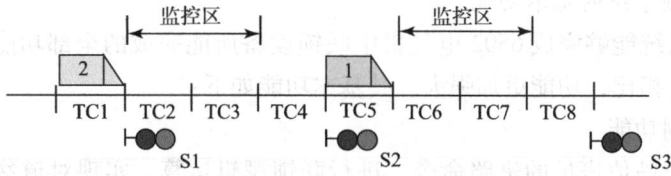

图 6-19 多列车进路

排列的进路至前行列车所在位置的进路，其余进路由前行列车通过以后解锁。人工取消多列车进路的前提是：进路的第 1 个轨道电路必须空闲。

如图 6-20 所示，S6→S7 为多列车进路，列车 1 通过 TC2、TC3、TC4 以后，这 3 个轨道区段正常解锁，这时可以排列第 2 条进路 S6→S7，S6 开放正常绿灯信号。如果列车 1 继续前进，则通过区段 TC5、TC6、TC7 后，这 3 个区段不解锁，只有在列车 2 通过这 3 个区段才能解锁。若第 2 条进路排列后，又要取消，这时只能取消从始端信号机 S6 到列车 1 之间的进路，其余的进路会随列车 1 通过后自动解锁。

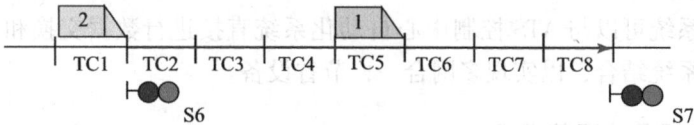

图 6-20 多列车进路解锁示意图

（2）追踪进路

追踪进路为联锁系统本身的一种自动排列进路功能。防护该种进路的信号机具有自动信号属性。列车接近信号机，占用触发区段（触发区段是指列车占用该区段时引起进路排列的区段，触发区段可能是信号机前方第 1 个接近区段，也可能是第 2 个接近区段，触发区段根据线路布置和通过能力而定）时，列车运行所要通过的进路自动排出。追踪进路排出的前提除了满足进路排出的条件外，进路防护信号机还必须具备进路追踪功能。

若信号机被预订具有进路追踪功能，则对其规定的进路命令通过接近表示自动产生。调用命令被存储，一直到信号机开放。接近表示将由触发轨道区段的占用触发。

当调度员或值班员将该架信号机设置为自动信号时，在 ATS 显示界面中，该架信号机前方会出现黄色箭头，表示此信号机由普通信号变为自动信号。自动信号平时点亮禁止灯光（红灯），当列车占用该信号机的触发区段时，联锁系统会自动排列进路，信号机点亮为允许灯光。当列车驶入信号机内方时，信号机点亮禁止灯光（红灯）。

如图 6-21 所示，X5C 是一架自动信号机，信号机图标前带有黄色箭头，标明为自动信号。当列车进入这架信号机的触发区段（TC30C）时，联锁系统根据列车的目的地号自动排

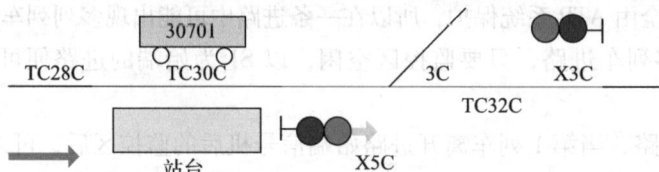

图 6-21 追踪进路示意图

列进路。绿色光带表示进路在锁闭状态。由图 6 - 22 可知，车次号为"30701"的列车，占用 X5C 信号机的触发区段，触发联锁系统，自动排列出始端为 X5C，终端为 X3C 的一条进路。

（3）折返进路

列车折返进路作为一般进路纳入进路表。一般情况，折返进路可以由联锁系统根据折返模式自动排列进路。折返进路包含两条基本进路。

如图 6 - 22 及图 6 - 23 所示，列车进入终端站，旅客全部下车后，列车需要由现在运行方向的正线进入另一个运行方向的正线继续运行。在图 6 - 22 及图 6 - 23 中，列车的专线经过两条进路。首先列车经过始端为 X7C、终端为 X1K 的进路，进入折返线，再由 X1K 到 X5K 的进路进入正线继续运行。

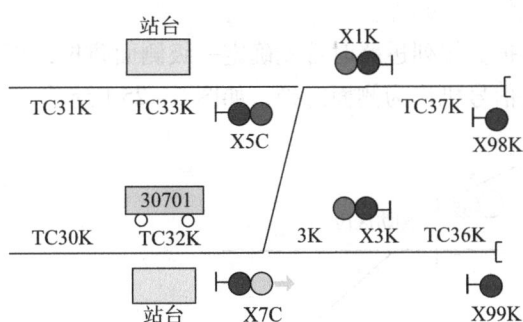

图 6 - 22　折返进路示意图　　　　　图 6 - 23　折返进路示意图

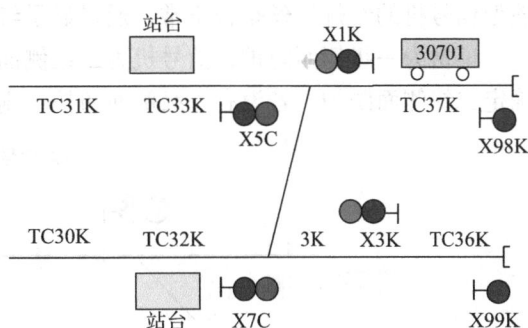

（4）保护区段

为了保证列车的运行安全，避免列车由于某种原因不能在信号机前停住而导致事故的发生，充分考虑了列车的制动距离及线路等因素，在停车点后设置了保护区段，即终端信号机后方的一至两个区段为保护区段，类似于铁路的延续进路，如图 6 - 24 所示。列车进站应该停在停车点上，但由于线路原因（有坡道）或列车没有及时制动，列车冲出站台区域。为了防止列车冲出停车点而发生事故，在列车进站的同时在站台区域列车运行方向的前方设置了保护区段，X5C 至 X3C，图 6 - 24 中虚线部分。当列车进站停稳并对准后，保护区段自动解锁。

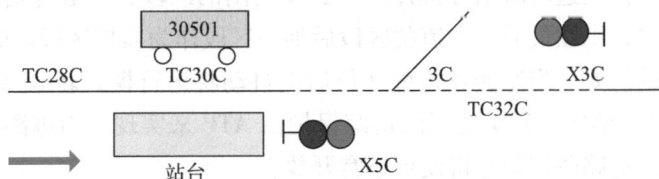

图 6 - 24　保护区段示意图

进路可以带保护区段或不带保护区段排出。如进路短，排列进路时带保护区段；多列车进路无保护区段时，进路防护信号机可以正常开放。

根据设计，保护区段可以在主体信号控制层内受到监督，也可能不在主体信号控制层内受到监督。此外，也有可能在进路排列时直接征用保护区段，或进路先排列，保护区段设置延时直至进路内的接近区段被占用。延时的保护区段设置是一种标准方式，为多列车进路内的每个列车提供保护区段条件。

（5）侧面防护

城市轨道交通的道岔控制全部为单动，不设双动道岔，所有的渡线道岔也只设单动来防护列车的侧面冲突。列车进路侧面防护是保证其安全的运行路径，避免其他列车从侧面进入进路，与列车发生侧面冲突。

侧面防护的任务是通过转换、锁闭和检查邻近分歧道岔位置（需在侧面防护要求的保护位置上），使通向已排运行进路的所有路径均不能建立。如果侧面防护道岔实际位置与所要求的位置不一致，则发出转换道岔的命令，当命令不能执行时（如道岔已锁闭），操作命令将被储存，直到达到要求的终端位置；否则通过取消或解锁该进路来取消操作命令。

侧面防护也可由位于进路需要侧面防护方向的主体信号机显示禁止信号来完成，即检查该架信号机的红灯灯丝是否正常，通过显示红色信号来确保。

道岔为一级侧面防护，信号机为二级侧面防护。排列进路时首先确定一级侧面防护，再确定二级侧面防护。若没有一级侧面防护，则将信号机作为侧面防护，如图 6 - 25 所示。

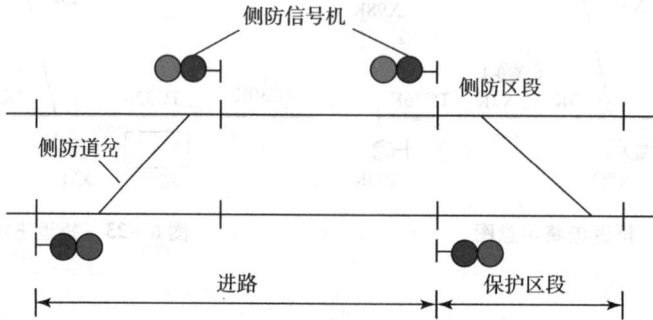

图 6 - 25　侧面防护示意图

（6）联锁监控区段

在铁路上信号机开放必须检查所防护进路的所有区段空闲，而在装备准移动闭塞的城市轨道交通中，开放信号机前联锁设备无须检查全部区段，只需要检查部分区段，这些被检查的区段叫作联锁监控区段。

联锁监控区段即排列进路时信号机开放所必须空闲的区段，一般为信号机内两个区段。若监控区段内有道岔，则在最后一个道岔区段后加一区段作为监控区段。监控区段的长度应满足驾驶模式转换的需要。列车通过这些区段后能自动将运行模式转为 ATP 监督人工驾驶模式或 ATO 自动驾驶模式。列车之间的追踪保护由 ATP 来实现。当进路设有监控区段时，只要监控区段空闲，进路防护信号机便可正常开放。

2. 列车运行控制

列车进路由进路防护信号机防护，但列车在进路中的运行安全由 ATP 负责，这为城市轨道交通高密度行车提供了前提和安全保证。列车运行进路控制采用三级控制，即控制中心控制（ATS 自动控制）、远程控制终端控制和车站工作站控制。

控制中心集中控制全线的列车运行（不包括车辆段内列车的运行控制）。系统根据列车运行时刻表及列车运行状况发出列车运行控制命令，并进行自动调整。在车站设置必要的自动控制功能，当控制中心故障时，转入站级控制，如图 6 - 26 所示。

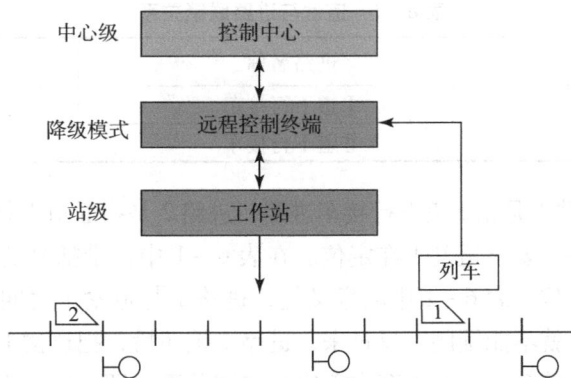

图 6 – 26　列车进路控制

中心级控制为全自动的列车监控模式，在该模式下，列车进路设置命令由自动进路设定系统发出，其信息来源于时刻表和列车运行自动调整系统。控制中心调度员也可以人工干预，对列车进行调整，操作非安全相关命令，排列和取消进路。

在控制中心设备故障或控制中心与下级设备的通信线路故障时，控制中心将无法对远程控制终端进行控制。此时系统自动地转入列车自动控制的降级模式。在降级模式下，由司机在车上输入目的地码，通过列车上的车次号发送系统发出带有列车去向的车次号信息，远程控制终端自动产生进路控制命令，联锁系统根据来自远程控制终端的进路号排列进路。在这种情况下，系统不具备列车运行自动调整功能，但对于高密度的列车运行，用此功能可以节省车站操作人员大量的精力。

在站级控制模式下，列车运行的进路控制在车站值班员工作站执行，但此时只要控制中心设备及通信线路功能完好，自动进路设置仍可进行。站级控制时，列车进路的设定完全取决于值班员的意图，值班员选择通过联锁区的预期进路。联锁控制逻辑检查进路没有被占用，且没有建立敌对进路，然后自动排列通过联锁区的进路，锁闭进路，在所有条件满足列车的安全运行后开放地面信号机，并允许 ATP 将速度命令传送给列车。信号机的开放表示通过联锁区的进路开通。

3. 联锁对象间的联锁内容

城市轨道交通信号系统，通过某种技术方法，使信号、道岔和进路必须按照一定程序并满足一定条件，才能动作或建立起来的相互关系称为联锁关系。其中信号、道岔和进路是联锁系统的联锁对象。

（1）道岔与进路间的联锁

道岔有定位和反位两个工作位置，进路则有锁闭和解锁两个状态。道岔位置正确，进路才能锁闭，进路解锁后，道岔才能改变其工作位置。这就是存在于道岔和进路之间的基本联锁关系。这种关系可用图表方式表达，如图 6 – 27 及表 6 – 1 所示。

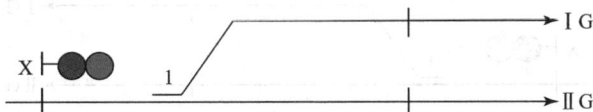

图 6 – 27　道岔与进路的联锁

表 6-1　道岔与进路联锁关系

进路号	进路名称	道岔
1	Ⅰ道下行接车	(1)
2	Ⅱ道下行接车	1

在表 6-1 中，进路 1 是指Ⅰ道下行接车进路，进路 2 是指Ⅱ道下行接车进路。进路 1 要求道岔 1 在反位；进路 2 要求道岔 1 在定位。在表 6-1 中，带括号的代表道岔在反位，不带括号的代表道岔在定位。表 6-1 中的意义是，进路 1 与道岔 1 之间有反位锁闭关系，道岔 1 不在反位，进路 1 就不能锁闭；反过来，进路 1 锁闭后，把道岔 1 锁在反位位置上，不准许道岔 1 再变位。进路 2 与道岔 1 存在着定位锁闭关系，即道岔 1 不在定位，进路 2 就不能锁闭；反之，当进路 2 锁闭以后，把道岔 1 锁在定位位置上，不准许道岔 1 再变位。

在建立进路时，不但对进路中的道岔进行锁闭，在某种情况下为了保证行车安全，还应将进路以外的有关道岔防护到规定位置上并进行锁闭，以免发生车辆冲撞事故。这种道岔称为防护道岔，如图 6-28 及表 6-2 所示。

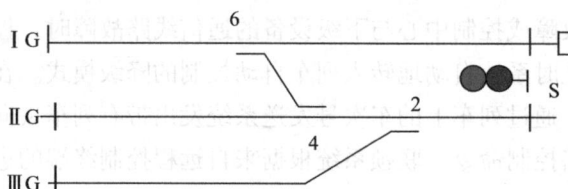

图 6-28　防护道岔

表 6-2　防护道岔联锁关系

进路号	进路名称	道岔
1	Ⅰ道上行接车	2,（4/6）
2	Ⅱ道上行接车	2,4/6
3	Ⅲ道上行接车	2,[4/6]

道岔 4/6 虽然属于上行Ⅲ道接车进路以外的道岔，但也要求道岔 4/6 与上行Ⅲ道的接车进路发生联锁关系，即道岔 4/6 不在定位，禁止进路Ⅲ锁闭（即禁止防护进路 3 的信号机开放）。一旦进路Ⅲ锁闭后，就必须将道岔 4/6 锁闭在定位状态，从而使进路Ⅰ和进路Ⅲ有效隔离，消除了与Ⅰ道下行列车相撞的危险。

（2）道岔与信号机间的联锁

由于进路是由信号机防护的，所以道岔与进路之间的联锁也可以用道岔与信号机之间的联锁来描述，如图 6-29 及表 6-3 所示。

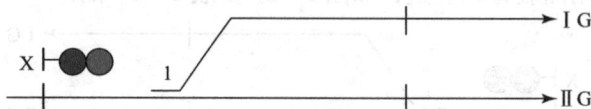

图 6-29　道岔与信号机的联锁

表6-3 道岔与信号机的联锁关系

信号机	信号机名称	道岔
X	下行进站信号机	1, (1)

下行信号机 X 防护两条进路：一条是 I 道下行接车进路，要求道岔 1 在反位；另一条是 Ⅱ 道下行接车进路，要求道岔 1 在定位。因此信号机 X 与道岔 1 之间的联锁关系，既有定位锁闭关系，又有反位锁闭关系，叫作定反位锁闭，应记作"1,（1）"。

定反位锁闭意味着道岔 1 在定位时，允许信号机 X 开放，在反位时也允许信号机 X 开放。由于可能会出现道岔不密贴或被挤岔等情况，所以道岔处于既不在定位又不在反位的状态的非工作状态，即"四开"状态。为了保证"四开状态"下进路不能开放，必须遵守道岔在非工作状态时信号机不允许开放的联锁规则。

（3）进路与进路间的联锁

进路与进路之间存在着两种不同性质的联锁关系：一是抵触进路；二是敌对进路。

1）抵触进路

如果两条进路具有共用路段（有重叠部分），又都经由某一道岔，但该道岔的位置要求不相同，一条进路要求某一道岔在定位，而另一条进路要求该道岔在反位，一条进路建立后，另一条进路由于道岔位置要求不符合则不能建立，这类用道岔位置能够区分，不可能同时建立的两条进路称为抵触进路，如图 6-30 及表 6-4 所示。

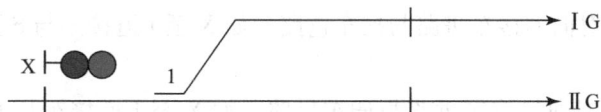

图6-30 抵触进路

表6-4 抵触进路的联锁关系

进路号	进路名称	抵触进路
1	X 至 I 道接车	2
2	X 至 Ⅱ 道接车	1

下行接车进路有两条，即 X 至 I 道接车与 X 至 Ⅱ 道接车。这两条进路因为要求道岔位置各不相同且在同一时间只能建立一条进路，所以任何一条进路锁闭以后，在其未解锁以前，因为把有关道岔锁住了，所以不可能再建立另一条进路了。因此，这两条进路属于互相抵触的进路。

既然抵触进路不可能同时建立，也就避免了侧向撞车的可能。因此，在抵触进路之间就不需要采取锁闭措施。既然不需要采用锁闭措施的联锁内容，也就没有必要列在联锁表内。

2）敌对进路

如果两条进路既有共用路段，又对共用道岔位置的要求相同，同时建立则可能造成撞车事故，这种不可能借助道岔位置防止同时建立的两条进路叫作敌对进路，如图 6-31 及表 6-5 所示。

项目
6
联锁设备的检测与维护

189

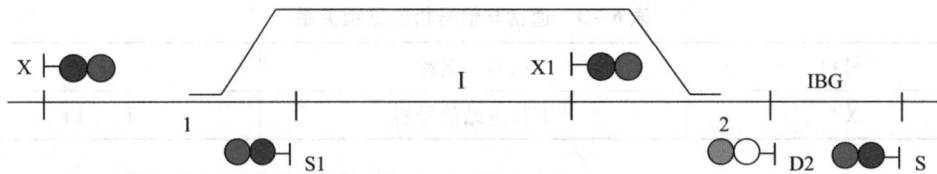

图 6-31　敌对进路

表 6-5　敌对进路的联锁关系

进路号	进路名称	抵触进路
1	X 至 I 道接车	2，3，4
2	S1 向上行发车	1
3	S 至 I 道接车	1，4，5，6
4	D2 至 I 道接车	1，3，5，6
5	X1 向下行发车	3，4，6
6	I 至 IBG 调车	3，4，5

敌对关系的进路必须采取技术措施防止它们同时建立，从而保证不发生正面和尾部撞车事故。因此，对于任何两条进路，必须确切地判明它有哪些敌对进路，这是非常重要的。

下列进路规定为敌对进路，必须相互检查，不得同时开通。

①同一到发线上对向的接车进路与接车进路。如 X 至 I 道接车与 S 至 I 道接车进路，又称迎面敌对进路。

②同一到发线上对向的接车进路与调车进路。如 X 至 I 道接车与 D2 至 I 道调车进路，也称迎面敌对进路。

③同一咽喉区对向重叠的接车进路与发车进路。如 X 至 I 道接车与 SI 向上行发车进路。

④同一咽喉区对向或顺向重叠的列车进路与调车进路。如 S 至 I 道接车与 I 道至 IBG 调车（对向重叠）、S 至 I 道接车与 D2 至 I 道调车（顺向重叠）。

⑤同一咽喉区对向重叠的调车进路。如 D2 至 I 道调车与 I 道至 IBG 调车。

由此可见，敌对进路有如下特点：两条进路有重叠部分，而且不能以道岔的位置使它们区别开来。

（4）进路与信号机之间的联锁

因为信号机是防护进路的，所以进路与进路之间的联锁关系可用进路与信号机之间的联锁关系来描述，如图 6-32 及表 6-6 所示。因为进路较多时，用进路与信号机之间的联锁关系描述较明显，所以不需要从进路号码中查找进路名称。

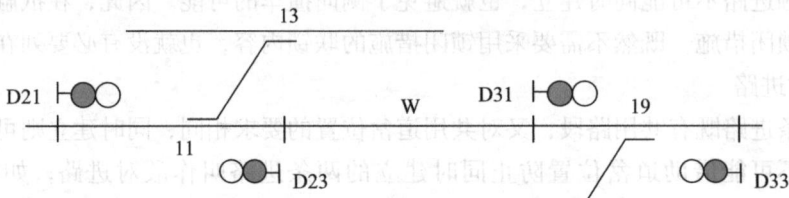

图 6-32　进路与信号机间的联锁

表6-6 进路与信号机间的联锁关系

进路号	进路名称	敌对信号
1	D21 至 W	D23，<19>D33
2	D33 至 W	D31，<11/13>D21

因为进路1是从D21信号机至无岔区段W的调车进路，D23信号机所防护的进路与上述进路为敌对进路，所以把D23列为进路1的敌对信号，在联锁进路1的敌对信号栏内记作"D23"。

D33信号机防护着两条进路：一条经由道岔19反位；另一条经由道岔19定位至无岔区段W，由于无岔区段一般较短，故禁止同时由两个方向向该无岔区段内调车，即D21至W的调车进路与D33至W的调车进路是敌对进路。但这两条敌对进路，只是在道岔19在定位时，才能构成，反之则构不成。这种有条件的敌对进路在进路1的敌对信号栏中记作"D23<19>D33"，如图6-33所示。如果记作"<19>D33"，则说明是反位条件。

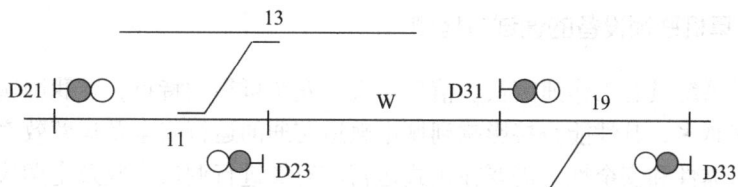

图6-33 信号机与信号机间的联锁

同理，进路2与调车信号机D2，也存在着条件敌对关系，所以在进路2的敌对信号栏内，记作"<11/13>D21"。

由此可见，建立一条进路时，用道岔位置无法区分，但又不允许同时开放的信号称为敌对信号。敌对信号也可理解为敌对进路的防护信号。检查了敌对信号未开放，也就防止了敌对进路的同时建立。

在较复杂的站场建立一条进路时，进路之外的某一信号机，有些条件下不允许其开放，即为敌对信号；有时又允许其开放，即为非敌对信号。这样的信号称为有条件敌对信号。

（5）信号机与信号机间的联锁

进路是由信号机防护的，进路与进路之间的联锁可以用信号机与信号机间的联锁关系来描述，如图6-33及表6-7所示。

表6-7 信号机与信号机间的联锁关系

信号机编号	信号机类型	敌对信号	
		条件	锁闭
D21	调车信号机	19	D23
			D33
D23	调车信号机		D21
D31	调车信号机		D33
D33	调车信号机		D31
		11/13	D21

每一条进路都有信号机防护，敌对信号机未关闭时，有关信号机不能开放。信号机开放后，其敌对信号不能开放。总之，凡属于敌对进路的信号机不能同时开放。在图 6 - 33 中，D21 和 D33 是条件联锁，相应条件是道岔 11/13 定位和道岔 19 定位。

❀ 任务 6.2　计算机联锁设备的检测与维护

☞ 学习目标

◆ 掌握计算机联锁设备的调试与检测方法。

◆ 掌握计算机联锁设备的维护方法。

◆ 熟悉计算机联锁设备的常见故障种类。

◆ 了解计算机联锁设备的故障维修处理方法。

6.2.1　计算机联锁设备的调试与检测

计算机联锁系统具有工作速度快、信息量大、安全可靠的特点，在我国城市轨道交通系统中的应用越来越多，其性能直接影响到城市轨道交通的运行安全及运营效率。为提高计算机联锁设备的可靠性和安全性，需要在正式运营前对其进行调试实验及定期检测。调试人员对设备联锁实验与调测方法应熟练掌握，并应做到一丝不苟，以确保设备稳定可靠地运行。

1. 计算机联锁系统设备连接实验

计算机联锁系统设备连接实验是指设备安装完成后，对设备配线进行一次全面复核，保证配线符合设计图的要求，无漏、错、混线现象。然后对设备进行送电实验，检查设备开机时工作是否正常，电源送电线路的各级电压、电流是否正常。

计算机联锁系统主要包括联锁控制机、执行表示机和控制监视机、电务维修机；配套设备包括中西文打印机、高分辨率彩色显示器、控制台和配电柜等；外围设备包括电缆、UPS电源、接口柜及继电组合柜等；室外设备包括信号机、道岔（转辙机）、轨道电路等。

（1）UPS 实验

UPS（Uninterruptable Power Sgstem）电源是车站计算机联锁系统及各种计算机设备的供电装置，具有两路电源无间断切换、隔离干扰、电源变换和稳压稳频等功能，广泛应用于铁路信号领域的各个方面。为保证信号系统正常工作，必须配备 UPS，以保证设备不间断供电；UPS 一旦出现故障，就会影响系统正常工作，甚至行车安全。为此，保证 UPS 正常工作非常重要。

UPS 开机前，先要检查其接地保护完好，接地电阻不大于规定值。断开输出电源线，将断开全部开关，由输入电路为 UPS 送入经稳压后的 AC 220 V 电源。检查无异常后，再逐步打开各路输出的电源开关，同时在输出端子上用万用表测量输出电压是否符合设备要求。打开输入电源和备用电源转换开关，且断电源后听到报警声，并在输出端子上测量有 AC 220 V输出电源。

关机后用万用表测量输出电源线无短路现象，依据设计图纸连接输出电源线。逐级给各种设备送电，进行下一步实验。

（2）联锁机柜实验

计算机联锁系统机柜主要由联锁柜、综合柜等设备构成。联锁柜由系统机箱、IO 机箱、电源机箱等组成；综合柜由系统切换机箱、电源切换机箱、电源机箱、交换机、UPS、工控机等设备组成。柜内有 AC 220 V 电源线、低压直流电源线、高频通信线等各种线缆，种类繁多。设备通过空间泄露、线缆传导等方式辐射信号，使其成为干扰源，同时，设备又受到周边其余设备的干扰，影响设备正常工作，电磁环境复杂。

测试计算机柜连接电缆导线电阻和绝缘电阻，并导通连接电缆，甩开接口电路，当检查 UPS 供给计算机柜的各种电源连接正确后，断开计算机柜的输入、输出电路；然后打开计算机电源开关，检查计算机运行情况。

将 MMI 及系统维护台按照系统结构图正确连接，包括电源线、数据线和网线等。确认地线完好，无短路，系统上电；甩开接口电路，单独调试计算机联锁系统。先进行单机调试，待计算机联锁 A、B 机都起来后，再与 MMI 连接进行上、下位联锁双机同步的调试。

确认接口电路连线正确后，连接计算机联锁系统，待其运行正常后，将计算机联锁系统与接口架连接起来。

（3）室外设备连接实验

城市轨道交通计算机联锁系统中，信号机、转辙机、轨道电路作为信号基础设备铺设在轨旁，通过自身状态的改变响应联锁机下达的逻辑控制命令，同时将自身状态通过继电电路反馈给联锁机构，实现进路的控制和其状态的反馈。

室外信号机、道岔（转辙机）、轨道电路等单独进行送电实验后，才能与计算机系统连接。室外设备的模拟实验是在分线盘上断开相应设备的室内侧连接电缆，通过分线盘端子对室外设备送出工作电压，检查连接设备的电缆是否正确及设备的工作电压（电流）、衰耗等是否正常，同时检查室外设备动作是否正常。

（4）接口柜及组合柜测试

接口柜及组合柜在设备配线完成后进行一次全面的复查，保证配线正确。在室外设备单独实验完毕，分线盘接线正确，室内各种电源送至接口柜零层后，逐架安置零层保安器，再逐层安置接口柜保安器。

将所有接口柜处的接口插头拔下，在接口柜侧面以 DC 24 V 电源模拟计算机输出信息。对每架信号机的每个灯位及每组道岔进行单独实验，检查模拟输出状态与室外设备状态是否一致。然后根据室外信号机的显示、道岔位置以及轨道电路占用情况，用万用表测量计算机取样处的电压值是否与设计一致。

2. 计算机联锁系统设备功能实验

系统功能实验是指对计算机联锁控制机、执行表示机、控制监视机、电务维修机的操作和表示性能进行检查。

（1）联锁机的主要功能实验内容

①实现与控制监视机和执行表示机的通信调度。

②实现信号设备的联锁逻辑功能，完成进路确选、锁闭，发出开放信号和动作道岔的控制命令。

③采集现场信号设备状态，如轨道状态、道岔表示状态和信号机状态等。

④驱动动态继电器，控制动作现场设备。

（2）执行表示机的主要功能实验内容

①接收联锁机发出的执行命令，并向联锁机发送采集信息。

②采集现场信号设备状态。

③驱动动态继电器。

（3）控制监视机的主要功能实验内容

①与联锁机通信。

②根据控制台发送的按钮命令初选进路。

③屏幕图像显示。

（4）电务维修机的主要功能实验内容

①屏幕图像显示。

②记录功能。

③与其他系统通信。

④记录、储存、打印及图像再现。

（5）其他功能实验内容

①大屏幕监视器除具有 6502 的所有表示显示外，还包括各种汉字提示、时间提示和音响。运用显示器的各种按钮，可调整显示器的亮度、对比度、色彩及音量。

②采用双套互为备用的计算机系统，各级计算机均可切换。对备机需进行脱机、联机和联机同步 3 种状态实验，如主机出现故障，系统自动倒向备机，不影响现场设备状态。备用系统还可脱机，供调试、维护软硬件使用。

③系统的检错、诊断、储存和记录等功能。

④能再现进路办理、车列行走过程，储存时间符合设计要求。

⑤具备故障记录、报警和打印等功能。

⑥系统还可人工切换倒机。执表机的切换手柄，可以将联锁机和执表切换联锁 A 机、执表 B 机（联锁 B 机、执表 A 机）同时作为工作机的工作方式。

3. 车站计算机联锁全站联调实验

车站计算机联锁全站调试实验针对全站范围内信号基础设备、进路及各系统连接功能等进行调试实验，检验系统是否处于正常工作状态，能否正常投入正式运营。

在全站联调之前，首先要完成制作信号点灯模拟电路、道岔模拟电路及轨道电路模拟盘；将联锁 A 机和联锁 B 机放置在规定的位置，并将 A、B 机之间的连线连接起来等准备工作。车站计算机联锁全站联调实验具体内容如图 6－34 所示，包括进路控制实验、信号机控制实验、道岔控制实验及系统间结合功能实验。

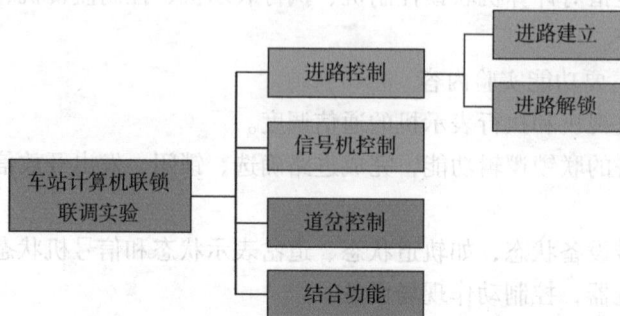

图 6－34　计算机联锁联调实验内容

（1）进路控制实验

1）进路建立实验

检查是否能够根据操作的先后顺序，确定列车进路的始端和终端，并自动选出一条基本进路；或依次确定进路的始端、变更点和终端，并自动选出相应的变更进路。

检查是否能够根据操作的先后顺序确定进路的始端和终端，并自动选出一条含几条基本进路的长调车进路；或依次确定进路的始端、变更点和终端，并自动选出相应的变更进路。

检查进路选出后，在与进路有关的轨道区段空闲、道岔位置正确以及未建立敌对进路的条件下，是否能够对道岔敌对进路实行锁闭。

检查当防护进路的信号机已经开放，且进路的接近区段有车时，进路锁闭能否转化为接近锁闭。

2）进路解锁实验

检查是否能够进行进路正常解锁和调车中途返回解锁。当进路未处于接近锁闭时，办理取消进路作业，检查进路是否能够在信号机关闭后立即解锁。检查人工解锁、故障解锁的功能是否符合设计要求。

（2）信号机控制实验

信号机（引导信号除外）是否只有在其防护的进路空闲（包括侵限绝缘检查）、有关道岔位置正确、进路锁闭、敌对进路未建立以及各种特殊的条件满足时才能开放。建立调车进路时，防护每个基本进路的调车信号机是否按运行方向由远及近地依次开放。

检查信号机在下列情况下是否及时关闭：对于列车信号机，在列车第一轮对进入该信号机后方第一轨道区段 3 s 后；对于调车信号机在列车全部越过该信号时；在信号机前留有车辆或不设接近区段的调车进路，在列车出清该信号机内方第一轨道区段时。

故障使联锁发生变化或办理人工或人工解锁进路时，或检查信号关闭后，未经再次办理，不得重新开放。列车主体信号机和调车信号机，在信号开放后是否能不间断地检查灯丝状态。检查列车信号机的主、副灯丝自动转换功能；引导信号开放后，是否能随时关闭；检查信号是否有乱显示现象。

（3）道岔控制实验

检查联锁道岔单独操作和进路选择的功能，以及单独操作优于进路选择的功能。当以进路控制方式操纵道岔时，进路上的道岔是否顺序选出，动作电流的启动峰值是否错开；检查道岔是否受进路锁闭、区段锁闭、人工单独锁闭或其他锁闭方式控制、道岔一经锁闭是否不能启动。

检查道岔启动后是否能够转换到规定的位置；如因故被阻，且在 15 s 内不能转换到规定位置时，是否有音响和图像报警；道岔在操纵后是否能转换到原来位置。

在道岔转换完毕后，检查道岔动作电源是否自动切断、道岔是否有位置表示且符合设计要求。

（4）结合功能实验

检查系统与调度集中设备、列控设备、各种自动闭塞设备、半自动闭塞设备、正线和到发线电码化设备相结合时的信息传递性能。

6.2.2　计算机联锁设备的故障处理及维护

计算机联锁系统是一种新型的车站自动控制设备，它可利用计算机技术来控制铁路车站的信号设备，完成信号、道岔与轨道区段的联锁。计算机联锁系统由于采用了先进的计算机技术和通信技术，联锁系统本身已不再是一个孤立的车站信号联锁设备，而是综合行车指挥控制统中的一个重要组成部分，是具有多种功能和安全保证的指挥控制系统的基础设备。为了更好地实现计算机联锁设备的自动控制性能，信号段工作人员应掌握如何维修、管理计算机联锁系统，做好系统的日常维护工作。

1. 计算机联锁设备故障类型

①根据设备类型不同，计算机联锁设备故障可分为硬件故障和软件故障。

根据硬件故障发生的时间特征性，其可分为永久性故障、间歇性故障和瞬时故障。

永久性故障一旦发生即永久存在，故障排除前，故障设备不能恢复正常运行。永久性故障通常由元器件失效、连接线断线或短接等引起。

间歇性故障是重复发生、未经排除能自动消灭的故障现象，通常是由元器件性能变化、接插件接触不良、焊点虚接等引起的。

瞬时故障通常是由外界干扰因素引起的偶发性事件。

软件故障是由软件设计中存在的缺陷，在特定站场条件和特殊操作组合情况下，缺陷被暴露出来而引起的故障。

②根据故障特性分类，计算机联锁设备故障可以分为潜伏性故障和非潜伏性故障。

潜伏性故障的特点是故障发生后不能及时表现出来，只有与另一故障构成组合时方可显示出故障现象，如电源单极接地等故障。

非潜伏性故障特点是发现后能及时被发现的故障，即设备在运用中通过电路本身的自诊技术检测出来的故障。如道岔表示、灯泡主丝断丝等故障。

③根据故障原因责任性分类，计算机联锁设备故障可以分为责任原因故障和非责任原因故障。

责任原因故障是指因维修不良或违章作业造成的设备故障，如设备超期使用发生故障、人为短路烧断保险等。

非责任原因是指因突发因素或无法抗拒和防止的外界干扰、自然灾害和无法检查发现的电务设备在周期范围内材质不良及不属维修部门管理的其他设备、项目等造成的故障。具体表现在以下几个方面：环境不良，如高温、有害物质的侵蚀；气候不良，如雷击、暴雨、冰雪等影响；无知行为或故意不良行为的干扰（如小孩砸破透镜及设备被盗等）；运行周期内器材不良，如线圈断线等。

④根据故障线路分类，计算机联锁设备故障可以分为断线故障和混线故障，其中混线故障包括短路故障和电源接地故障。

断线故障：线路上某处出现分压现象，导致设备不能正常工作的故障为断线故障。

短路故障：电源两极的输送线路相混，对负载进行分流而导致设备不能正常工作，甚至烧断电源保险为短路故障。

除以上故障外，计算机联锁设备的常见故障类型还有通信线路故障、切换故障和电源故障三种。

通信线路故障表现为总线插头松动或插接不良，联锁机无法与监控机通信。

切换故障表现为联锁机零层切换故障时，切换校核报错，某一监控机与联锁机通信中断，控制台监视器和数字化切换板故障，会导致控制台显示屏和数字化仪不能正常随着监控机的切换而切换到工作中的监控机上，也可造成显示屏上无任何显示。

电源故障主要体现在动态稳压电源，其故障会导致所有动态继电器的驱动失效，不能驱动室外设备。计算机电源故障，UPS 电源、STD 电源、采集电源、驱动电源及监控机电源出现故障后，其所带的负载均无法开启。

2. 计算机联锁设备故障处理方法

（1）计算机联锁设备故障处理流程

计算机联锁故障处理程序如图 6 – 35 所示。

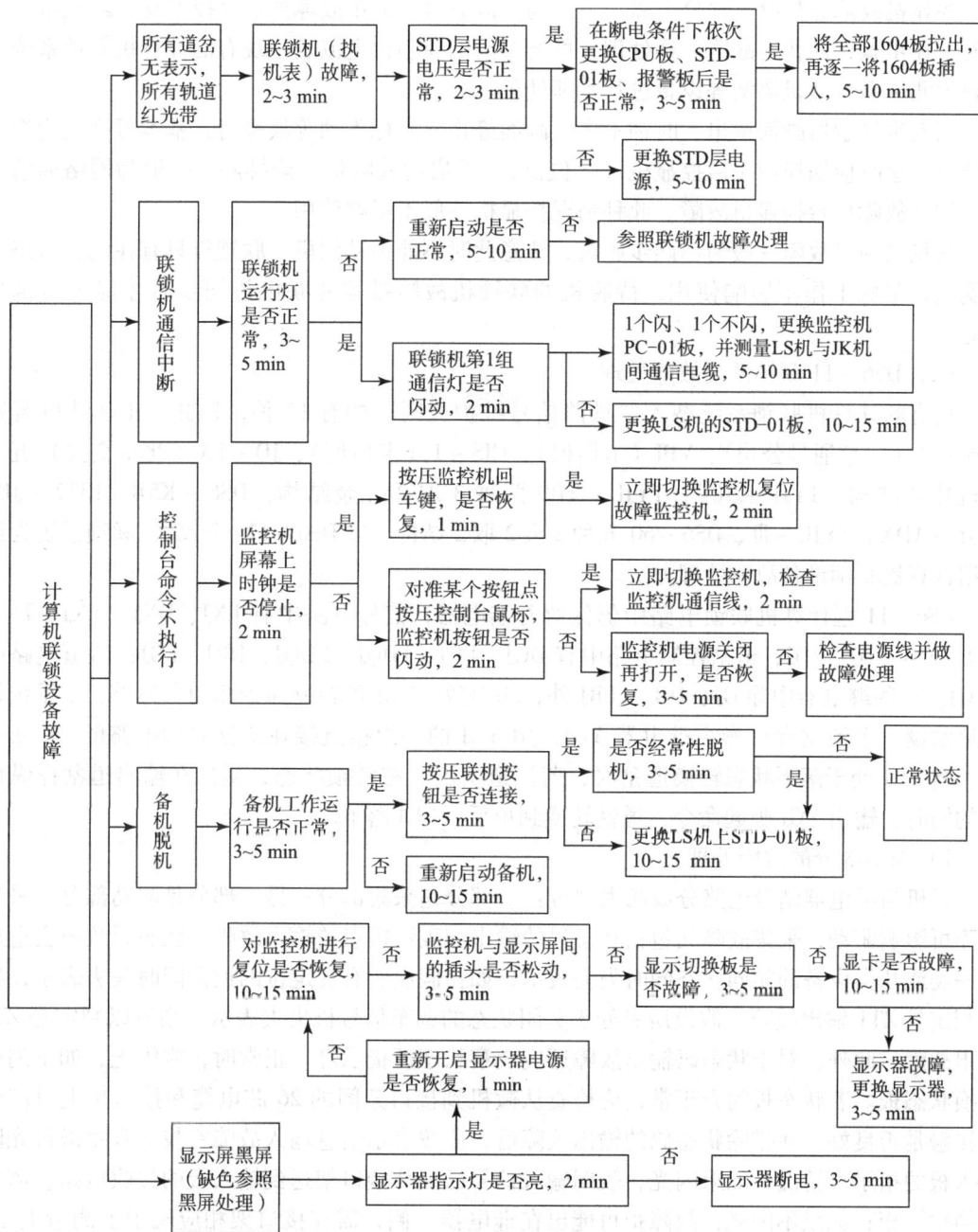

图 6 – 35　计算机联锁设备故障处理程序

接到计算机联锁设备故障通知后，切忌盲目动设备。

首先应掌握故障现象、影响范围、对车务影响程度，分析联锁关系，排除车务错误操作的可能。

然后查看机房联锁机、控制台显示器、控显机上位机的运行状态联锁机采集板、驱动板信息位指示灯状态是否正常，初步掌握信息，再决定如何处理，并将情况及时报告调度和车间。

再根据故障现象初步分析故障发生部位，区分是室内故障还是室外故障，区分是联锁机、控显机故障还是继电部分故障。不能马上区分时，简单故障如道岔扳不动、红光带等可跳开上述步骤，同普通故障一样处理，可通过借助控制台电流表、现有的计算机联锁系统纳入轨道测试盘、微机监测等设备进行判断处理。

当发生显示器画面退出、时钟不走、画面静止、光标不动等故障时，基本可确定为控显机死机，这时应切换或重启控显机（上位机），重启后故障仍不能排除，一般为网络通信中断或硬件故障单台控显机故障。此种情况控显机一般不影响使用。

常见联锁机故障一般为不同步脱机，注意此时不能手动倒机。联锁机只有在同步状态才能倒机，单机工作不影响使用，待脱机的联锁机故障排除并联机待同步后才能进行倒机实验。

（2）DS6-11联锁系统故障处理

现有的计算机联锁系统纳入"铁路信号维护规则"的有12种，TYJI-Ⅱ（铁科研）、DS6-11（北京通号公司）、VPI（卡斯柯）、CIS-1（卡斯柯）、JD-1A（北京交大）五种双机热备结构，TYJL-3CC、TYJL-TR9两种3取2冗余结构，DS6-K5B、EI32-JD、TYJL-ADX、TYJL-Ⅲ、DS6-60五种2乘2取2结构。以DS6-11型计算机联锁系统为例介绍计算机联锁设备故障处理方法。

DS6-11型计算机联锁电路中仍保留着继电器，信号电路中有LXJ、DXJ、YXJ、TXJ、ZXJ、FXJ、DJ、2DJ；道岔控制电路中有DCJ、FCJ、1DQJ、2DQJ、DBJ、FBJ；轨道电路中有GJ。这些继电器中除GJ、DBJ、FBJ外，均由微机输出的控制命令驱动。另外，本系统每组道岔设一个道岔允许操纵继电器YCJ，用YCJ的一组接点接在道岔启动电路的KZ回路中。当YCJ处于落下状态转换道岔时，若该道岔区段在解锁状态，微机在输出道岔操纵命令的同时，输出YCJ吸起命令，道岔转换到位后，YCJ落下。

1）采集部分的故障处理

微机与继电器结合电路分成两大部分：一部分是采集部分；另一部分是驱动部分。采集故障可影响驱动，采集故障又包括状态码的输出与表示接点的输入故障。状态码故障会造成某一类或几类设备的相同状态同时失去表示，如：假设所有在定位的道岔同时失去表示，则可判定是ZT1输出故障。假设所有处于关闭状态的调车信号机失去表示，则可以判定是ZT5输出故障。此外，对于状态码输出故障还应观察状态板指示灯。正常时，应闪光，如不闪应更换状态板。若状态板闪光正常，应检查从微机到接口架间的26芯电缆和接口架上对应端子接触是否良好。在排除状态码的输出故障后，应按表示信息输入故障查找。观察微机光隔输入板的指示灯情况，如果闪光，表明输入信号已经从接口架送到输入板的接收电路，需要更换输入板；如果不闪光，故障很可能出在继电器一侧，需在接口架相应端子上测量电压，正常时应有12~14V的脉动电压。如果测量不到脉动电压，可判定故障在组合架的接线上。

依照图纸，在相关继电器的接点和侧面端子上测量，找出故障点。

2）驱动部分的故障处理

驱动部分故障与采集部分故障相比，略为简单。判断驱动部分故障，首先观察微机上驱动板的指示灯。若驱动板闪光正常，则电缆断线故障概率极小，可直接到机械室观察驱动盒（QDH）是否工作。QDH正常工作需二路电源：A、B双机的正负极AGZKZ（BGZKZ）和AGZKF（BGZKF），另一路是由稳压电源送出的DKZ、DKF。

DKZ、DKF使QDH工作，QDH工作后还需有AGZKZ（BGZKZ）/AGZKF（BGZKF），才能驱动相关继电器动作。一个QDH原则上带动4个继电器。如果QDH闪光正常而被驱动的继电器不能吸起，或者驱动电压正常，但QDH不闪光，则可判定为QDH故障，更换QDH即可。QDH闪光正常，被驱动的继电器有些能吸起、有些不能吸起，故障肯定出在局部某个继电器或连线上。此时可依照图纸在相关继电器的继电和侧面端子上测量，找出故障点。

3）微机一侧的故障处理

驱动板指示灯不闪，可判定为微机一侧故障。微机一侧故障又分为联锁机故障、控显机故障和驱动板故障。区分故障时需查看监测机相关命令的执行情况。如果控显机未接收到命令或接收命令后没有把命令信息传送给联锁机，则属于控显机故障。如果联锁机已接收到控显机送来的命令但未执行，则属于联锁机故障。确认控显机或联锁机故障，可先倒机，再断电检修。控显分机发生故障时，监测机显示器上显示该分机在输出道岔操纵命令的同时，输出吸起命令，道岔转机两路网络通信同时中断，其原因一般是电源断电、AN-550BT网卡故障、机间通信电缆断线或板故障。联锁机发生故障时若为工作机故障，则系统自动或由人工切换到备机工作，原工作机转为备机可停机检修。若为备机故障，则系统将由双机工作态自动降级为单机工作态。备机可脱离系统检修，检修完毕后投入，自动进入热备状态。联锁机故障原因一般有电源断电、机间通信电缆断线、机间通信接口板AN-550BT网卡故障、板故障和输入输出信号错误等。

3. 计算机联锁设备维护

在计算机联锁的应用中，维护和管理对于保证系统安全可靠、长期稳定的运行具有重要作用。

（1）日常故障排查

对于永久性故障和间歇性故障的处理，首先用备用设备替换故障设备，令故障设备退出运行，使系统恢复正常，然后对故障现象进行分析，对故障设备进行检查，找出故障原因，通过更换电路板或排除故障点加以解决。

对于瞬时故障，一般很难在短时间内找出发生的原因，应首先进行系统复位，恢复系统运行，然后对发生故障前后的环境条件、信号设备状况、控制台操作情况做周密的调查和详细的记录，并结合历次处理故障发生时的记录，从中找出有规律性的条件因素。要注意对机房温度、电源情况、接地状态、天气情况等环境方面的情况进行分析，改善环境条件，防止故障发生。

现场运行的软件，通常以固化的方式存储，不给现场人员提供查看与修改程序的方法和手段。软件的维护由设计单位终身负责。在计算机中执行的目标程序代码，可读性极差，又有严密的逻辑性，一条指令或一个代码错误就有可能造成系统运行崩溃。因此不得不采取严格的保护措施。

软件缺陷未经排除将永远存在，在相同的条件下可以再现故障。维护人员应注意记录软件故障发生时的现场情况和操作过程，从重复发生的现象中找出规律性的因素，提供给设计单位，由设计单位改进软件设计，排除程序中的错误。

（2）日常养护维修

计算机联锁设备的日常维护需要重视日常的巡视工作。由于计算机联锁一般都是双机热备，有比较完善的硬件冗余措施，所以应坚持"多巡、少检、合理检修"的原则。重视巡视工作，有人值守的车站每天巡视一次。巡视内容包括：车站运转室和计算机房特别注意应急电台等各铅封是否完整，各个计算机是否工作正常，联锁机执行机是否工作，输入采集、输出驱动等表示是否正常，各种散热风扇运转是否正常，电源及机笼有无异常温升等。巡视时注意观察各指示灯的状态并与正常显示状态相比较。机房的巡视注意检查防尘和防鼠设施、室内的温度和湿度及各种插头、插座、元器件有无异常，并详细做好记录。

📝 **知识链接**

1. 6502 电气集中联锁控制台操作

（1）办理进路

6502 电气集中采用双按钮选路方式，即只需在控制台上顺序按压进路的始端和终端按钮，就能够按照操作意图自动转换道岔、锁闭进路、开放信号，而且不论进路中有多少道岔，均能自动转换，简化了操作手续，提高了效率。

（2）解锁进路

1）取消解锁

为了办理进路的"取消解锁"，控制台下方设置有总取消按钮。信号开放后，当进路的接近区段没有被占用时，进路处于预先锁闭状态，如需解锁进路关闭信号，则可使用"取消解锁"的方法，同时按压进路始端按钮和总取消按钮，信号自动关闭，进路解锁，进路上白光带熄灭。

2）人工解锁

控制台下方设置带有铅封的总人工解锁按钮，用于办理"人工解锁"。信号开放，进路处于接近锁闭状态时，要解锁进路关闭信号，只能使用"人工解锁"的方法，同时按压进路始端按钮和总人工解锁按钮，信号自动关闭，进路经延时后解锁，进路上白光带熄灭。

（3）单独操纵道岔

当有关道岔区段未处于锁闭状态时，可以单独转换道岔，同时按压道岔按钮和"道岔总定位"按钮，道岔转换至定位，道岔表示灯显示绿灯；同时按压道岔按钮和"道岔总反位"按钮，道岔转换至反位，道岔表示灯显示黄灯。

（4）切断报警

当发生挤岔、跳信号、主灯丝断丝等故障时，6502 电气集中控制台有声光报警，对于每种故障均设置有二位非自复式按钮，用于切断声音报警。例如，发生道岔挤岔或者道岔失去表示超过 13 s 时，控制台上电铃鸣响，挤岔表示灯亮，相应道岔的定、反位表示灯均熄灭。车站值班员按下"挤岔"按钮，使电铃暂停鸣响，并通知维修人员及时修复。修复后，如电铃再次鸣响，则通知车站值班员故障修复。拉出"挤岔"按钮，电铃停止鸣响。

2. 计算机联锁的采集电路和驱动电路

我国计算机联锁与室外设备的结合仍然以及电器作为接口。计算机联锁系统通过采集电路获得室外设备状态，通过驱动电路完成对室外设备的控制。

（1）采集电路原理

6502电气集中采用双按钮选路方式，即只需在控制台上顺序按压进路的始端和终端按钮，就能够按照操作意图自动转换道岔、锁闭进路、开放信号，而且不论进路中有多少道岔，均能自动转换，简化了操作手续，提高了效率。

状态采集接口电路有两种形式：静态信息采集和动态信息采集，两者都是故障—安全输入电路。下面以采集轨道继电器GJ的状态为例介绍动态故障—安全输入接口的电路，如图6-36所示。

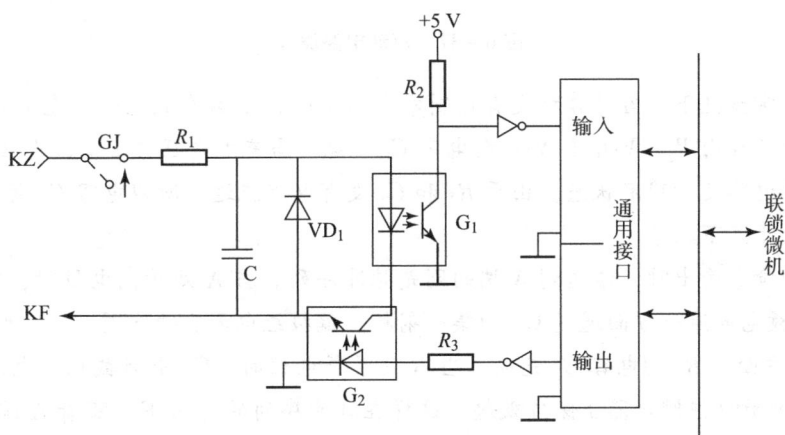

图6-36　采集电路原理

图6-36中使用了两个光电耦合器G_1和G_2。G_1的输入级和G_2的输出级串联。G_2导通时，由GJ的前触点控制G_1的导通与截止。G_2的输入级由计算机的输出口控制其通断，G_1的输出口则接至计算机的输入口。

在GJ前触点闭合的情况下，若计算机输出高电平"1"信号，则G_2导通，从而使G_1也导通，于是G_1将低电平"0"信号送入计算机。反之，若计算机输出一个低电平"0"信号，则G_2与G_1均截止，读入计算机的是高电平"1"信号。因此，GJ吸起时计算机的输入、输出互为反向关系。

系统需要采集GJ状态信息时，由计算机输出脉冲序列，如101010。当GJ前触点闭合且电路无故障时，返回计算机的是相反的脉冲序列，即010101；当GJ落下或电路发生故障时，G_2的输出端是稳定电平信号"0"或者"1"，计算机读到稳定电平信号，表示继电器处于落下状态。

动态输入接口电路实际上是一个闭环形式的动态脉冲电路，通过计算机校验输入代码是否畸变来判断输入电路是否故障，从而实现故障—安全。

（2）驱动电路原理

计算机输出的控制信息用于控制执行部件的继电器，为了实现故障—安全，大多采用动态输出驱动方式，即采用动态继电器，其原理如图6-37所示。

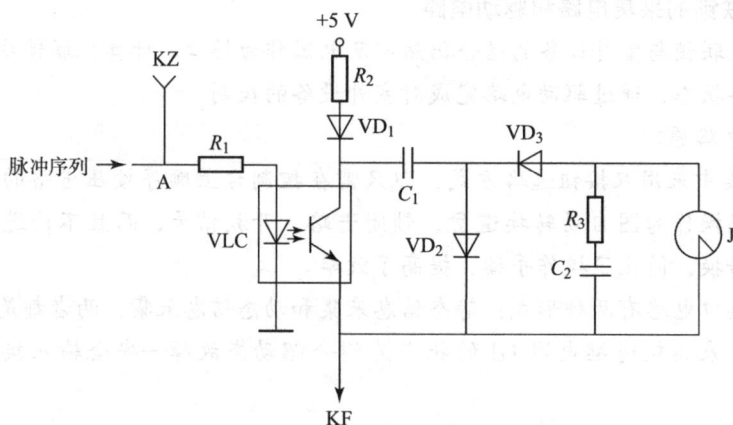

图 6-37 驱动电路原理

在电路正常情况下，当计算机没有控制命令输出时，A 端为低电平，光电耦合器 G1 截止，由控制电源经由 R_2、VD_1 和 VD_2 向电容 C_1 充电。当充电电压接近电源电压时，充电过程结束，此时电路处于稳定状态。由于 R_3 和 C_2 没有电流流过，所以电容 C_2 两端没有电压，偏极继电器处于落下状态。

当有控制命令输出时，传送到 A 端的则是脉冲序列。当 A 处于高电位时，G1 导通，电容 C_1 放电，放电电流一方面通过 G1 的集—射极、偏极继电器 J 的线圈、VD_3 形成回路，使 J 吸起；另一方面经 R_3 向电容 C_2 充电。当 A 处于低电位时，G_1 重新截止，电容 C_1 恢复充电，依靠 C_2 的放电使继电器 J 保持吸起。这样在脉冲序列的作用下，随着 A 端电平的高低变化，G1 不断导通截止，C_1 和 C_2 不断充放电，使继电器 J 励磁并保持吸起，直到 A 端无脉冲序列（即控制命令）输入，G1 截止，C_2 得不到能量补充，待其端电压降至继电器落下值，J 失磁落下。该电路不仅能够防止一两个脉冲的干扰使继电器误动，同时由于采用了偏极继电器，能够鉴别电流方向，防止 C_1 和 VD_3 被击穿时造成继电器错误吸起。

项目小结

通过本项目的学习，学生基本能够掌握联锁的内容及结构，熟悉 6502 电气集中联锁设备和计算机联锁设备的组成及特点，熟悉计算机联锁设备的调试实验方法，熟悉计算机联锁设备的日常维护流程，能对常见计算机联锁设备故障进行处理。

技能训练

实验 1 联锁设备认知

1. 实验目的

掌握 6502 电气集中室内、外设备和计算机联锁室内外设备的组成及作用。

了解两种联锁设备室内各设备间及室内、室外设备间的连接方式，建立起全套设备的整体概念。

了解两种联锁设备的特点及其不同之处。

2. 实验设备

6502 电气集中室内设备及室外沙盘，计算机联锁室内设备及室外沙盘。

3. 实验内容

①认识 6502 电气集中室内设备，包括电源屏、控制台、继电器及组合架、区段人工解锁按钮盘、分线盘的组成和设置位置，并了解各部分的作用；认识 6502 电气集中沙盘上的室外信号机、电动转辙机、轨道电路的设置，并了解其作用；初步了解 6502 电气集中室内设备之间及室内外设备之间的连接关系。

②认识计算机联锁室内设备，包括监控机、电源屏、控制台、电务维修机、联锁机、执表机、接口架，了解其各部分的作用，并初步了解计算机联锁室内设备间，室内外设备间的连接关系。

③观察比较两种联锁设备控制台在办理进路时操作方法有什么不同，了解两种联锁设备控制台的操作特点；观察控制台上各种表示灯的显示及变化过程，初步了解其显示意义。

4. 注意事项

①爱护设备，不要乱动沙盘上的室外信号机、电动转辙机等模型，以防损坏。

②实训设备开、关机按规定顺序规范操作。

③不要乱动、乱摸组合架接线端子板和接线端子，以防触电。

④未经许可不得动用总配电盘及与实验无关的实验设备，仪器设备不得私自拆卸带出室内。

⑤严格遵守实训基地的各项规章制度。

实验 2　6502 电气集中联锁办理进路

1. 实验目的

熟悉 6502 电气集中联锁设备及其操作方法。

熟悉利用 6502 电气集中联锁设备办理一般进路及迂回进路的方法。

2. 实验设备

6502 电气集中室内设备及室外沙盘。

3. 实验内容

（1）办理 IG 接车进路 —般流程

一般过程：在控制台上按下②和⑥按钮。6502 控制台的轨道表示盘上所选出基本进路（4 – 8 – 16）。进路显示白光带→进路已被选出并已锁闭→道岔转换→S2 自动开放。

必要时可人工解锁。没有车接近区段时，拔出②按钮，使信号机自动关闭，自动解锁，如图 6 – 38 所示。

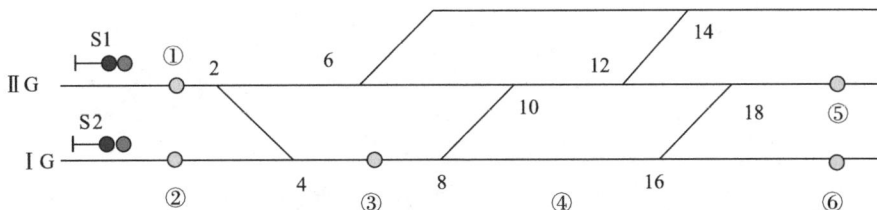

图 6 – 38　6502 电气集中联锁办理原理

（2）办理ⅡG接车进路流程，包括一般进路和迂回进路

1）一般进路

在控制台上按下①和⑤按钮。控制台的轨道表示盘上所选出基本进路（2－6－10－12－18）。显示白光带→进路已被选出并已锁闭→道岔转换→S1自动开放，如图6－38所示。

2）迂回进路

如6道岔故障，则依次按下①－③－⑤按钮，选出迂回进路（2－4－8－10－12－18），派通迂回接车进路。显示白光带→进路已被选出并已锁闭→道岔转换→S1自动开放，如图6－38所示。

如12道岔故障，则依次按下①－③－④－⑤按钮，选出迂回进路（2－4－8－16－18）。显示白光带→进路已被选出并已锁闭→道岔转换→S1自动开放。

必要时可人工解锁。没有车接近区段时，拔出①按钮，使信号机自动关闭。

思考与练习

1. 什么是联锁？简述其对象、条件及规则。
2. 简述联锁的原理及结构。
3. 简述6502电气集中室内外设备的组成与作用。
4. 6502电气集中有哪些主要技术特征？
5. 简述计算机联锁系统的硬件结构。
6. 简述计算机联锁的冗余结构。
7. 什么是进路？什么是列车进路和调车进路？
8. 什么是抵触进路？什么是敌对进路？举例说明。
9. 简述联锁系统中进路的侧面防护。
10. 简述计算机联锁设备调试实验方法。
11. 简述计算机联锁设备故障类型。
12. 如何进行计算机联锁设备的日常养护与维修？

项目 7

车—地通信设备的检测与维护

项目概述

城市轨道交通信号系统的任务是保证城市轨道交通运营安全，协调列车运行，提高城市轨道交通运输效率。基于通信技术的飞速发展，无线通信可靠性、可用性的大大提高，以信号控制为核心的传统轨道交通信号系统演变成基于通信的列车运行控制系统（CBTC）。评价 CBTC 性能的技术要素分别是车—地信息传输方式和速度控制模式。

随着列车运行间隔的缩短，列车在正线上高速行驶时，对列车运行间隔的控制要根据列车的制动性能、列车的位置、列车的速度、线路的条件等信息对列车的运行速度实现控制，需要列车与地面控制中心交换控车信息。列车向地面设备传送其运行状况，包括列车识别号、位置、速度和列车的制动数据等。地面设备需要向列车传递线路的参数信息、限速信息、目标速度、目标距离、定位停车等信息，要实现这个目的，需借助于车—地通信设备。为了实现精确、安全、可靠的控车目标，车—地通信设备必须具有高可靠性、安全性和兼容性。

城市轨道交通信号系统中应用的车—地通信设备主要有轨道电路、查询应答器、感应环线、漏泄电缆、裂缝波导和无线电台。此外，为了更好地实现 CBTC 中车—地设备模式中检测轨道区段占用情况，普遍采用计轴器作为轨道电路的替代者。

通过本项目的学习，学生可以掌握计轴器的组成及原理、电子计轴系统和微机计轴系统的特点，掌握应答器的原理及主要功能，熟悉感应环线的原理及主要功能。

✿ 任务 7.1　计轴器的检测与维护

☞ 学习目标

◆ 掌握计轴器的组成及工作原理。

◆ 了解典型电子计轴系统及其特点。

◆ 了解典型微机计轴系统及其特点。

◆ 熟悉计轴器在城市轨道交通信号系统的应用。

7.1.1　电子计轴系统

近几年，随着通信、计算机网络技术的飞速发展，城市轨道交通列车运行自动控制系统也有了质的飞跃，全国很多城市都选用了基于无线通信的列车自动控制系统（CBTC）。这种基于无线通信的列车运行控制系统取消了传统的轨道电路，通过车—地之间实时、双向的无线通信进行列车位置的在线监测，指挥列车的运行。

但是，对于非通信列车或CBTC车—地通信出现故障的情况，如果没有轨道电路作为检测列车位置的检测设备，整个线路运行的列车安全间隔距离就无法保障。因此，作为城市轨道交通CBTC的后备模式，普遍采用"计轴器"替代轨道电路，用"计轴器"检测轨道区段有无列车占用。

1. 计轴器

计轴器用于完成计算车辆进出区段的轮轴数，是利用轨道传感器、电子单元和计轴核算器来分析计算区段是否有车占用的一种技术设备。通过记录和比较驶入区段及驶出区段的列车轮轴数，实现其检查区段占用与空闲的功能，而且不受轨道线路的道床状况等影响。

根据其发展的阶段，计轴系统可分为机械计轴系统、电子计轴系统和微机计轴系统。目前，机械计轴系统已经很少使用，主要采用微机计轴系统。

2. 电子计轴系统的组成

电子计轴系统的基本结构包括室外部分及室内部分（信号楼或控制中心），如图7-1所示。室外部分包括轨道传感器（磁头）、电子单元（即电缆盒）、传输电缆；室内部分主要是信号处理电路及计数处理电路。室内设备和室外设备由专用计轴电缆连接。

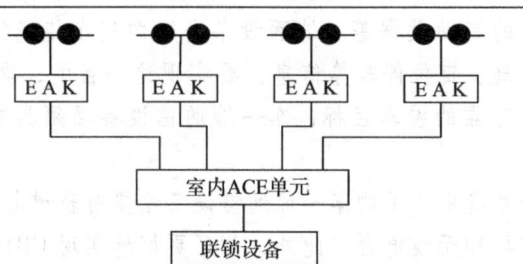

图7-1 电子计轴系统的结构

从功能上看，计轴器有以下几部分组成：

①计轴点：包括传感器和电子连接单元，主要用于产生车轴脉冲。

②信息传输部分：用来传输信息。

③计数部分：包含计数、比较、监督、表示等装置，对计轴点产生的车轴脉冲进行计数及确定列车运行方向，比较计轴点入口和出口所计轴数及记录计数结果。

④电源：提供可靠、稳定的电能。

3. 电子计轴系统的工作原理

（1）计轴器的基本工作原理

计轴器实际上是电磁式有源传感器，利用线圈互感原理，当列车车轮通过计轴点时发生磁通变化得到轮轴信号。

轮轴传感器又称磁头，为变耦合式电磁有源传感器，设有发送线圈和接收线圈，利用车轮铁磁体改变二者之间的耦合关系，使电感或互感在车轮通过时发生变化而产生轮轴信号。

每个点的传感器配有两组磁头，每组磁头又由1个发送磁头（T_X）和1个接收磁头

（R_X）组成，发送磁头安装在钢轨外侧，接收磁头安装在钢轨内侧，如图 7-2 所示。发送磁头的信号来自电子连接盒的发送接收板。

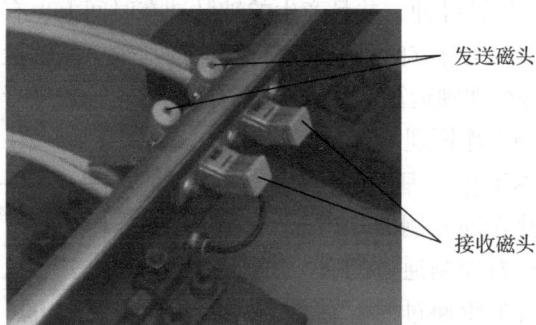

图 7-2　轨道传感器

发送磁头　　接收磁头

由于电磁感应作用，所以在接收磁头中可以感应出交流信号。该信号被送到电子连接盒的发送接收板，输出一相应的直流电压。发送磁头和接收磁头由绕在铁氧体磁芯上的线圈和一并联电容组成。发送线圈和接收线圈磁芯的位置及钢轨的几何形状如图 7-3 所示，使得发送线圈 S、接收线圈 E 所产生的磁通环绕过钢轨后形成两个磁通 Φ_1、Φ_2。它们以不同的路径、相反的方向穿过接收线圈 E。在无车轮经过传感器时，磁通 Φ_1 远大于 Φ_2，在接收线圈内感应出一定的交流电压信号。当车轮经过传感器时，由于车轮的屏蔽作用 Φ_1 减小，Φ_2 增大，使 $\Phi_2 > \Phi_1$，在接收线圈内感应的交流电压相位与发送电压相反，这个载有轮轴信息的信号，经整形、检波后产生一个轴脉冲，如图 7-4 所示。轴脉冲形成后，计算过程完全由计算机软件来完成。

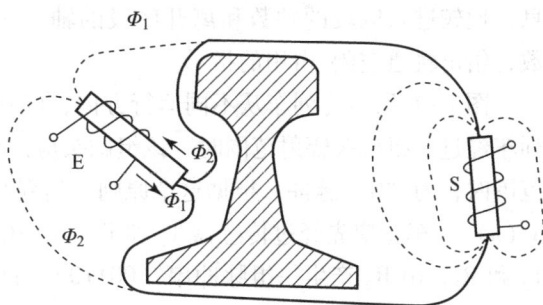

图 7-3　磁头间的磁路

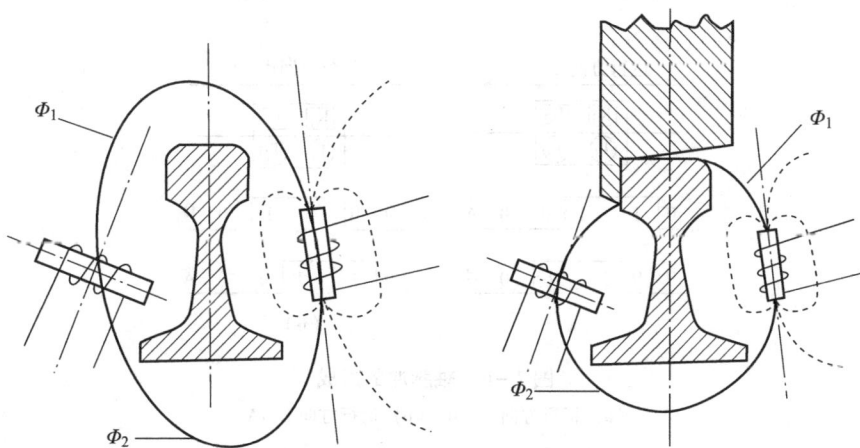

图 7-4　车轮作用下磁头间磁场的变化

项目 7　车—地通信设备的检测与维护

207

如图 7-2 所示，每个检测点的计轴器由两套磁头构成。当车轮经过时，两组磁头产生的轴脉冲在时间上先后不同，由此时间差可以判定列车的运行方向。当列车先后经过两组磁头时，每组磁头会产生一组轴脉冲，并且产生的轴脉冲在时间上也有先后顺序。根据两组脉冲的组合时序可确定列车的运行方向，从而进行相应的加轴、减轴运算。通常系统规定：凡进入防护区段的轮轴数进行加轴运算，凡离开防护区段的轮轴数进行减轴运算。

（2）计轴系统基本的工作原理

电子计轴系统的基本工作原理：在定义的轨道区段两端，选择在同一侧的一根钢轨上安装两个计轴传感器探测通过的车轮，如图 7-5 所示。当车轮通过时，它改变了传感器发送器和接收器之间的交变磁场，从而改变了接收线圈上的感应电压或相位值。计轴设备根据交变磁场的变化频率和变化的时间顺序判断通过的列车轴数，识别列车运行的方向。计轴主机处理从计轴轨旁盒传来的计轴传感器变化信息，比较进入区段的轴数和离开区段的轴数，给出轨道空闲/占用的指示。

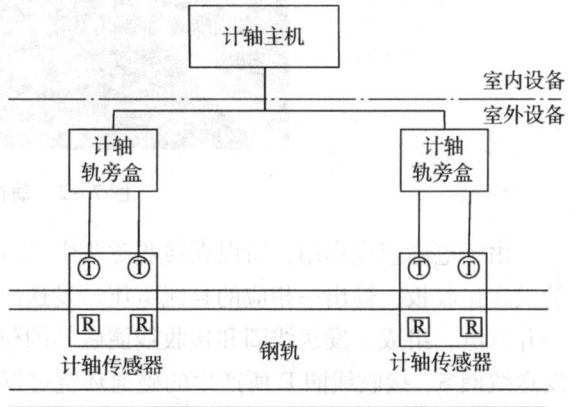

图 7-5 计轴系统原理

图 7-6 所示为列车从不同运行方向，经过该计轴器时，每组磁头所产生的轴脉冲。当列车经过一组磁头辐射范围时，该组磁头应产生一个"1"脉冲；当没有列车进过磁头辐射范围时，为"0"脉冲。根据这个原则，当列车由运行方向 A 经过计轴传感器时［见图 7-6（a）］，车轮应先经过传感器 T_1 和 R_1，由 R_1 产生一组脉冲串（01100），然后经过传感器 T_2 和 R_2，由 R_2 产生一组脉冲串（00110）。这两组脉冲组合成具有五种形态的脉冲对，即 "00" "10" "11" "01" "00"。

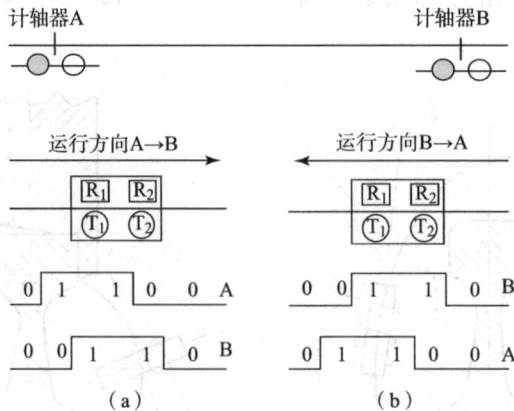

图 7-6 轴脉冲的形成

（a）运行方向 A→B；（b）运行方向 B→A

当列车由运行方向 B 经过计轴传感器时，车轮应先经过传感器磁头 T_2 和 R_2，由 R_2 产生一组脉冲串（01100），然后经过传感器 T_1 和 R_1，由 R_1 产生一组脉冲串（00110）。这两组脉冲组合成具有五种形态的脉冲对，即"00""01""11""10""00"。

由此可见，当列车按照不同运行方向经过计轴传感器时，可产生不同脉冲对序列。计轴运算单元可根据接收到的不同脉冲对序列，判断列车运行的方向。

7.1.2 微机计轴系统

微机计轴系统与电子计轴系统的组成基本相同，差别在于前者是以"3C"技术为背景，以微机计轴技术为基础发展而成的系统；后者是以20世纪80年代的电子技术为背景发展而成的系统。

微机计轴技术是以计算机为核心，辅以外部设备，利用统计车辆轴数检测相应轨道区段是否有列车占用或列车已出清的技术。

城市轨道交通信号系统中，国外代表性的微机计轴系统有西门子 AzSM30 微机计轴系统和阿尔卡特公司的 AzL9M 计轴系统。

1. 西门子 AzSM30 微机计轴系统

微计算机计轴系统是一种基于微计算机的用于检测轨道区段空闲或占用的安全设备。AzSM 是"带有多段计数的西门子计轴系统"的缩写。在被检测轨道区段的始终端置有车轮传感器（计数点或车轮传感器）。每个车轮传感器经由通信电缆与中央计数设备相连。对车轮传感器的供电也经由此联系通道实现。在固定的方向上作为中央处理和监控的计数单元，其任务是将来自计数点的轴脉冲信息归总成一个总体结果，并给出每一个轨道区段的空闲或占用表示。

（1）西门子 AzSM30 微机计轴系统的组成

西门子 AzSM30 微机计轴系统由室内设备和室外设备两部分组成。室内设备主要包括AzSM30 运算单元、电源盒轴数显示设备；室外设备主要包括 ZP43V 型计轴点设备（传感器和轨道箱）及宽带隔离变压器。

1）ZP43V 型计轴点设备

ZP43V 型计轴点设备安装于铁路轨边区段的各端点位置，每个端点位置安装一套，使得这几个 ZP43V 计轴点共同检测这个封闭的轨道区段。ZP43V 型计轴点的功能在于通过车轮传感器感应进出区段的车轮及其运行方向，并将感应信号预处理，将预处理后的信号经连接电缆系统传输至室内运算单元。

ZP43V 型计轴点由传感器和轨道箱组成，如图 7-7 所示。S、E 为固定在钢轨上的双置传感器的发送、接收装置；A 为安装传感器的钢轨旁的轨道连接箱；R 为钢轨屏蔽板。

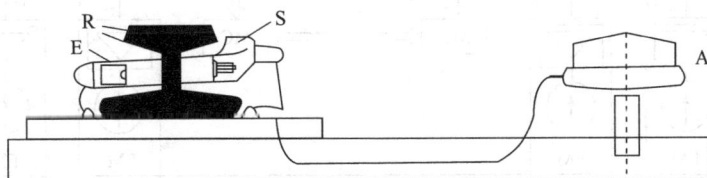

图 7-7　ZP43V 型计轴点的组成

传感器内装有两个车轮电子精测器。其每一个通道都有一个发射部件和接收部件，即发射器和接收器，通过它们连续传输交流电压。发射器装于钢轨外侧，接收器装于钢轨内侧。车轮通过双置传感器时，接收器的感应电压提高，根据其幅度变化及时间顺序就可以得出轴数和识别运行方向所必需的信息。图 7-8 所示为无车轮和有车轮经过传感器时发送、接收线圈之间磁力线 1、2 的分布。

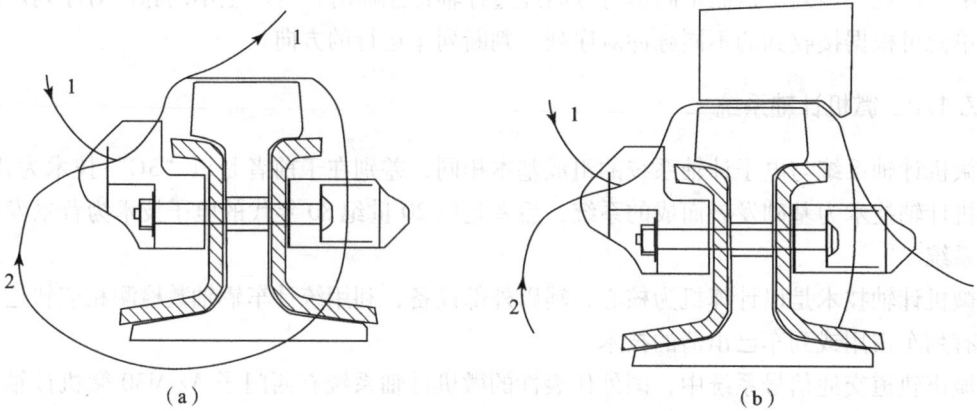

图 7 - 8　有无车轮时磁路变化

（a）无车轮时；（b）有车轮时

2）AzSM30 运算单元

西门子 AzSM30 微机计轴系统的运算单元具有多段计数功能，可直接连接 5 个计轴点，同时检测四个区间，如图 7 - 9 所示。P 为室外计轴点；ZP - D 为运算单元间的连接线路；FM 为区间空闲表示继电器；AzGrT 为故障复零按钮；P 为校验继电器。

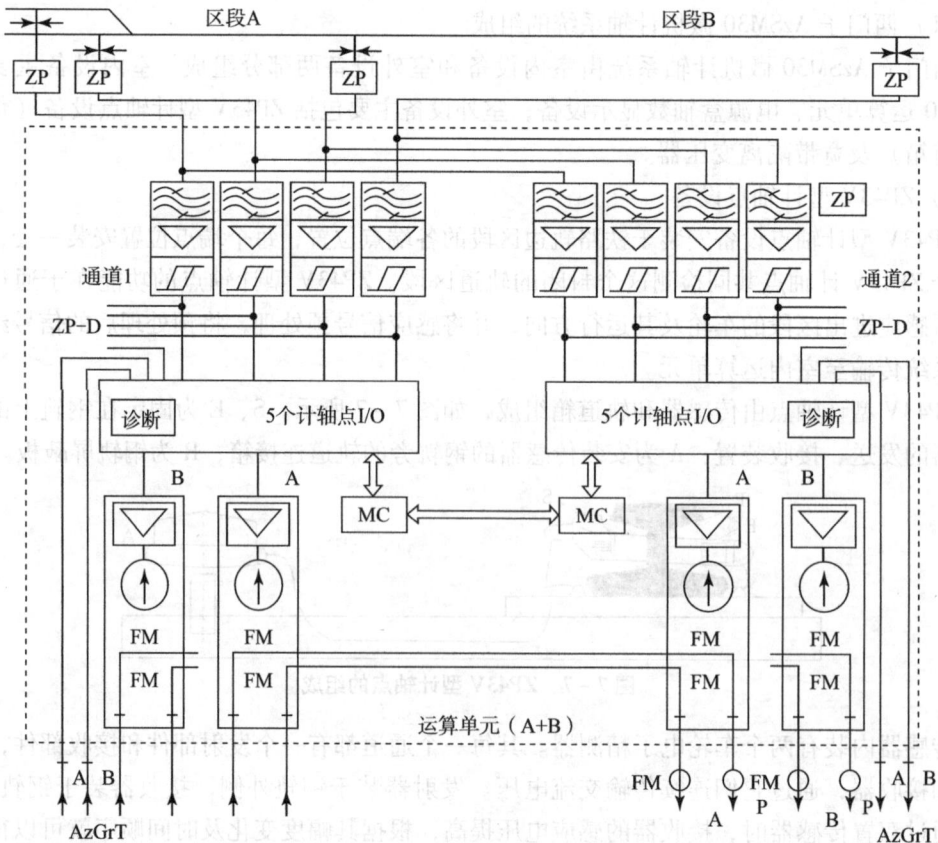

图 7 - 9　运算单元原理框图

从原理图上可以看出，西门子 AzSM30 运算单元在设计上完全符合故障—安全原则，并具备可同时检查两个轨道区段的状态、每个计轴点信息可最多复用 3 次等特点。

（2）西门子 AzSM30 微机计轴系统基本工作原理

当一个车轮进入 ZP43V 型计轴点双置车轮传感器发送—接收系统的作用范围时，增强了二者之间的电磁场强度。在其接收端产生一组感应脉冲，该组脉冲信号经计轴点轨道箱的内部电路对其进行预处理后，经连接电缆系统传输至信号楼内的 AzSM30 运算单元组合。运算单元对该信号进行处理，识别轮对、判断轮对运行方向，对内部存储器的轴数信息做相应的修改，并以此判断相应轨道区段的空闲/占用状态，判断的结果经继电器输出。AzSM30 微机计轴系统的核心是 ZP43V 型计轴点设备和 AzSM30 运算单元。

2. 阿尔卡特 AzLM 计轴系统

Alcatel 公司的 AzLM 计轴系统是多区间监督的安全计轴设备，监督区间的占用状态一并向联锁设备提供相关信息。阿尔卡特计轴系统采用分段计轴技术实现驶入、驶出轮轴数的比较及记录。分段计轴技术是以计算机为核心，辅以外部设备，利用统计车辆轴数检测相应轨道区段是否有列车占用或列车已出清的技术。

（1）AzLM 计轴系统的组成

AzLM 计轴系统的组成如图 7 – 10 所示。AzLM 计轴系统由室外轨旁设备与室内设备组成。

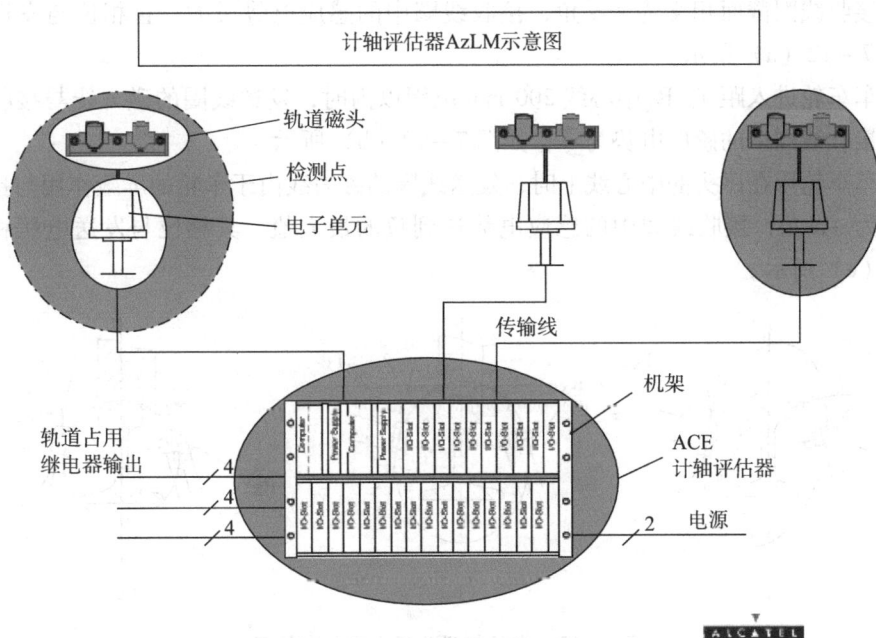

图 7 – 10　AzLM 计轴系统的组成

室外轨旁设备由安装在轨道上的双磁头 SK30、安装在轨旁密闭安装盒（黄帽子）内的电子单元 EAK 等组成，这两种设备都被安装在轨道区间的各个末端。室内设备主要是计轴评估器。轨道占用的信息有三种状态：空闲、占用、受干扰。

1）轨道磁头

轨道磁头为电磁式有源传感器，是车轮轮对探测点，也是轨道区段的分界点，用于采集车轴信息和判定列车运行方向。轨道磁头包括发送磁头和接收磁头，磁头由两套物理上分离的线圈组 SK1 和 SK2 构成，安装在同一根钢轨上。发送磁头安装在钢轨外侧，接收磁头安装在钢轨内侧，如图 7-11 所示。

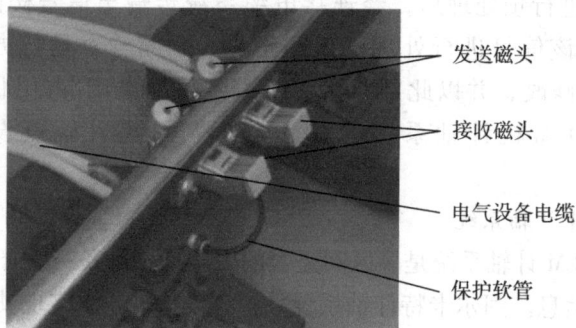

发送磁头
接收磁头
电气设备电缆
保护软管

图 7-11 AzLM 计轴系统轨道磁头

发送磁头的信号来自电子连接盒的发送接收板，在钢轨附近产生交变磁场，通过磁在接收磁头上获得感应电压。

车轮与磁头磁力线分布的关系如图 7-12 所示。当列车车轮距中心线 200 mm 以外时，磁力线与接收线圈截面相交为 $+\alpha$ 角，接收线圈中的感应电势最大，且相位与发送电压同相，如图 7-12（a）所示。

当列车车轮进入距 T_x/R_x 中心线 200 mm 范围以内时，发送线圈的磁力线与接收线圈截面垂直，接收线圈中的感应电势为零，如图 7-12（b）所示。

当列车车轮压在磁头的中心线上时，发送线圈的磁力线由于车轮的屏蔽作用与接收线圈截面相交为 $-\alpha$ 角，接收线圈中的感应电势达到负的最大值。其相位与发送电压相反，如图 7-12（c）所示。

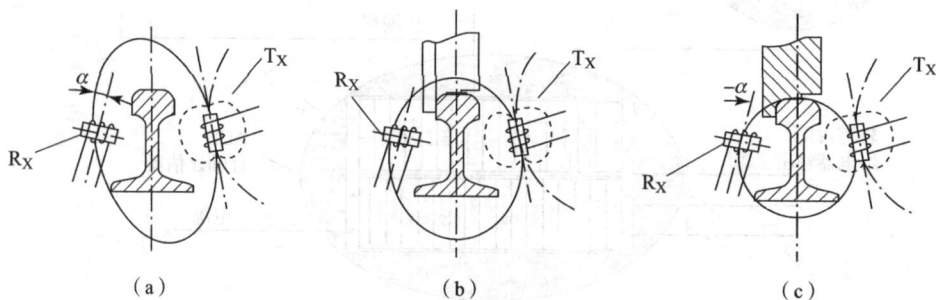

（a）　　　　　　　　　（b）　　　　　　　　　（c）

图 7-12　车轮与磁头磁力线分布关系

（a）车轮距磁头中心线 200 mm 以外；（b）车轮距磁头中心线 200 mm 以内；（c）车轮压在磁头中心磁上

当列车车轮离开磁头，距 T_x/R_x 中心线 200 mm 范围以内时，发送线圈的磁力线与接收线圈截面垂直，夹角 $\alpha=0$，接收线圈中的感应电势又为零；当列车车轮远离磁头中心线 200 mm 以外时，接收线圈的感应电势又达到最大，并且相位与发送电压同相。

由上述可知，当列车车轮经过磁头时，由于车轮的屏蔽作用，接收线圈中的磁力线方向发生变化，从而产生电压幅值及相位的变化，相当于对发送线圈的信号进行了相位调制，这个载有车轴信息的信号经电缆传送给电子单元。

2）电子单元

电子单元（EAK）又称电子盒，通过四根电缆分别与两套轨道磁头相连，分别向发送磁头发送信号，接收及处理来自接收磁头的信息，监控磁头，进行自检并向室内计轴评估器（ACE）发送包含轴数和监控信息的报文，如图 7 - 13 所示。电子盒内装有测轴点所用的电路板，包括核算器板和模拟板，用来处理计算进出轨道区间的轮轴数，将模拟车轮信息转换成数字车轮脉冲，并将计数脉冲送到室内计轴评估器。

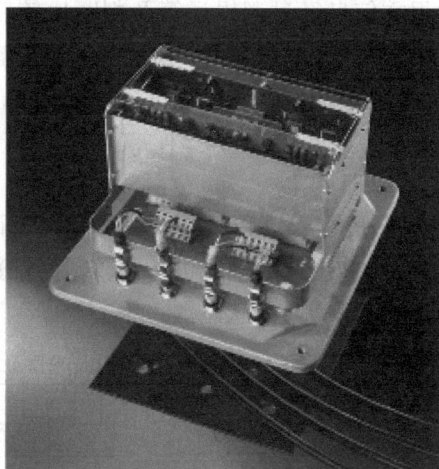

图 7 – 13   AzLM 计轴系统电子单元

密闭安装盒又称黄帽子，将电子单元密闭在其中，具有防尘、防潮、防电磁干扰的作用，可为电子单元提供较好工作环境。

3）计轴评估器

室内设备计轴评估器 ACE（Axle Counter Evaluator）的主要作用是向监测区段内的磁头进行数据查询，处理来自 EAK 的数据，判定区段占用状况，向联锁设备发送区段占用或空闲的信息，与诊断计算机连接并发送诊断信息。

室内设备计轴评估器 ACE 由安全计算机模块、串行 I/O 口、并行 I/O 口组成。ACE 可以安装在开放机架或封闭机柜中。联锁接口可配置为串行（以太网）、并行（继电器/光电耦合器）或两种均可。室内设备计轴系统计轴评估器 ACE 面板如图 7 - 14 所示。

安全计算机模块是一个 2 取 2 安全计算机系统。每个主机可处理计算 32 个轨道区段的计轴数据。双 CPU 接收来自计轴点的带有计轴信息的报文，对同一区段的两个计轴点的轮轴信息进行比较处理，根据计轴数量是否一致来确定区段

图 7 – 14   AzLM 室内设备
计轴系统计轴评估器

的占用或空闲状态。若双 CPU 数据处理结果一致，则可作为系统的输出传送到联锁系统；若处理结果不一致，则可执行一个安全结果——区段占用。

每个 CPU 通道都有自己的 DC/DC 转换器。它向设备提供 5 V 和 12 V 电源。电源模块面板有 3 个工作状态指示灯，分别是 LED IN、LED OUT1 和 LED OUT2。LED IN 为输入电压指示灯，正常情况下亮绿色；LED OUT1 和 LED OUT2 为输出指示灯，正常情况下亮绿色。

轨旁设备发出的数据由串行 I/O 模块接收，并通过预处理器对来自 EAK 的数据进行处理，转换成报文信息，传送给安全 CPU 模块。预处理器与安全 CPU 模块之间的接口使用现场 CAN 总线。室内主机与检测点设备之间采用容错的 ISDN 通信方式。

安全 CPU 对区段状态的报文信息经过逻辑运算及判断比较后，将区段占用信息通过并行 I/O 预处理器模块从安全模块输出。它同样使用 CAN 总线传输。每个并行 I/O 模块为每个区段输出两个继电器接点，安全模块对这些接点进行内部检查。当两个接点闭合时，轨道出清，使用的继电器具有加强接点。

（2）AzLM 计轴系统的基本原理

如图 7 – 15 所示，1 个计轴区段在入口和出口各设 1 套轨道设备 EAK30C（包括 1 组磁头），计轴运算器（ACE）把入口和出口的轴数进行比较。当轴数大于或等于 1 时，ACE 区段判为占用状态；当轴数等于 0 时判为空闲状态。

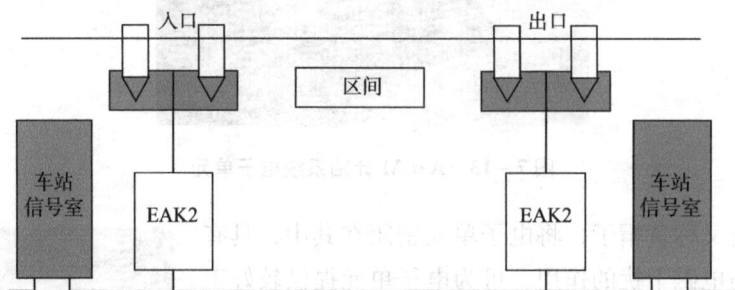

图 7 – 15　计轴系统基本原理

例如，当有列车驶入区段时，EAK2 开始计轴，ACE 对 EAK2 和 EAK3 的轴数做比较，这时的轴数随列车进入的数量增加；当列车完全进入区段后，轴数不变；当列车开始从出口（EAK3）驶出时，EAK3 计轴，ACE 对 EAK2 与 EAK3 的轴数做比较，这时的轴数随列车驶出的数量减少；当列车完全出清本区段（驶出的轴数与进入的轴数相等）时，轴数等于 0。

7.1.3　计轴器应用

计轴器是实现轨道区段状态检测的重要设备，不同轨道区段类型计轴器的应用设置情况也不尽相同。

1. 两个连续区段检测时计轴点设置

两个连续区段计轴点需设置 A、B、C 三个计轴点来检查两个区段 1G 和 3G 的空闲或占用状态，其中 B 点为两个区段复用计轴点，如图 7 – 16 所示。当列车运行顺序经过 A、B、C 三点时，计轴评估器的计算机模块比较处理来自计轴点的带有计轴信息的报文，根据计轴数量是否一致确定区段 1G 和 3G 的占用或空闲状态。

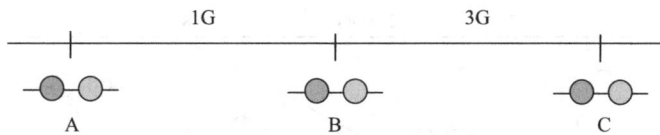

图 7 - 16　连续区段计轴点设置

当列车顺序经过 C、B、A 时，车轮经过每个设置点的两个磁头会有时间差。EAK 根据这个时间差判定列车在轨道区段的运行方向。区段占用、空闲状态的判断与此原理相同。

2. 单开道岔区段检测时计轴点设置

一送多受区段计轴点设置如图 7 - 17 所示，由 A、B、C 三个计轴点来检查一送多受区段 5DG 的空闲、占用状态。当列车顺序经过 A、B 或 A、C 时，计算机模块比较来自计轴点 A、B 或 A、C 的轮轴信息，判断 5DG 的占用或空闲状态。

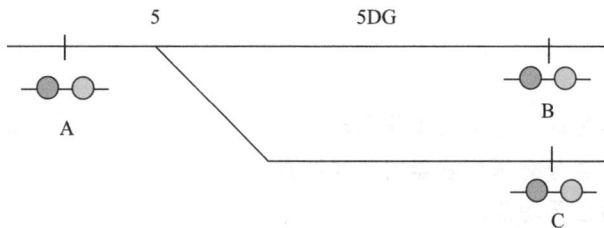

图 7 - 17　一送多受区段计轴点设置

3. 双动道岔区段检测时计轴点设置

双动道岔区段计轴点设置如图 7 - 18 所示，由 A、B、C 三个计轴点来检查双动道岔区段 3DG 的空闲、占用状态。

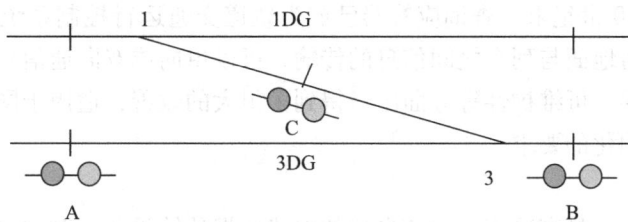

图 7 - 18　双动道岔区段计轴点设置

当列车由计轴点 A、B、C 任意一点进入 3DG 区段时，计算机模块通过 A、B、C 三个计轴点变化的轴数是否相等来确定 3DG 区段的空闲或占用状态。其中计轴点 C 是判断 1DG 和 3DG 两个区段的复用计轴点。

4. 交叉道岔区段检测时计轴点设置

交叉道岔区段计轴点设置如图 7 - 19 所示，由 A、B、C、D 四个计轴点来检查道岔区段 2 - 8DG 的空闲、占用状态。

当列车由计轴点 A、B、C、D 任意一点进入 2 - 8DG 区段时，计算机模块通过 A、B、C、D 四个计轴点总的变化的轴数是否相等来确定 2 - 8DG 区段的空闲或占用状态。其中计轴点 C 和 D 是判断 2 - 8DG 和 4 - 6DG 两个区段的共用计轴点。

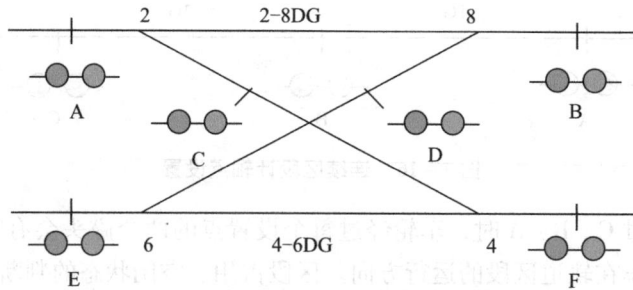

图 7 - 19　交叉道岔区段计轴点设置

任务 7.2　应答器的检测与维修

☞ 学习目标

◆ 掌握应答器的组成、分类及工作原理。

◆ 掌握无源应答器与有源应答器的工作特点。

◆ 掌握应答器的主要功能。

◆ 了解应答器在城市轨道交通中的应用及维修方法。

7.2.1　应答器的工作原理

查询应答器最初用于卫星中继、航空地位及导航领域。20 世纪 70 年代中后期，应答器传输技术由航空工业引入铁路部门。欧洲铁路上安装的查询应答器主要应用于列车定位及无线闭塞等方面。到 20 世纪末，查询应答器已成为轨道交通运行控制系统中一种不可缺少的设备，主要用于沟通地面与列车之间信息的传输，可以单向或双向通信。目前查询应答器系统在可用性、可靠性、可维护性等方面已经得到了很大的改善，适用于国内城市轨道交通运营情况，达到了实用化的要求。

1. 应答器

应答器又称信标，是高速率、大信息量的点式数据传输设备。其主要用途是在特定的地点实现车—地间的数据交换，向列车提供可靠的轨旁固定信息与可变信息，确保列车运行状态的安全。

目前，城市轨道交通信号控制系统中主要存在 Amtech 公司的美国标准 TAG 产品和欧洲标准的 Eurobalise 产品两种应答器，其技术特性不尽相同。应答器是欧洲标准的称谓；信标器是北美标准的称谓。应答器是安全相关的部件，是整个信号系统安全认证中不可或缺的部分。两种应答器在成熟的信号系统中是不可以互换的。

2. 应答器的组成

应答器是一种基于电磁耦合原理而构成的高速点式数据传输设备，是 ATP 系统的关键部件。它利用无线感应的原理，在特定地点实现车—地的双向通信，为列车提供 ATP 所需的各种点式信息，包括进路长度、岔区长度、闭塞分区长度、坡度、曲线等，确保列车在高速运行状态下的安全。为了完成上述功能，铺设在地面上的应答器必须和车载设备配合使用。车载设备主要包括车载查询天线和车载查询器。因此，应答器系统包括地面设备和车载设备。地面设备主要是地面应答器和轨旁电子单元（LEU）。车载设备包括车载查询器天线和车载查询器主机。

（1）地面设备

1）地面应答器

地面应答器布置在两根钢轨中间，其内部寄存器按协议以代码形式存放实现列车速度监控及其他行车功能所必需的数据。当列车经过地面应答器时，车载天线通过无线射频激活应答器，使其发射预置数据，从而使列车获得诸如公里标、限速、坡度等信息，保障列车运行安全。应答器由壳体、电路板、灌封材料组成。地面应答器如图7-20所示。

图7-20　地面应答器

2）轨旁电子单元

轨旁电子单元（LEU）是地面有源应答器与信号机之间的电子接口部件，是一种数据采集与处理单元，如图7-21所示。当地面信号数据变化时，LEU依据变化后的数据形成报文并送给地面有源应答器进行发送，即具有报文透明的传输功能。一个LEU可以同时向4个地面有源应答器发送4种不同数据报文。LEU实时监测与地面有源应答器之间信息通道的状态，并及时向控制中心回送。当LEU与地面有源应答器通信中断时，LEU向有源应答器发送默认报文。

图7-21　轨旁电子单元

（2）车载设备

1）车载查询器天线

车载查询器天线（又称车载天线）置于列车底部，距轨道180~300 mm。当天线的导体通过高频电流时，在其周围空间会产生电场与磁场，电磁场能离开导体向空间传播，形成辐射场。发射天线正是利用辐射场的这种性质，使车载主机传送的高频信号经过发射天线后能充分地向空间辐射。地面应答其接收效果的好坏，除了受电波的强弱影响外，还取决于天线的方向性和与接收设备的匹配情况。

车载查询器天线是一个双工收发天线，一方面连续向地面发送高频电磁能量，以激活地面应答器；另一方面接收地面应答器发送的数据报文。查询器的外壳由硬塑料保护，以防异物撞击，如图 7-22 所示。

图 7-22　车载查询器天线

2）车载查询器主机

车载查询器主机检查、校验、解码和传送接收到的报文，选择激活位于列车两端的任意天线，与列车运行控制系统进行单向（或双向）数据传输，并具有自检和诊断功能，如图 7-23 所示。其主要功能如下：提供电子里程标校准列车位置；提供列车前方一定距离内的线路参数；提供地面信号状态信息；向地面有源应答器发送车次号信息。

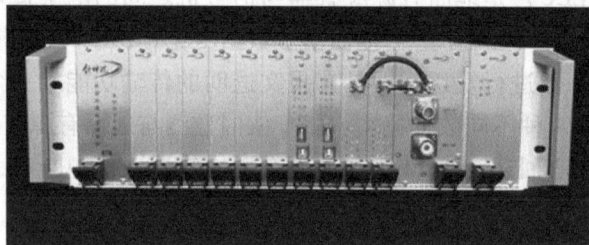

图 7-23　车载查询器主机

3. 应答器的分类

（1）按照供电来源分类

按照供电来源不同，查询应答器可以分为无源应答器和有源应答器两种类型。

1）无源应答器

安装在钢轨中心的无源应答器没有外加电源，平时处于休眠状态，仅靠瞬间接收车载天线的电磁能量工作，将预置的数据报文发送给车载设备，直至电能消失（车载天线已离去），如图 7-24 所示。

其预置报文数据由应答器无线读写器写入后，

图 7-24　无源应答器

固化在其存储单元中，相当于计算机存储系统中 ROM 类型。因此，信息一经固定在无源应答器中，只能原封不动地读出，不可改变一般预存线路的公里标、限速、坡度等信息。

2）有源应答器

有源应答器本身具备电源，它存储的信息是可变的，通过外接电缆获得电源，如图 7 – 25 所示。有源应答器中的信息是由其通过外接电缆的地面设备的实时状态控制的，一般设置在信号机或道岔旁，用于向列车传送实时可变信息，如信号显示、临时限速、道岔位置等。

图 7 – 25　有源应答器

一般情况下，无源应答器用于定位，有源应答器用于将地面变化的列车控制信息传送给列车。有源应答器又分为信号机应答器和进路应答器。信号机应答器安装于信号机旁，与信号机联锁；进路应答器安装于道岔前，指示是否需要侧向速度通过道岔。

美式信标一般分力静态信标与动态信标。

（2）按存储数据类型分类

按数据类型不同，应答器可分为固定数据应答器、可变数据应答器、填充数据应答器和错误侧数据应答器。

1）固定数据应答器（FB）

固定数据应答器是无源应答器，当列车通过时通过能量通道激活 FB，FB 把里面存储的数据发送给应答器天线接收。

2）可变数据应答器（VB）

可变数据应答器与轨旁的轨旁电子单元（LEU）相连，显示信号机的显示状态。

3）填充数据应答器（IB）

填充数据应答器与轨旁的轨旁电子单元相连，复示 VB。

4）错误侧数据应答器（WB）

错误侧数据应答器是无源应答器，在某些特定位置用于列车应答器天线的转换。

（3）按照应用功能分类

按照应用功能不同，应答器可分为普通型、增长型和标定型三类。

1）普通型应答器

普通型应答器自应答器向查询器传送信息，包含安全信息与非安全信息。查询器和应答器的尺寸大小相同。

2）增长型应答器

增长型应答器的查询器与普通型的类似，但应答器比查询器增长很多，有可能高达 100 倍。其专门用途是控制列车在车辆段、机械房内的定位，如图 7 – 26 所示。

3）标定型应答器

标定型应答器结构连续多环，专门用于标定列车速度，如图 7 – 27 所示。

（4）按照安装方式分类

按照安装方式不同，应答器主要分为中心安装、侧面安装和立杆式安装。

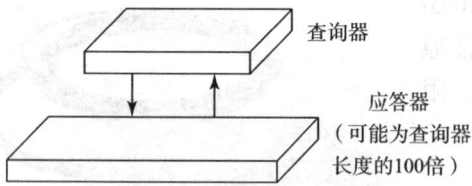

图 7 - 26　增长型应答器

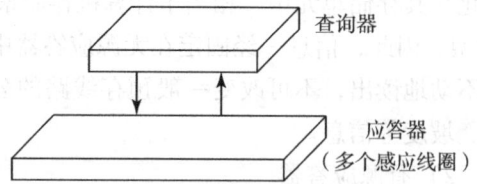

图 7 - 27　标定型应答器

1）中心安装

应答器安装在两根轨道的中间，车载天线安装在列车底部中间位置，与应答器相对应耦合，如图 7 - 28 所示。

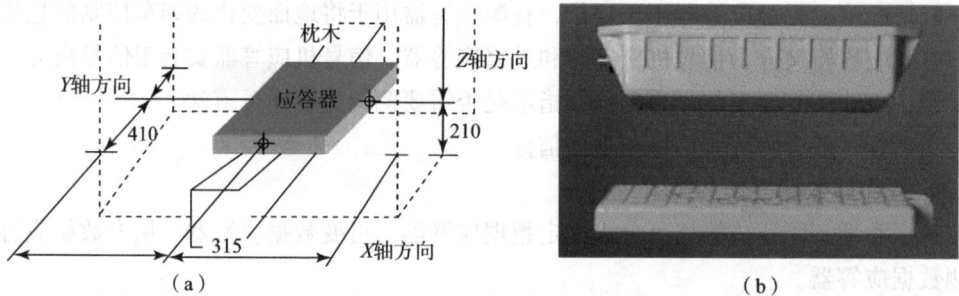

图 7 - 28　中心安装式应答器

（a）应答器在轨道中位置；（b）车载天线与应答器对应位置

2）侧面安装

应答器安装在一根钢轨的侧面，车载天线也安装在列车侧面，与应答器相对应耦合。

3）立杆式安装

应答器安装于线路旁立杆上，其作用的无线电波无方向性，也可有方向性。因此，当线路上通过装有查询器的移动车辆时，可以与它进行耦合，传递相应信息。

4. 应答器的工作原理

应答器是一种基于电磁耦合原理而构成的高速点式数据传输设备，能够在特定地点实现车—地的双向通信，基本工作原理如图 7 - 29 所示。当列车上的查询器通过设置于地面的应

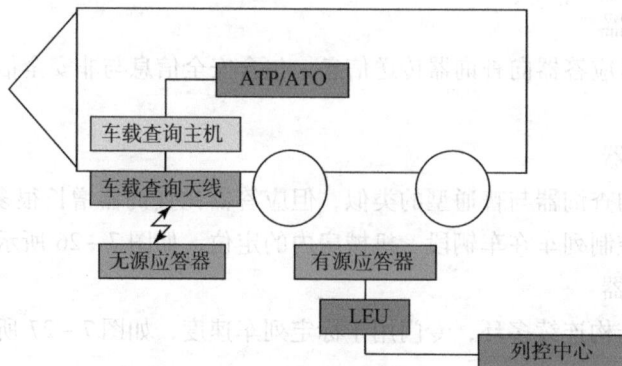

图 7 - 29　应答器基本工作原理

答器时，应答器被发自车上的查询器自带功率激活并进入工作状态，将存于其中的、可供列车自动控制或地面指挥用的各种数据向运行中的列车连续发送。此数据传输范围仅限于查询器和应答器的有效作用范围，否则应答器不会工作，直至被后续列车的查询功率再次激活。

地面应答器按照供电有无来源，可分为有源和无源应答器两种类型。地面应答器实现地对车的数据传输。地面无源应答器具有列车运行固定信息；有源应答器与地面电子单元相连接时，能提供实时可变的信息。因此。两类应答器的工作原理有所不同。

（1）无源应答器工作原理

安装于两根钢轨中心地面上的无源应答器，不需要外加电源，平时处于休眠状态，仅在列车通过并获得车载查询器发送的功率载波能量时被激活，同时发送调制好的数据编码信息。其编码策略具有强检错、易解调的特点，如图7-30所示。

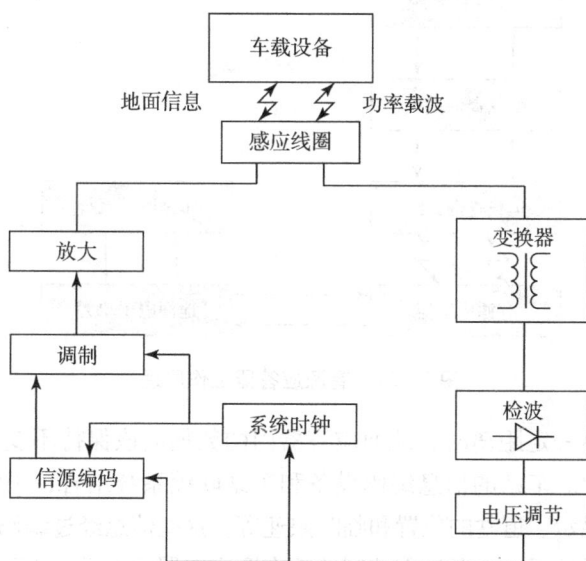

图7-30 无源应答器工作原理

当列车经过无源应答器上方时，地面应答器接收到车载天线传递的载频能量，获得电能量，使地面应答器中的信号发生器工作，然后将事先存储在地面应答器中的数据发送出去。这些信息可以包含公里标、线路坡度、限速等各种数据信息。列车接收到这些信息后，通过车载控制系统得出最佳的运行速度，以保证行车安全。列车也可以根据接收到的信息确定列车在线路的精确位置。

当安装在列车底部的应答器天线与地面应答器之间的磁场达到了规定的范围时（有效作用长度≥0.5 m），地面应答器的感应线圈感应到列车发出的功率载波（功率载频为27.095 MHz±5 kHz），应答器收到上述载频后，通过变换器、检波和电压调节，输出直流电压，使地面应答器进入工作状态。系统时钟得到工作电压，得到系统工作时钟，并提供给信源编码器和调制电路。编码器读取预置在系统芯片中的信息，给出调制器编码条件。调制器对信息调制后得到FSK信号，此信号再经过低通滤波器整形后放大，由线圈发送出去。

在点式ATC系统中，点式无源应答器（或称固定信息应答器）向上、下行列车的车载设备发送有效数据。其主要功能是为运行控制装置提供检查机车信号起始点的准确数据，同时校准里程计累积的定位误差。当机车通过点式无源应答器时，车载查询器接收机车信号起始点信息，经车载查询主机处理后提供给运行控制装置，包括相邻区段的长度、坡度、限速点等参数。运行控制装置将信息加以处理后，发出声音或灯光提示，告诉司机前方进入接近区段，注意地面信号的显示。

（2）有源应答器工作原理

有源应答器需要外接电源向其供电。它由可变信息应答器、轨旁电子单元（LEU）、车站信息编码设备和连接电缆组成。有源应答器接有车站信息编码设备，因此有源应答器内的数据报文可以随外部控制条件产生变化，例如设置于地面信号机旁的应答器，将信号机显示状态的数据信息通过应答器传送给列车，对应信号机的不同显示，数据信息是可变的，如图7-31所示。

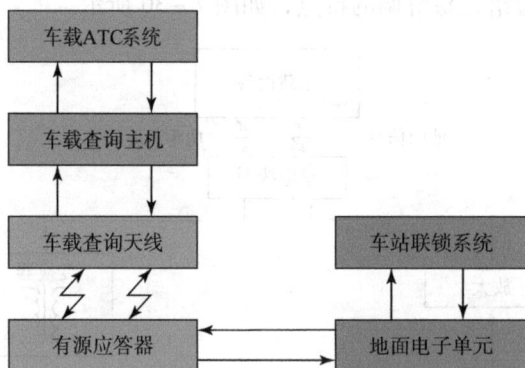

图7-31　有源应答器工作原理

当列车接近应答器一定距离时，地面应答器内的数据应该保持不变；当列车远离应答器时，数据可以随时变化。车站的信息编码设备和车站联锁系统结合，采集联锁系统的有关信息，例如：信号机的显示、道岔的位置和临时限速等。这些信息经过编码设备编码后，通过串行接口传送至轨旁电子单元，再通过它控制地面有源应答器的发送，为列车提供实时的信息。

在城市轨道交通点式ATC子系统中，有源应答器得到广泛应用。根据设计需要，设置在车站进站信号机前方的有源应答器，由可变信息应答器、道旁电子单元、车站信息编码设备及连接电缆组成。车站信息编码设备与车站联锁系统结合，采集来自联锁系统的有关信息，通过串行接口传送至道旁电子单元，再通过它控制可变信息应答器的发送，为列车提供实时信息，解决人工输入易出差错的问题。车站信息编码设备与道旁电子单元之间的电缆与进站口的信号机、轨道电路信号传输电缆合并，采用铁路内屏蔽数字信号电缆。由于可变信息应答器要向车载运控装置提供列车进站的股道号、股道长度、临时限速等动态信息，因此查询应答器系统必须与车站联锁设备进行接口。

7.2.2　应答器的主要功能

1. 应答器的基本功能

应答器（信标）是高速率、大信息量的点式数据传输设备。其主要用途是在特定的地点实现车—地间的数据交换，向列车提供可靠的轨旁固定信息与可变信息，既可以是单向也可以是双向信息传输。

（1）地面应答器的功能

1）无源应答器接收车载天线传递的载频能量

无源应答器是一种信息编码调制器，工作电能来自于列车发出的功率载波。应答器内部必须有整流装置，把列车提供的功率载波变为直流电压，使时钟、信源编码器、调制器、放大器等有源器件工作，进而将存储在芯片内的数据以高速数字通信的方式送出。

2）通过车载天线向列车发送数据信息

当车载应答器天线与地面应答器在有效作用范围内时，地面应答器需发送连续的数据信息。应答器发送的数据信息实际上是一个无缝的报文信息流，该报文由同步码、有效信息以及校验码等组成。报文的长度根据运用的区段定义，一个应答器只能发送一种长度的报文。例如：地面向列车传输的中心频率为 4.234 MHz ± 200 kHz；数据信号调制方式为 FSK 信号；数据调制频偏为 （1 + 5%） × 282.24 kHz；调制速率为 564.48 × （1 ± 0.025） kbit/s。

（2）应答器车载设备的功能

1）发送地面应答器需要的能量

由车载载频发生器与功率放大器，提供用于产生激活地面应答器所需的载频能量，并通过车载天线传递给地面应答器。根据应答器技术条件要求，其功率载频频率根据供应商而异，例如列车向地面传输的功率载频为 27.095 MHz ± 5 kHz。

2）车载接收器接收、解调来自地面应答器的数据

信息由车载天线接收来自地面应答器的数据信息。查询解码器用于对地面应答器传送的信息进行接收、滤波、数字解调与处理。分析接收到的数据流，找出完整的报文，确定精确定位参考点；将处理好的报文数据，通过相应的接口，在约定的接口协议下传送至车载 ATC 相关的设备，如 ATP、ATO 模块，或车载显示单元，或无线设备。

2. 城市轨道交通信号控制系统中应答器的功能

在城市轨道交通信号控制系统中，应答器有 4 个基本功能，即系统初始化、列车定位和轮径校准、精确停车和在 CBTC 下的后备模式。

（1）系统初始化

从车辆段（场）驶入正线的列车要在出段线路转换轨"登记"进入 ATC 系统监控区。列车出发驶入"转换轨"，经转换轨上的应答器进行车—地通信初始化，自动将车组号和司机号传送到中央 ATS 系统。中央 ATS 系统自动赋予列车相应韵识别号，此列车便正式登录 ATC 控制区。每列列车的识别号为唯一确定的，ATS 系统以此作为识别每列列车的身份标志，监督各列列车在线路上的运行状态。

（2）列车定位和轮径校准

列车在启动、制动、上坡和下坡等情形下车轮的空转和打滑会造成列车的定位误差，因此必须采用应答器（或者轨道电路分界点、电缆环线等方法）传送给列车绝对位置数据，辅助进行列车绝对位置的定位。车载设备接收到这些数据后，对车载里程计的测距误差进行修正，使车载设备的控制精度总是保持在合理的范围之内。

定位应答器为无源设备，安装在道床上，由列车上的查询器天线的无线电信号激活。当列车通过一个应答器时，可以接收到一组数字信息用来识别应答器，并根据应答器提供数据信息检索车载轨道数据库，为列车提供精确的绝对地理位置信息（也可以提供线路的坡度、曲线半径等其他信息）。

由于应答器提供的位置精度很高，达厘米量级，所以常用应答器作为修正列车定位精度

的手段。应答器的设置根据信号系统设计的需要布置，一般情况下，列车定位的精确度与应答器的数量呈正比。

列车的位置和速度的测定以车轮的转动为依据，车轮半径是定位及测速的基础数据。为了减小列车定位及测速的误差，在每次运营之前车载控制器需要完成轮径校准工作。校准的过程是用车载里程计测量两个应答器之间的车轮转数，并与车载数据库中预置的这两个应答器之间的实际距离比较，由车载控制器计算出实际轮径，实现自动轮径校准。校准的精度与校准区段长度有关。校准区段一般在车辆段/停车场内。

（3）精确停车

列车在车站停车时，车门的开度与屏蔽门的开度要配合良好，要求车门与屏蔽门之间的停站允许误差控制在 ±(0.25~0.5) m。列车精确停车信息需要地面应答器提供。

图 7-32 阐明了采用应答器装置能够测定车门是否与站台屏蔽门对准，同时列车必须在要求的站停位置精确度内停靠。

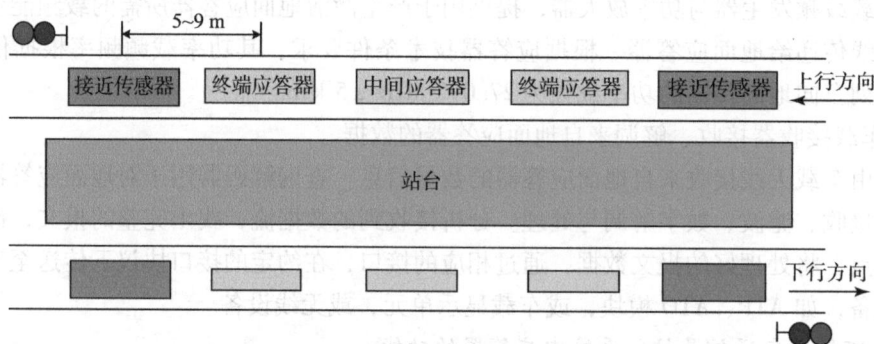

图 7-32　ATO 车站定位停车应答器布置示意图

用于车站定位停车的应答器（也可以是感应环线）在站台确定的范围内沿线路设置在两钢轨之间特定的位置。应答器将轨旁的准确位置信息传送至车载设备内。位置的输入被用于确定何时启动停车曲线。接近停车位置的应答器数量决定站停位置的精确度，一般为 3~4 个。

当列车运行至始端应答器位置时，列车接收到停车标志位置信息，启动定点停车程序，列车按照定点停车曲线运行，其制动率被控制在一个恒定值，此时列车离定位停车点较远；当列车到达中间应答器位置时，应答器将根据定点停车曲线对实际车速进行校正；当列车接收到终端应答器位置信息时，列车转入定位模式，制动率进一步降低。列车接收到站台接近传感器（金属对位板）的信息时，立即实施常用制动，将车停住。列车停准，车载设备向轨旁发送列车停稳信号后，才能进行开关车门和屏蔽门的操作。如果列车停止但未读取到接近传感器的信息，则将无法进行开关车门和屏蔽门的操作。

（4）在 CBTC 下的后备模式

CBTC 系统中，正常情况下，正线区段列车以车载设备显示作为行车凭证。非 CBTC 列车、通信故障的 CBTC 列车及地面 ATP 故障情况下降级运行的列车按地面信号机的指示人工驾驶运行。

在后备运营模式下，利用 CBTC 车载控制器和地面应答器实现后备 ATP 控制功能，确保列车安全地停在信号机前方并防止列车冒进信号。

列车由司机人工驾驶，由系统提供速度监控，以站间闭塞方式运行。

只有在站间计轴区段无车占用的情况下，轨旁联锁系统才允许车站的出站信号机显示绿灯。每个车站使用一个与出站信号机相关联的有源应答器（或动态信标）。

轨旁有源应答器用来把出站信号机绿灯显示信息传送给车载 ATP 设备。有源应答器由出站信号机点亮绿灯激活。动态被激活后，当列车的查询器天线越过轨旁有源应答器时，一个数字式的信息将会传送给列车上的 ATP 查询器。有源应答器只有在与之关联的出站信号机点绿灯时才被激活。

出站信号机绿灯显示信息被传送给列车，表示站间的计轴区段没有列车占用。在上述情况下：因为车站站间计轴区段无车占用，所以出站信号机显示绿灯；若先行列车还在占用前方车站的离去区段，那么前方车站的出站信号机显示红灯。

如果出站信号机没有开放，而司机错误地开始发车，车载计算机通过查询器天线检测到该信号机的禁止信息，则立即实施紧急制动，从而防止列车冒进红灯信号。

在点式 ATP 防护模式下，车载控制器根据车载测速及测距设备确定列车速度和走行距离；根据地面有源应答器和车载线路数据库确定列车在线路上的位置；根据读取的有源应答器信息并结合车载线路数据库确定列车距前方目标点的距离及限速；生成 ATP 速度—距离线，并将相关信息显示给司机；通过监控列车的实际运行速度，实现超速防护。

通常情况下，目标为前方车站停车点，即前方车站出发信号机前方。后续列车通过读取有源应答器的数据，使后续列车生成出站信号机到目标点的速度及距离曲线，车载 ATP 系统按此速度—距离曲线，对列车运行实现安全防护。只要列车超速，就向司机提示、报警。如果司机在规定时间内或规定速度范围内未采取有效措施，系统将自动实施紧急制动以保证列车运行安全。图 7-33 所示为有源应答器的位置。

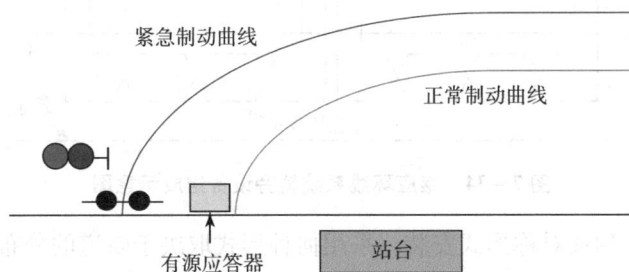

图 7-33　有源应答器的位置

紧急制动曲线将会在前方出站信号机处终止。有源应答器设置在列车正常停车位置与出站信号机之间。这种位置关系可以使列车在正常制动曲线下永远不会读到有源应答器。

一旦信号机显示变绿，司机将继续驾驶列车前进几米以便读取有源应答器。如果出站信号机点亮红灯，驾驶员驾驶列车行走超过 15 m，那么 ATP 设备会发出紧急制动实施请求。

✿ 任务7.3　感应环线的检测与维护

☞ 学习目标

◆ 掌握感应环线的组成及结构。

◆ 掌握感应环线的信息传输过程。

◆ 了解感应环线列车定位原理。

◆ 了解 SelTrac 系统感应电缆通信方式特点。

7.3.1 感应环线的组成

CBTC（基于通信的列车控制）系统是新型的城市轨道交通 ATC 系统，包括采用感应环线和无线通信的 CBTC 系统。后者将在我国城市轨道交通中得到广泛应用。CBTC 系统在轨旁设置无线电台、交叉环线、裂缝波导、漏泄电缆等设备，实现车—地连续、双向、大容量的通信。SelTrac S40 移动闭塞 ATC 系统，由加拿大阿尔卡特交通自动化部开发提供，基于感应环线通信的移动闭塞制式 CBTC 和基于无线通信的移动闭塞制式 CBTC。

以 Alcatel 的 SelTrac 系统为代表的采用感应环线作为车—地通信方式的 CBTC 系统已有较成熟的运用经验。目前，广州地铁 3 号线和武汉轻轨 1 号线采用了此系统。

另外，在一些准移动闭塞系统中，已利用感应电缆在某些特定的位置实现车—地通信功能，例如，安萨尔多美国 USSI 公司的准移动闭塞系统中的 TWC 环线用于车—地间双向信息交换和列车定位；Siemens 公司的准移动闭塞系统中的用于精确停车的同步环线及车—地通信的 PTI 环线等。

1. 感应环线通信设备的组成

感应环线车—地通信系统包括室内轨旁环线控制单元（LCU）、车载天线和通信单元、室外轨旁接线盒与感应环线电缆三部分，其轨旁布置示意图如图 7 - 34 所示。

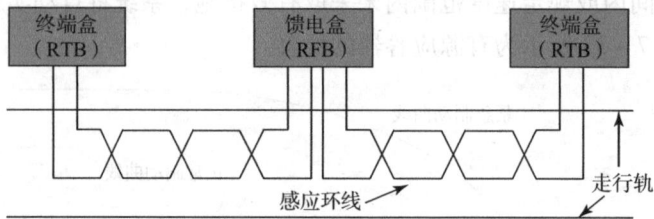

图 7 - 34　感应环线系统轨旁设备组成示意图

感应环采用不对称或对称形式安装，采用何种形式取决于轨道的分布。对称方式用于感应环所涵盖的相对较长（大于 3 500 ft①）的轨道。

不对称环用于相对较短轨道区段（大约 3 500 ft 或更短），如图 7 - 35 所示，所以安装于轨旁的硬件较少。

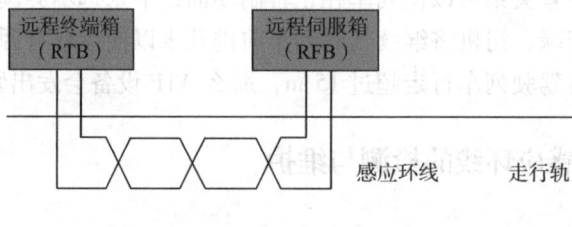

图 7 - 35　不对称感应环线示意图

---

① 1 ft = 0.304 8 m。

2. SelTrac 系统感应电缆通信方式的特点

①采用感应环线方式传输信息，环线安装于轨道道床上。

②选用 36 kHz 和 56 kHz 的频率，车载天线与地面环线之间采用电磁感应的方式传输信息，地面环线与车载天线之间有距离要求。

③采用 25 m 交叉一次的环线交叉点和车载定位设备进行列车定位，定位精度达到 6.25 m。

④感应环线方式带宽相对较窄，传输数据量较少，但能满足列车实时控制及数据双向传输的要求。

⑤每段环线最大覆盖线路 3.2 km。

⑥感应环线方式传输速率低，传输衰耗小，环线结构简单，工程投资省。

⑦轨旁设备少，但感应环线敷设较多，维修工作量大，且电缆的存在给线路养护工作带来不便。

⑧感应环线需保证 25 m 交叉，敷设及安装精度要求较高。

⑨采用轨间感应电缆传输车—地信息，数据传输受外界的影响比较小，避免了牵引电流的干扰，数据传输不受隧道、高山、森林和其他通信信号的干扰。

⑩在世界各国多条地铁中应用，具有较丰富的城市轨道交通工程运用及运营管理经验。

7.3.2 感应环线的工作原理

1. 感应环线信息传输过程

在 Alcatel 的 SelTrac 系统中采用感应环线作为车—地双向通信的媒介，减少了牵引回流的谐波干扰。感应环电缆由扭绞线芯和绝缘非铠装防护外套组成。车—地之间的通信利用敷设在钢轨中间的交叉感应环线进行。电缆在感应环通信系统作为发送和接收天线使用。在两根钢轨之间敷设交叉感应环线，一条线固定在轨道中央的道床上；另一条线固定在钢轨的颈部下方。它们每隔 25 m 进行交叉，当列车在经过每个环线交叉点时检测到信号相位的变化，以此进行列车的定位计算。室内外设备联系用控制中心和沿线设置的若干个中继器两级控制方式实现，如图 7-36 所示。

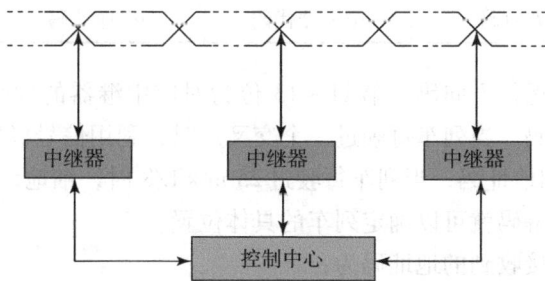

图 7-36 SelTrac 系统结构示意图

因为一个中继器最多可控制 128 个电缆环路，所以一个中继器的最大控制距离为：128 × 25 = 3 200（m）。中继器是控制中心与轨间感应电缆的中间环节，它的功能是把控制中心的命令通过轨间感应电缆传递给列车，将列车信息传输给控制中心，实现控制中心与轨间电缆之间的信息交换。中继器需要完成频率变换、电平变换、功率放大及抑制干扰等任务，其工作原理如图 7 - 37 所示。

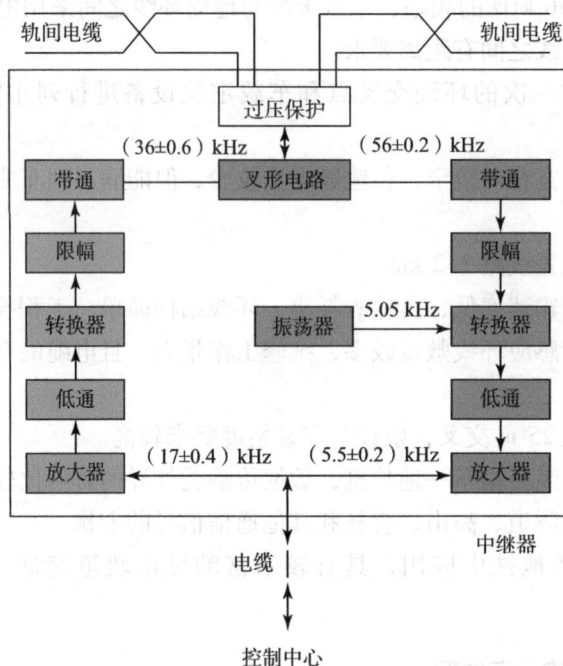

图 7 - 37　中继器传输原理

信息的传输采用频移键控方式，从中继器向列车的传输频率为 (36 ± 0.6) kHz，从列车向中继器的传输频率为 (56 ± 0.2) kHz，两种信息在同一电缆中传输。

2. 列车定位原理

利用轨间感应电缆的交叉配置可实现列车定位。列车运行的具体位置是通过地址码来确定的，可用 14 位电码的约定结构来表示列车的位置信息，如表 7 - 1 所示。

表 7 - 1　列车定位地址码结构

码位	14	11 ~ 13	4 ~ 10	1 ~ 3
内容	方向码	中继器代码	粗地址码	细地址码

其中最高位为列车运行方向码，第 11 ~ 13 位为对应中继器的代码，第 4 ~ 10 位为列车处于具体环路的粗地址码，当列车每驶过一个交叉点时，利用信号极性的变化，粗地址码就会改变。第 1 ~ 3 位为细地址码，当列车每驶过 25 m × 1/8 时，细地址码就会加 1。控制中心接收到地址码后，通过解码就可以确定列车的具体位置。

例如，当控制中心接收到的地址码为：

1 0 1 1　0 0　1 0 1 1 0 1 0 1

解码：

①最高位 1 代表列车的运行方向为上行。

②第 11 ~ 13 位代码是中继器代码：011（3#中继器）。

③第 4 ~ 10 位代码是粗地址码：0010110（十进制的 22），即列车处于第 22 环路。

④细地址码为：101（十进制的 5），即列车处于 22 环路的 $25 \times 1/8 \times 5 = 15.625$（m）处。

最终定位为：

$$25 \times 128 \times 3 + 25 \times 22 + 15.625 = 10\ 165.625 \text{（m）}$$

根据这个数值可以确定列车在线路上的位置。各个列车的具体位置确定下来以后，车载防护系统 ATP 根据计算或地面控制中心传递的列车最大允许速度来控制列车的运行以防护列车超速。

📘 知识链接

1. 计轴设备的复零

当计轴设备上因故障或干扰造成区段轴数不相等，计轴系统判断区段占用时，需要进行人工复零操作。计轴区段复零是一个安全作业程序，必须严格遵守调度和维护人员规章制度中的规定进行。

AzLM 计轴系统支持四种复零方式，分别是：无条件复零、有条件复零、预复零和带确认的预复零。对于有串行接口至联锁的计轴，用来自联锁的不同命令进行复零，不要求 ACE 内部再定义现场复零特殊数据。对于有并行接口的计轴，复零方式在现场具体数据中定义。通过使用并行 I/O 板上的光耦输入和钥匙/按键可以定义一个区段的不同复零方式。出于可靠性考虑，不允许对一个区段同时使用不同的复零程序。

（1）无条件复零

执行复零前，调度员必须确保区段内无车。在执行轨道区段复零前，一旦接收到复零命令，ACE 检查无禁止复零的技术条件，例如持续故障等。有串行接口的计轴不提供无条件复零。

（2）有条件复零

执行复零前，调度员必须确保区段内无车。在执行轨道区段复零前，一旦接收到复零命令，ACE 检查无禁止复零的技术条件，例如持续故障等。

当区段确实处于被占用状态时，只有在最后一个计数动作为离开区段的计数时，才能执行复零（有条件复零）。当区段处于"受干扰"状态时，不用考虑最后一个计数动作就可以执行复零。

在并行 I/O 板上的光耦输入端和钥匙/按钮，可在现场具体数据里被定义，来消除这种限制。

（3）预复零

执行轨道区段复零前，一旦接收到复零命令，ACE 检查无禁止复零的技术条件，例如持续故障等，随后列车通过区段，ACE 检查检测点的正确运行。只有当进入和离开该区段的轴数相同时，ACE 才会清除区段。

有条件预复零是指当区段未受干扰却被占用，仅当最后计数动作为出区段计数时，执行复零。

（4）带确认的预复零

执行轨道区段复零前，一旦接收到复零命令，ACE 检查有无禁止复零的技术条件，例如持续故障等。随后列车通过区段，要求信号员确认列车正确通过区段。这意味着信号员必须确保列车已经完全出清该区段，随后向 ACE 发送一个确认命令。

ACE 检查检测点的正确运行，如果能够正确计算进入和离开该区段的轴数，当接收到确认令时，ACE 将清除该区段。

对于带确认同有条件的预复零，当区段未受干扰却被占用时，只有在最后一个计数动作为离开区段的计数时，才能执行复零（有条件复零）。

2. 信标分类及设置

应答器是放置在两根钢轨中间的设备，作为地面信号设备的重要组成部分，负责向车载设备传输地面数据。在考虑到行车安全和行车效率的前提下，应答器的布置应满足数据的完整性和数据的冗余覆盖。

（1）信标设置

在 CBTC 系统中，有些系统（如 ALSTOM 的 CBTC 系统）将应答器称为信标，这一点请读者注意，实际上是同一类信号设备。在 CBTC 系统的后备模式中，增加了一些信标，其设置的位置及其功能也不同于 CBTC 系统，可分为进路信标（Route Tag）和信号信标（Signal Tag）。

1）进路信标

进路信标设置于运行前方进路设有道岔的接近轨道区段，道岔开通位置决定了列车运行的前方进路，进路的开通方向决定于道岔是定位还是反位。当道岔处于定位状态时，激励进路信标处于工作状态，将前方进路的状态告知经过列车。

2）信号信标

信号信标主要用来反映信号机的显示，并将显示告诉给经过列车。因此信号信标设置在信号机附近。信号信标有两种，一种是绿色信标（Green Tag），用于向列车传送信号机显示绿灯的信息；一种是白色信标（White Tag），用于向列车传送信号机显示白灯的信息。当信号机显示绿色灯光时，绿色信标工作；当信号机显示白色灯光时，白色信标工作。城市轨道交通正线信号机显示绿色意味着开通正线的进路，而信号机显示白色意味着开通侧向进路（也可以用黄色显示，各个城市不尽相同）。若信号灯点亮红灯，则信标处于呼叫状态。

不同的信标根据所需表示信号机的显示不同进行不同的组合，然后封装在一个信标盒内，也可以说一个信标盒内可以放多个子信标，而放置其中的子信标数量和性质与其所要表示的信号机显示的数量和种类有关。由于列车可以从不同方向经过信标，但信标送出的信息是给固定方向经过的列车，因此需要确定经过信标的列车运行方向。单个信标无法判断方向，只有含有多个信标的信标组才能够确定列车的运行方向。这个方向可以被车载设备识别，用于区分信标内数据的信息。

如图 7-38 所示，线路上设置一架三显示信号机和一组道岔。配合这架信号机，设置了三个为一组的信标。由于这架信号机可显示绿灯和白灯，因此在每个信标盒内都放置一个绿色子信标和一个白色子信标，用于向列车分别传送信号机的绿灯显示和白灯显示。

（2）信标分类

以"距离定位"为原则的 ATP 子系统中，由于"列车定位"对安全是至关重要的，所以列车在"进路地图"上的定位通过位移测量及信标的再定位来确保列车定位的准确。当列车通过"初始化信标"时，便开始了"列车定位"功能的实现。列车的初始化定位，根

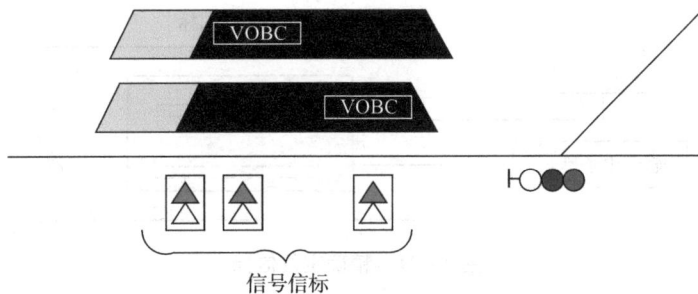

图 7 - 38　信标布置

据列车通过线路上设置的"初始信标"或停站时列车通过站台区域设置的"初始信标"来确定。这些初始信标设在线路的特殊位置,而且在向列车连续传输的数据信息中,向列车提供了各类信标的绝对位置。所以,这种定位与车轨道电路的分界点无关,定位的精确度也更高。

图 7 - 39 所示是一种无源信标,用作定位信标。当列车经过信标时,信标由车辆的"天线"供电启动,载频为 4.237 MHz,以 FSK 调制方式发送。列车经过该信标后,对列车估算的运行距离进行验证,纠正由于滑行、空转或后退等所造成的误差。

图 7 - 40 所示为移动列车初始化信标。当列车进入 SACEM 系统时,为了校准编码里程计数据,也可以用此信标来初始化系统。这两个信标之间的距离是固

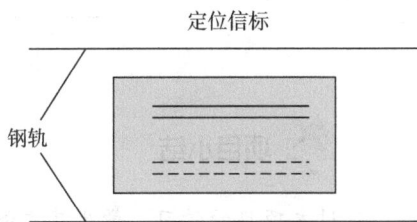

图 7 - 39　定位信标

定的,其中第一个信标给出信息、网络上的定位,并"启动"列车的位移测量系统、校准编码里程计;第二个信标给出的信息为网络上的定位,并关闭列车位移测量系统、校准编码里程计。另外,列车在区间的定位消失后,用此信标对列车重新初始化。

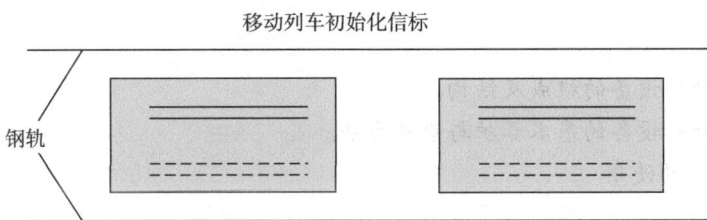

图 7 - 40　移动初始化信标

图 7 - 41 所示为精确定位信标。这种信标安装于站台的停车点,需要外部 220 V 的交流电源供电。此信标允许将所需信息传递给运行中的列车或已停车的列车。也就是说,当列车以 45 km/h "跳停"站台时,也能保证信息的可靠接收。而当列车停于一站台后,它可以进行列车与轨道间的信息传递。列车状态信息也通过此信标向地面传输。另外,它还进行屏蔽门管理以及授权屏蔽门的门控。

图 7 - 42 所示为静止列车初始化信标。它也是有源信标,一般安装于线路两端的折返线、停车场出口,进入正线的出站信号机前,能在列车经过或停靠时向列车传递所需的信息,也能执行列车向轨道的信息传递。

项目 7　车—地通信设备的检测与维护

231

精确定位信标

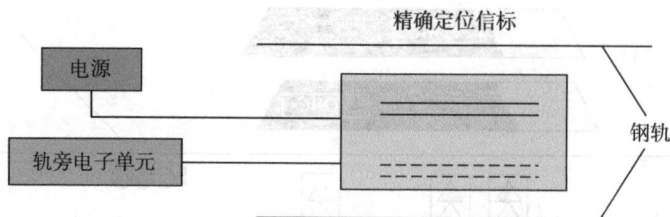

图7-41　精确定位信标

静止列车初始化信标

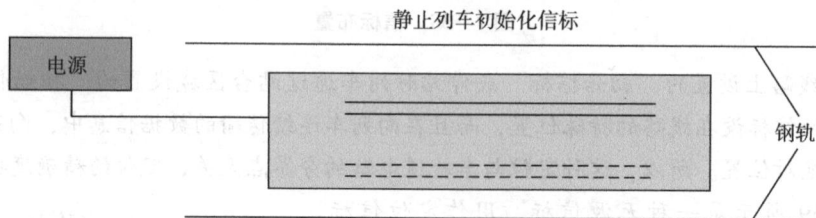

图7-42　静止列车初始化信标

项目小结

通过本项目的学习，学生基本能够掌握计轴器组成及工作原理，了解电子计轴系统和微机计轴系统的特点；掌握应答器的组成及分类，了解其工作原理及主要功能；掌握感应环线的组成及工作原理；了解常用车—地通信设备的检测及维护方法。

技能训练

实验1　计轴设备的养护及检修

1. 实验目的

认知AzLM计轴设备的组成及结构。

掌握AzLM计轴设备的基本养护与检修方法。

熟悉检修工具的使用。

2. 实验设备

AzLM计轴设备。

通用工具：调簧钳、尖嘴钳、螺丝刀、活口扳手、套筒扳手、电烙铁、什锦锉、镊子、测牛计、小手锤。

测试仪表：数字万用表、兆欧表等。

3. 实验内容

（1）技术规范

①计轴设备应有可靠电源供电。

②计轴设备的设计应符合"故障—安全"原则，当发生任何故障时，要持续显示占用状态；故障排除后未经人工处理，不得自动复位。

③计轴室外磁头应不受湿度和水的影响。

④当车轮直径大于355 mm，列车速度为0~240 km/h时，计轴设备应可靠计轴。

（2）AzLM计轴设备的养护与检修

1）日常保养

①每日进行室内设备状态检查，观察ACE各面板指示灯应正常。

②每周进行室内设备卫生清扫，用吸尘器、毛刷、白棉布等对设备进行卫生清扫，保持设备清洁无灰尘。

2）二级保养

地面每季养护一次，地下站每半年养护一次

①轨旁设备箱盒内、外部检查。

②导线、引接线、防护管、接地线及轨端接续线检查。

③安装装置的检查。

④室外设备清洁：清洁设备区域，设备区域内无垃圾。清洁箱盒外部及内部：箱盒内部无积尘、无水、无污迹；箱盒外部无积尘、无堆积，设备区域内无垃圾。

⑤打开EAK防护罩，使用数字万用表测量室内进线端3和13端子电压（DC 100 V左右）；使用便携测试箱连接EAK，依次选取挡位3、挡位4读取2路工作电压（24 V左右常状态）。

⑥室内机柜检查，机柜门开关灵活，锁闭灵活；机柜密封性良好；启动诊断PC，连接CPU的诊断接口，通过图标启动诊断监控器；通过图形用户界面，设置某些消息的筛选器，获取并分析诊断数据表。

3）小修

小修每年进行一次

①同二级保养内容。

②对机柜板件进行卫生清扫，在取出电路板清洁之前先关闭电源转换板的电源，然后进行彻底的清洁。

③对锈蚀的设备、装置进行除锈，除去锈点及漆斑，使箱盒无锈蚀平顺；整机油漆，油饰光滑、平整。

④磁头对钢轨的绝缘测试，不小于5 MΩ。

因Alcatel公司的计轴设备在我国城市轨道交通信号控制系统中使用年限较少，目前，其他修程的检修项目还在研究中，所以随着设备的进一步使用，其养护检修制度会更加完善。

4. 注意事项

①爱护实验设备，以防损坏。

②实训设备开、关机按规定顺序规范操作。

③严格遵守实训基地的各项规章制度。

实验2 应答器的检修与维护

1. 实验目的

认知应答器的组成及结构。

掌握应答器的基本养护与检修方法。

熟悉检修工具的使用。

2. 实验设备

AzL90M 计轴设备。

通用工具：调簧钳、尖嘴钳、螺丝刀、活口扳手、套筒扳手、电烙铁、什锦锉、镊子、测牛计、小手锤。

测试仪表：数字万用表、兆欧表等、应答器检测仪等。

3. 实验内容

（1）二级保养

二级保养每半年进行一次。

①目测检查应答器的外观，应完好无损。

②目测、手动检查应答器的安装，应牢固。

③目测、手动检查应答器的电缆接口，电缆紧固，线缆完好。

（2）中修

中修每五年进行一次。对整机部件性能老化度进行评估，根据评估结果更换老化部件。

（3）大修

大修十五年进行一次。更换设备，性能不得低于原设备标准。

4. 注意事项

①爱护实验设备，以防损坏。

②实训设备开、关机按规定顺序规范操作。

③严格遵守实训基地的各项规章制度。

思考与练习

1. 简述电子计轴系统的组成及其工作原理。
2. 简述计轴系统基本工作原理。
3. 简述计轴系统设置方法。
4. 简述西门子微机计轴系统及阿尔卡特微机计轴系统不同之处。
5. 什么是应答器？它的基本工作原理是什么？
6. 简述应答器的分类。
7. 简述无源应答器及有源应答器的工作原理。
8. 地面应答器具有什么功能？车载查询天线具有什么功能？
9. 城轨信号系统中应答器具有什么功能？
10. 简述感应环线通信设备的组成。
11. SelTrac 系统感应电缆通信方式具有什么特点？
12. 简述感应环线信息传输原理。
13. 简述感应环线列车定位原理。

附表1　AX系列常用继电器的电气特性和时间特性

序号	继电器型号	线圈电阻/Ω	电气特性							时间特性	
			额定值	充磁值	释放值 不小于	工作值 不大于	反向工作值 不大于	转极值 不小于	缓放时间不小于/s	
1	JWXC-1000	500×2	24 V	58 V	4.3 V	14.4 V	15.8 V		—	—
	JWXC-1700	850×2	24 V	67 V	3.4 V	16.8 V	18.4 V			
	JWXC-2.3	1.15×2	280 mA	750 mA	实际工作值 50%	170~188 mA	206 mA			
	JWXC-2000	1 000×2	12 V	30 V	2.4~3.2 V	7.5 V	—			
	JWXC-370/480	370/480	18 mA/17.2 mA	48 mA/46 mA	3.8 mA/3.6 mA	12 mA/11.5 mA	14.4 mA/13.8 mA			
	JWXC-300/370	300/370	75 mA/75 mA	200 mA/200 mA	15 mA/15 mA	50 mA/50 mA	55 mA/55 mA			
	JWXC-H310	310×1	24 V	60 V	4 V	15 V	—		—	0.5
	JWXC-H340	170×2	24 V	46 V	2.3 V	11.5 V	12.6 V		0.45	0.5
	JWXC-H600	300×2	24 V	52 V	2.6 V	13 V	14.3 V		—	0.32
	JWXC-H1200	600×2	24 V	66 V	4 V	16.4 V	18 V		—	—
2	JWJXC-H125/0.13	125/0.13	24 V/3.75 A	44 V/5 A	2.3 V/<1 A	11 V/2.5 A	12.1 V/2.7 A		0.35 后线圈电流由4 A降至1 A断电时0.2	0.4
3	JWJXC-H125/80	125/80	24 V	48 V/48 V	2.5 V/2.5 A	12 V/12 V	13.2 V/13.2 V		0.4/0.4	0.5/0.5

续表

序号	继电器型号	线圈电阻/Ω	电气特性						时间特性
			额定值	充磁值	释放值 不小于	工作值 不大于	反向工作值 不大于	转极值 不小于	缓放时间不小于/s
4	JWJXC-H80/0.06	80/0.06	24 V	40 V/8 A	2.5 V/ <1.3 A	11.5 V/ 4 A	12.6 V/ 4.4 A		0.35 0.45 后线圈电流由5 A降至1 A断电时0.2
5	JZXC-480	240×2	AC18 V	AC67 V	AC4.6 V	AC9.2 V			—
6	JZXC-H18	9×2	AC150 mA	AC400 mA	AC40 mA	AC100 mA			AC100 mA 时 0.15
7	JZXC-H142	71×2	AC50 mA	AC180 mA	AC23 mA	AC45 mA			AC100 mA 时 0.15
8	JZXC-H0.14/0.14	0.14/0.14	AC2.08 A	AC2.08 A AC2.08 A	AC0.3 A AC0.3 A	AC1.4 A AC1.4 A			0.2
9	JZXC-H18F	480/16	AC155 mA	AC400 mA	AC40 mA	AC140 mA			AC140 mA 时 0.15
10	JYXC-660	330×2	24 V	60 V				10~15 V	—
11	JYXC-270	135×2	48 mA	120 mA				20~32 mA	—
12	JYXC-135/220	135/220	24 V	64 V/64 V				正向 10~16 V 反向 10~16 V	—
13	JYXC-J3 000	1500×2	80 V	160 V				正向 30~65 V 反向 22~55 V	—
14	JPXC-1 000	500×2	24 V	64 V	4 V	16 V		反向不 吸起电压 >200 V	—

附表 2　常见 AX 系列安全型继电器基本情况

继电器名称	序号	继电器型号	接点组数	鉴别销号码	线圈连接	电源片连接 连接	电源片连接 使用
无极继电器	1	JWXC－1 000	8QH	11、52	串联	2、3	
	2	JWXC－1 700	8QH	11、51	串联	2、3	1、4
	3	JWXC－2.3	4QH	11、54	串联	2、3	1、4
	4	JWXC－2 000	2QH	12、55	串联	2、3	1、4
无极加强接点继电器	5	JWJXC－480	2QH、2QHJ	15、51	串联	2、3	1、4
	6	JWJXC－160	2QHJ	11、52	串联	2、3	1、4
	7	JWJXC－300/370	4QHJ	22、52	单独	—	1、2 / 1、4
无极缓放继电器	8	JWXC－H310	8 QH	23、54	串联	2、3	1、4
	9	JWXC－H340	8 QH	12、52	串联	2、3	1、4
	10	JWXC－H600	8 QH	12、51	串联	2、3	1、4
无极加强接点缓放继电器	11	JWJXC－H125/0.13	2QH、2QJ、2H	15、43	单独	—	1、2 / 1、4
	12	JWJXC－H125/80	2QH、2QJ、2H	31、52	单独	—	1、2 / 1、4
	13	JWJXC－H80/0.06	2QH、2QJ、2H	12、22	单独	—	1、2 / 1、4
整流式继电器	14	JZXC－480	4QH、2Q	13、55	串联	1、4	7、8
	15	JZXC－H18	4QH	13、53	串联	1、4	5、6
	16	JZXC－H142	4QH	13、53	串联	1、4	5、6
	17	JZXC－H0.14/0.14	2QH、2H	22、53	单独	—	32、42 / 53、43
	18	JZXC－H18F	4QH	13、53	单独	—	5、6

续表

继电器名称	序号	继电器型号	接点组数	鉴别销号码	线圈连接	电源片连接 连接	使用
有极缓放继电器	19	JYXC-660	6DF	15、52	串联	2、3	1、4
	20	JYXC-270	4DF	15、53			
有极加强接点缓放继电器	21	JYJXC-135/220	2DF、2DFJ	12、23	单独	—	$\frac{1、2}{1、4}$
	22	JYJXC-J3 000	2F、2DFJ	13、51	串联	2、3	1、4
偏极继电器	23	JPXC-1 000	8QH	14、51			

Q 表示前接点，H 表示后接点，D 表示定位接点，F 表示反位接点，J 表示加强接点。例如：8QH 表示 8 组普通前后接点组，2DFJ 表示 2 组加强定反位接点组。

参 考 文 献

［1］高荣华，吴光荣．城市轨道交通信号基础设备维护［M］．成都：西南交通大学出版社，2011.

［2］刘伯鸿，李国宁．城市轨道交通信号［M］．成都：西南交通大学出版社，2011.

［3］邢红霞，张党国．城市轨道交通信号设备维护与保养［M］．重庆：重庆大学出版社，2013.

［4］张德昕，喻喜平．城市轨道交通联锁设备维护［M］．成都：西南交通大学出版社，2012.

［5］何宗华，汪松滋．城市轨道交通信号系统运行与维护［M］．北京：中国建筑工业出版社，2007.

［6］林瑜筠，魏艳．城市轨道交通信号基础设备［M］．成都：西南交通大学出版社，2012.

参考文献